本书入选 2018 年国家出版基金项目

本书获得

陕西师范大学人文社会科学高等研究院

出版资助

推荐词

  葛承雍是研究中外文化交流史的著名学者，作者将多年的研究成果收进这部五卷本的文集中。从宏观的大写意到严谨的工笔画，以文物与文献相印证，完成了一系列学术界为之瞩目的具有开创性的论文，揭示出一系列隐秘不彰的中外文明交汇的史实，在时空坐标里闪耀出中华文化海纳百川的襟度，必将对后人有极大启迪。

孙机
国家文物鉴定委员会副主任，中央文史研究馆馆员，
中国国家博物馆研究院名誉院长，资深研究馆员，
时年九十

  在中古胡汉文明的求知路上，葛承雍一步一个脚印前行，具有敢为人先、探微阐幽的学术风格。他对新文物和旧文本所作的阐释，使研究对象更加物质化和更加精神化。匠心独运的五卷文集，既是尝试集，又是新知集，实证与妙语兼而有之，引人入胜，耐人寻味，发人深思。

蔡鸿生
首届广东省优秀社会科学家，
中山大学宗教文化研究所原所长，中山大学历史系资深教授，
时年八十六

胡汉中国与外来文明

胡俑卷

Han And Hu: China In Contact With Foreign Civilizations V

Terracotta figures

葛承雍 著

綠眼紫髯胡

Copyright © 2018 by SDX Joint Publishing Company.
All Rights Reserved.

本作品版权由生活·读书·新知三联书店所有。
未经许可，不得翻印。

图书在版编目 (CIP) 数据

绿眼紫髯胡：胡俑卷 / 葛承雍著 . -- 北京：生活·
读书·新知三联书店, 2020.6
（胡汉中国与外来文明）
ISBN 978-7-108-06671-8

Ⅰ.①绿… Ⅱ.①葛… Ⅲ.①陶俑 - 研究 - 中国 - 汉
代 - 唐代 Ⅳ.① K878.94

中国版本图书馆 CIP 数据核字 (2019) 第 157036 号

责任编辑　张　龙
装帧设计　雅昌设计中心·田之友
英文审校　陈文彬　黄　融　于　冰
责任印制　徐　方

出版发行　生活·讀書·新知 三联书店
　　　　　（北京市东城区美术馆东街 22 号 100010）

网　　址　www.sdxjpc.com

经　　销　新华书店

印　　刷　北京雅昌艺术印刷有限公司

版　　次　2020 年 6 月北京第 1 版
　　　　　2020 年 6 月北京第 1 次印刷

开　　本　787 毫米 × 1092 毫米　1/16　印张 19.25

字　　数　313 千字　图 440 幅

印　　数　0,001— 5,000 册

定　　价　138.00 元

（印装查询：01064002715；邮购查询：01084010542）

本书简介

◆ 本书为"胡汉中国与外来文明"的胡俑卷,围绕"唐人胡俑与外来文化"专题。作者多年来深入考古现场和文物库房,考察各种浓缩世相的胡俑造型,拍摄了大量的精美图片,其中不仅有国内新发现的陶俑、唐三彩,还有流失国外被博物馆收藏的珍品,它们印证了胡俑是文明交汇的记忆符号与灵魂标本。书中汇集了作者部分研究成果,对胡人眼睛、驾车胡夫、驼载穹庐、胡汉马球等细致入微的解析,对负囊胡商、袒腹胡人、胡人猎师、髯胡乐手等异域造型的诠释,以文本结合出土的壁画、器物、传世绘画等,赋予墓中无声之物"活"的艺术生命,复原了栩栩如生的人物形象,立体地再现了中古时期胡汉文化交融的社会风貌,并把它们策划运用到"丝路胡俑外来风""绵亘万里丝绸之路"等大型展览中,给无数观众留下了不可磨灭的深刻印象。

本书作者

◆ 葛承雍,陕西师范大学人文社会科学高等研究院学术委员会主任、特聘教授。

◆ 中国文化遗产研究院教授,西北大学双学位博士生导师。北京师范大学、首都师范大学"双一流"建设特聘教授。中央美术学院、中国人民大学、复旦大学、敦煌研究院等院校兼职教授。

◆ 1993年起为国务院特殊津贴专家,1998年入选国家"百千万人才工程",现任中华炎黄文化研究会副会长。

◆ 研究领域:汉唐文明、丝绸之路、宗教文物、艺术考古、古代建筑等。

2008年作者在山西太原考察北齐徐显秀墓墓室壁画

胡汉研究一百年（总序）

一

胡汉历史问题是欧亚大陆上民族史、边疆史、文化史、语言史的前沿问题，体现了中国历代王朝与域外周边国家以及西亚、地中海沿岸之间的往来互动。从广阔无垠的草原到茫茫无际的戈壁，从峻岭奇峭的大山到河川交叉的平原，胡汉碰撞演绎的历史与胡汉融合的文化遗痕清晰可见。一个世纪以来，中古胡汉演进图册不断被考古新发现所补充，唤起人们从历史记忆中醒来。

人类的记忆常是文化的记忆，人类的历史也依靠文化的链环衔接与延续。千年前的中古时代已经离我们的记忆十分遥远，但是这个消失于历史深处的隋唐文化又距离我们很近很近，脍炙人口的唐诗常常被人们吟咏朗诵，斑斓多彩的唐服常常飘忽在人们眼前，风剥雨蚀的唐窟佛像不时展现在人们面前，花纹精美的金银器不断出现在各类奢侈品的海报上……今人借助隋唐大国的文化遗产仍然可以"究天人之际，通古今之变"，出国展览的大唐文物成为中华文化最具代表性的文化符号，其中的胡俑、壁画、金银器、纺织品等更是精美的艺术品。

书写胡汉历史就是书写我们民族的心灵史，是提高我们民族思想境界的人生之学。胡人形象的陶俑、壁画等载体不是一幅幅威武雄壮的"群星谱"，但却是能够进入那个时代历史谱系的一组组雕像，彰显着那个时代的民族形象和艺术魅力。观摩着不同的胡人造型正反面形象，犹如端详观赏"肖像"，让我们发现了中古时代社会多元文化的民族正面。

北朝隋唐对我们来说并不是一个幻象，因为我们可以通过雕塑、绘画、器物等种种载体看到当时人的形象，通过缩微的文物看到当时的卓越创造。所以我每次面对那些雕塑的胡俑、蕃俑、汉俑……观察那些壁画中深目高鼻、栩栩如生的人物，不是干巴巴、冷冰冰的感觉，而是湿漉漉、黏糊糊的情感，文物就是当时历史遗留下的精华版，对我们的思维理解有着直观的作用，并成为今人解读中国古代最辉煌时期的向导。

20多年来，我走访了海内外许多收藏有中国古代"胡""蕃"等外来文物的考古单位和博物馆，记述和拍摄了数以千计的石刻、陶俑、器物、壁画，闪现在我眼前和萦绕脑际的就是中古时期的胡人记忆。历史的经纬中总是沉潜着被文献忽略的人群，最精彩的史页里也匿藏着浓浓的外来民族元素，来自西域或更西方的胡人就常常被主观避开。所幸考古文物印证了史书记录的胡人活动，呼应了诗赋中对胡人的描述，厘清了一些旧史轶闻中存在的疑团，生动地折射出胡汉相杂的历史面貌。尽管学界有些人嘲笑我是"纸上考古"，但这其中的辛苦一点不比田野考古轻松，只有在破解疑难问题和写作论著的过程中才能体会到。

有时为了一个历史细节的推敲往往要耗费几年时间，等待新证据的出现。比如狩猎中的驯鹰，我既听过哈萨克人也听过鄂伦春人的介绍，这不是史学意义上的考证，而是为了寻求新的认知和新的叙述角度。又如马术马球，我曾到京郊马球俱乐部向调马教练、驯马兽医和赛马骑手当面讨教，理解打马球的主要细节。我在新疆进行学术考察时，维吾尔族学者就对我说，胡旋舞、胡腾舞都应是手的动作最重要，扭腰、转脖、抖肩、伸腿以及扭动臀部，都是以手势为主。现在仿唐乐舞却将腿踢得很高，女的露大腿，那绝对是笑话。这就促使我思考，理解古代胡人一定不能想当然，就像舞蹈，如果按照现代舞蹈理解，古代胡人的舞蹈就会与我们有着较大的隔阂。而在乌兹别克斯坦和塔吉克斯坦的考察，又使我明白了乌兹别克族属于突厥民族，舞姿以双手为主；塔吉克族属于伊朗民族，舞姿以双腿为主。因此要贴近古代，需要认真考察思索。

我所从事的历史文物研究，不单是介绍历史知识或揭秘什么历史真相，更不是胡编乱说糊弄历史，我所看重的是发掘当时历史社会条件下所形成的社会风气、宗教信仰、文化品格和精神力量及其对当代人的影响，这样才能理解今天不同语言民族分布的历史渊源，才能够看清当下中国族群身份认同的问题实质，才能在国家民族文化大事之类的议题上掌控话语权。因为华夏民族遭受过太多的伤痛，留下过沉重的历史包袱，我沉潜在史料的海洋里和考古文物堆中，通过文物、文字和古人灵魂对话，就是让今人知道历史上曾有一群人的生命散发出奇异的光彩。这样的文字比起虚构的文学更能有助于人们认知中华民族的文化，了解中华民族并没有落后挨打的宿命，从这个意义上说，我愿意继续写下去。

二

中古时代艺术的魅力在于给人以遐想，这种遐想不是瞎想，而是一种文化语境中的力量之感，是一种活着的文明史。艺术来源于真实，也高于真实，当那些千姿百态、造型各异的胡人蕃人形象文物摆在我们面前时，我常想这是不是一种活态的文化生物，它不是玄虚文字描写的，而是从点滴微观的真实细节做起的可信典型，从而使久远的人物又有了活生生的呼吸，以及有血有肉的生命。

我们通过一个个造型各异的胡服蕃俑，不仅调动了丰富的想象力，而且要通过它们再现重要文献记载的史实，像断片的串接活现出有历史依据的外族形象，力求还原或接近历史。有人说我是挖掘陶俑里的胡人艺术形象，实际上我更多地是读书识人，通过文献记载与出土文物互证互映，不仅想说清楚胡人陶俑的沉浮转变，更重要的是用胡俑的记忆串起当年的历史。

有人问：哪个胡俑会说话？用土烧制的胡俑确实不会说话，但是胡俑的造型是无言却有肢体语言，此处无言胜有言，不仅给人身临其境的感觉，也给人聆听其声的感觉。陶俑就好像是凝固的语言、缩微的雕塑、诉说的故事，是以"人"为本的构思创作。细心挖掘它，采集创意，权威解读，它就能成为文化的承载者、历史的记忆者。伴随着考古发掘和文物发现，汉晋至隋唐的陶俑如雨后春笋般出现，其中不乏优秀之作，有些被误判为赝品的艺术造型也从墓葬中挖出，着实令人吃惊。这些陶俑作品被人们记住，成为那个时代精神的象征，看到的人就能感受到它的风骨、硬骨，也能感受它的柔骨、媚骨。

生活，是陶俑创造者艺术敏感的源泉，正是异族种种生活状态成为创作者接通才华的渠道，许多胡俑造型摆脱了外在奇异怪诞的生理性描绘，更重视内在的心理刻画，以表现人物的本来面貌。当然，我们也能看到很多粗制滥造、雷同相似的陶俑，但总会有一些造型独特的胡俑使我们眼前一亮，感叹当时工匠精彩绝伦的艺术创造。

泱泱大国的唐朝最重要的启示在于它扫除了萎靡不振心态带来的性格上的软化，我们崇敬那个时代，崇敬的不是某个具体的人，而是那个时代民族的心灵。而找寻外来文明、研究胡汉互动、发现人性的共识与不同族裔的差异、关心自己血脉的来历，则是我们每一个人共同的追求。

唐代留给我们的不是到处能够"申遗"的遗址，更多的是无形却融入于血液中的制度和文化。三省制使得参与政府管理的官员互相制约不能为所欲为。科举制最大限度地打破门阀固化，释放富有才华的青年人的活力，使他们有了上升通道；他们远赴边塞为博取功名不惜献出热血和生命，获得一种尊严和荣誉感，发挥自己的所长展现才华。如果说国都长安社会环境容易产生"光芒万丈"的诗人，或是浓缩很多"高才""天才"的文人，那么唐代也是一个盛产传奇的时代，洛阳、太原、成都、广州、扬州等城市通过与外来文化的交流谱写了各自城市的传奇。

"拂林花乱彩，响谷鸟分声。"（李世民《咏风》）"宛马随秦草，胡人问汉花。"（郑钦《入塞曲》）"胡人正牧马，汉将日征兵。"（崔颢《辽西作》）"背经来汉地，袒膊过冬天。"（周贺《赠胡僧》）"幽州胡马客，绿眼虎皮冠。"（《幽州胡马客歌》）唐代这类描写胡汉族群与艺术的诗歌俯拾皆是，而钱起《校猎曲》"数骑胡人猎兽归"、鲍防《杂感》"胡人岁献葡萄酒"以及"胡歌夷声""胡啼蕃语""胡琴羌笛""胡云汉月"等诗句或词汇中出现的"胡"这个字眼，过去被认为对周边种族有贬低歧视，现在却越来越成为国际上公认的中性词，演变成为我们熟悉的对等文化交流的代名词。

在几千年的中国历史长河里，胡汉融合鼎盛时期不过几百年，但是留下的反思值得我们几代人体察省悟，一个多元融合的民族不能总是被困在民粹主义的单边囚笼里。隋唐王朝作为多民族汇聚的移民国家，深深镌刻下了大国自信和文化优越的纹理。

三

北朝隋唐时期形成了一个由多元文化构成的多民族群体，这个群体又被统一意识形态和共同生活方式凝聚在一起，例如《旧唐书·滕王元婴传》载，神龙初年，唐高祖第二十二子滕王元婴的儿子李茂宗"状貌类胡而丰硕"，很有可能他是胡汉结合的后代。又例如，寿安公主是唐玄宗和胡人女子曹野那姬生下的混血姑娘，被记录进《新唐书·公主传》，这类例子唐代应该是有很多的。但我们并不是宣扬

"和谐"、不谈"冲突",族群之间的矛盾不会消融无踪。

胡人的脸庞并不能完全代表外来的文化,在中国古代墓葬习俗中,以胡人形象作为奴仆来炫耀墓主人的地位,是自汉代以来一脉相承的艺术表现形式。汉代画像石中就有胡人跪拜形象,东汉墓葬中的胡俑更有特殊性,不由得让我想起敦煌悬泉置出土汉简中记载的二十余国外来使者、贵人和商人,也使我想起移民从来都是弱势群体,会不断受到本地官方和各色人等的威胁,除非以成员所来自地域、种族等为特征的聚落已成为有影响的移民据点。魏晋以后,遍布中国北方的外来移民聚落和北方民族中活跃的胡人,促成了以胡汉"天子""可汗"合衔为代表超越民族界限的国家管理系统,隋唐两代能发展到具有"世界性"元素的盛世,不是依靠胡汉血缘的混合,而是仰仗多元文化的融合,不是取决于血统,而是决定于心系何方。

曾有资深学者当面向我指出:现在一些研究者在书中大量使用史料以佐证胡人文化,乍一看,显得相当博学有深意,但却并不具有与其博学相当的思辨深度,这种研究成果所表现的仅仅是胡人历史线索的再现,缺失理论上的洞见,虽时有创新,却难以走出历史文献学的庸见,使得研究成果缺少一种脉络思考的深度,只是历史研究中的一次转身而已。

这番话对我震动巨大,使我认识到:高估胡蕃冲击或低估胡人活力,都不可取。胡人不是当时社会的主流,不是汉地原住民的形象,"胡汉"两字并不曾被作为任何某一个朝代的专属名称,胡人进入中原仍是以中华正朔为标志,但我们用文物再现和用文字释读,就是通过截取一个非主流横剖面,力争探索胡汉繁杂、华戎混生的交融社会,给予人们一个不同的视角认识真实的中古历史。特别要注意的是,任何一个社会都存在着移入易、融入难的外来移民问题,要透过史料的记载真正理解当时的真实情况恐怕只是一种隔靴搔痒的描写。如果我们将自己置入历史语境中,唯有以一个唐代的文化遗民、古典的学者文人身份,才能坦然地进入中华共同体的历史场景中。

在中古时期出现的"胡人"不是指某一个族群,而是一个分布地域广泛、民族成分复杂的群体,包括中亚、西亚甚至更远地区的人群。"胡人"意识是当时一种非常重要的多民族意识,在其背后隐藏着域内域外互动交流的潮流。海内外研究中古社会、政治、经济、宗教、科技、文化的学者都指出过,隋唐经过对周边区域的多方经营,不仅有遥控册封蕃部的羁縻体制,还有胡汉共管"都护府"的军政体制，或者采用"和亲"这种妥协方式安抚归顺的其他族群，胡汉并存的统治方式保障了一个时期内的社会安定与政权稳定。

目前学界兴起用"全球史"的视野看待历史进程中的事与人，打破民族国家疆界的藩篱，开放包容的学术研究当然是我们的主张。我赞成对过去历史进行宏大的叙事，但同时也执着于对个体命运的体察，对历史细节的追问，对幽微人心的洞悉。我要感恩汉唐古人给我们留下如此壮阔的历史、文学、艺术等文化遗产，使得我们对"汉唐雄风"的写作不是跪着写，而是站着写，有种俯瞰强势民族的英雄主义崇拜；念汉赋读唐诗也不是坐着吟，而是站着诵，有股被金戈铁马冲击的历史大气。

每当我在博物馆或考古库房里看着那些男装女像的陶俑，眉宇间颇有英气的女子使人恍惚有种历史穿越感，深究起来，"巾帼不让须眉"也只有那个时代具备，真实的历史诉求和艺术的神韵呼唤，常使我的研究情绪起伏跌宕，但绝不能削弱历史厚重感，减弱人文思想性，化弱珍贵艺术品质，只有借助胡汉融合的圣火才能唤醒我们的激情，因为圣火点燃的激情，属于中古中国，也属于全世界。

在撰写论文与汇集这部著作时，我并不是要充分展现一个文物学者、历史学者的丰沛资源，更不是炫耀自己涉猎的广博和庞杂让人叹为观止。单是搜集如此丰富多样的史料就是一件费时耗力的事情，更何况还要按照一定的逻辑和原则组织成不失严肃的历史著作。写作过程中，许多学者专家的提点，让我不由得对他们肃然起敬，在此谨表谢忱。

史学创新不是刷新，它是人的灵魂深处呼出的新气息，是一种清新峻拔的精神脉络。对历史的烛照，为的是探寻现实，族群间和民族间互助互利才是王道，告诉人们和平安定的盛世社会是有迹可循的。我常常担心以偏概全，论证不当，留下太多的遗珠之憾。期望读者看完我们研究中古胡汉交会的成果就像呼吸到文明十字路口里的风，感受到一种阔大不羁的胡风蕃俗混合的气息。

我自 2000 年选调入京后，没有申报过任何国家科研项目，没有央求任何机构或个人资助，完全依靠自己平时读书的积累及自行收集的资料，写下了近百篇论文，从而辑录成即将出版的五卷本《胡汉中国与外来文明》，孙机先生、蔡鸿生先生、林悟殊先生等学术前辈都教导我说，不要依靠政府项目资助急匆匆完成任务交差，创作生产精神产品绝不能制造垃圾。在没有任何研究经费的情况下，我希望通过此书可以验证纯粹学术一定有适当的土壤，从而得以生存和结果。本书的出版经生活·读书·新知三联书店申报获得国家出版基金的支持，陕西师范大学人文社会科学高等研究院又给予出版经费的补助，再一次证明有价值的学术研究成果是会在文化大潮中坚守不败的，学术的力量是穿越时空的。为这个信念而做出的坚守，其意义甚至比学术本身更大。

葛承雍
2018年7月于北京方庄南成寿寺家中

目录

* 前言 —— 021
* 胡人的眼睛
　　——唐诗与唐俑互证的艺术史 —— 027
* "胡人岁献葡萄酒"的艺术考古与文物印证 —— 047
* 唐代胡商形象俑研究 —— 075
* 丝路商队驼载"穹庐""毡帐"辨析 —— 099
* 唐代胡人袒腹俑形象研究 —— 121
* 唐代狩猎俑中的胡人猎师形象研究 —— 137
* 北朝隋唐引驾车胡俑写实现象 —— 167
* 壁画塑俑共现的唐代家乐中的胡人 —— 183
* 唐代孔雀冠与外来造型艺术 —— 203
* 绘塑同风、画俑互映：唐"胡汉马球图"艺术审视 —— 217
* 湖湘地域出土唐代胡俑的特色 —— 235
* 蒙元时代"胡人"形象俑研究 —— 255
* 日本胡人假面形象溯源
　　——评与龟兹乐舞有关的学术考释新收获 —— 271
* 丝路古道与唐代胡俑 —— 281
* 本卷论文出处 —— 296
* 本卷征引书目举要 —— 297
* 英文摘要 —— 299
* 后记 —— 305

前言

胡俑是在千年前长安丝路胡风吹拂下遗留下来的并非幻影的真实形象。胡俑表现的是大历史中的小细节,但正是小细节才真正让历史变得血肉丰满,经络俱全,如果缺少这些细节,历史就只是一个模糊的轮廓。历史是由生活构成的,生活无往而不在历史之中,那些透过生活细节看到的历史也往往更可信。丰富多彩的千年陶俑走出地下,舒展着自己的生命,展现在我们面前的是一段活的历史,值得我们关注,并以文物填补历史的空白页。

30余年前我第一次看到《陕西省出土唐俑选集》(1958年文物出版社出版)时,非常惊异,这部由郑振铎先生1957年作序的黑白图录,也是第一部有确切出土地点,其中有许多且有绝对正确年代的唐俑图录。特别是其中的胡人俑,是视觉艺术研究的绝好对象,它使历史研究者能够在客观可靠的形象基础上,进行美学历史与思想观念的阐述。尽管在复活往昔人类活动时少不了推测假说,但真实的原物会让人们更加重视已经消失的历史演变。我们正是凭借浓缩了历史的胡俑讲述生命,传递着千年以前的世界观照。

在我从事的中古时期中外交流历史研究中,正是通过许多文物艺术细节来描绘当时的生活史,这些雕塑胡俑让人直接触摸到历史肌肤的细腻纹理。原先这些被展示的陶俑或三彩俑都是历史研究的参照旁证,现在这些出土文物却成了艺术的底本、历史的证据,使我们经由繁多琐碎的胡人俑重现当时的盛世,惊叹外来文明的时尚。

虽然有胡风卷汉地、胡雨淋汉人之说,但我们也不是随意谈"胡"说"蕃"的,而是需要认真挖掘文明的价值。所以我们以收集唐代胡人陶俑形象为定位,以文献考证为始点，运用艺术的体悟想象力，从前人所不知的陶俑造型上，重温中西交流高峰的大唐，开辟新天地，期望做到处处引人入胜，一新耳目。

关于过去争论不休的历史难题，从胡人俑形象上可以洞察出许多重要的线索。一具具胡俑呈现在我们眼前，造型生动，颜色鲜艳，栩栩如生，依稀让人感到当时的气息，感到一种心底深藏的召唤。

胡人、胡音、胡风对中国汉唐之间的社会产生了强烈撞击，他们的活动成为世界历史中最灿烂和最辉煌的篇章，其中最精彩诱人的就是不断出土的胡人俑，这是活生生的历史见证。对此，西方学者早已着手研究，1958年美国哥伦比亚大学J.G.马勒女士出版了图文专著《唐俑中的胡人》，2008年我在昆士兰大学图书馆才看到英文原版书，2012年兰州大学出版社推出了该书的中文译本，由王欣翻译，中译本书名为《唐代塑像中的西域人》，距英文版出版已经过去了半个世纪。我国在20世纪50年代为配合基本建设，曾将出土的胡人俑列入陶俑之中出版过，但受当时条件限制，黑白图版模糊不清，印制质量粗糙，只有出土地点等寥寥数语的介绍，研究内容仅在前言中稍作提及，一些本该由中国学者作出判断的重大课题，都停滞下来，一搁几十年。例如昆仑奴俑长期被认为是来自非洲的黑人，竟无人提出新的求证；抱皮囊胡跪俑竟被解释为插花瓶胡俑摆件，也无人考释；胡商俑按照族属被分为犹太人、亚美尼亚人、吐火罗人等，不知根据何在？有些问题甚至被误导到几乎完全"失声"的状态。

胡人俑是以个体记忆组合集体记忆，以丰富碎片实现全景描绘，以胡貌选择刻画外来民族的肌理，为后世留下一部鲜活的记忆性史料。若说胡人俑犹如外来的神话在这里延续，充满了异域的神色，令人瞠目，那么在这些胡俑身上能感受到一种特别的气氛，一种厚重的历史气息，一种让后世惊叹的传奇，给我们留下了无数的遐想。

很多人都忽视看胡俑要看细部，要通过正面表现、后背发现、立体再现等多视角的审视才能作出艺术思考，才能进行极致研究。陶俑制作工匠和画匠通过撷取生活的片段，塑造出栩栩如生的缩微象征，例如胡人头部后面的辫子，使人联想到留辫子草原民族中的粟特人；马鞍上携带的物品，使人知道胡人身后贩运的物品种类；骆驼背上垫着的花色毡毯是达官贵人家的标志，而光板身子又载着厚重行囊的骆驼，即使长长颈项上披着柔和的毛，也显现出在丝路旅途上饱受风沙侵袭的情景。胡貌武官是主人在地下冥界的忠实守护者，随时准备驱赶所有的入侵者；深目高鼻文官则是主人的智囊随从，时刻听从自己主人的指示去完成任务。凡此种种，都可说是与胡俑的艺术造型息息相关。

从北魏至隋唐的陶俑，最大的特点是塑造得传神写实，普遍超过了平面的壁画、绢画、纸画和白画，甚至一些呆板模式的石刻，大量的陶俑都以人像和人体为主，并用毛笔勾画，有着活生生的感觉，而女性与情色无关，男性与裸体无涉，许多创造元素均是艺术中的精品。尤其是具有西域特质的胡人俑，既充满了神秘感，又表达了人的身体、肌肉和运动的美感，一件件造型独特的人俑经常表达出经典的、隆重的美，强烈地激发起我的探索兴趣，也激发起我想象的空间和艺术的灵感。

比陶俑稍晚出现的唐三彩，主要是作为陪葬的明器，但唐代普通百姓是不容许用三彩陪葬的。唐代典章中明确规定了不同等级的官员死后可陪葬的明器数量和尺寸规格。三彩在武则天到唐玄宗时期进入一个极盛期，天宝之乱后逐渐减少退出冥间。

陶是低温烧成的土器。唐代陶俑品种很多，有灰陶、红陶和彩绘陶，有着很高的艺术性，主要作为墓葬随葬品。唐三彩是低温釉陶，用红土或白土作胎，釉由瓷土、陶土、草木灰、石灰质配成，大量加入铅灰或铅渣作助熔剂。以铁、铜、钴（蓝色）的氧化物为呈色剂。入窑焙烧时釉层熔融、流动、浸漫、中和等物理化学作用，使釉彩灿烂夺目，让人无法想象唐朝工匠是如何配制出来的，无法想象奇瑰怪谲的窑变竟能产生低温之美，这就是火在陶瓷艺术中的神力。

不管是陶制还是上釉三彩粗瓷，我凝视着这些胡俑，它们动静相宜、悲欢交织，有的优雅自信、宁静雍容，有的明眸红唇、口吹乐器，使人仿佛看到重山古道上客商连绵侠肠，冬雪时毡帐内围炉浑炙嫩羊，记述着昨夜长风，寄托着人生的念想，汇聚着人生百态。陶俑雕塑为历史提供了不可磨灭的证据，是古代"纪实塑造"的凝固影像，是当时历史进程中的艺术积淀和人物见证，是最能使人信服的记录和文物意象。

陶俑之美在于它是凝固的性灵，塑造它的巧匠绝对没有想到千年后它大出风头进入拍卖收藏之列，墓主人也没有想到他的陪葬物忽然冒出地面成为现代人家摆放的艺术品。唐代陶俑三彩俑不但在中国，而且在世界各地的博物馆中也频频露面。

这是古人绝对不能想到的。那些深目高鼻的胡人俑不会说话，即使说话用的是粤语还是秦腔？发出的是唐音还是胡音？因此不能只发出怀古的感慨，我们需要用艺术的眼睛感受中古胡汉时代，用社会史的史料去考证诠释，当灵感女神填补我们想象的空间时，才能捕捉千年前性灵的回响。胡人武士横眉立目，墨笔画出的威武闪动的胡髭，翘着骁悍与不驯，使人感受到隽永的瞬间被凝固下来。

在尊重史实的基础上，要用文物激活历史，丰富历史，选择和强化个体生命的参与，胡俑无疑是最好的突破口，胡俑的研究激活了冷寂的历史遗物，复活了外来族群的细节，让历史充满了神奇、神秘的想象。我常想胡俑成为6—9世纪的肖像代表和外来象征，不仅造型冲击人心定格了一个时代，而且艺术感动世界与那个时代一起深深铭刻在人们的记忆中。

有文学家提示我陶俑是来自地下深处的生命史记，是那个时代灵魂幸存者的心灵珍藏。我们在研究胡俑时应该用美的心灵去拥抱美的遗存，这些瑰宝都是人类的心智之果，都是不同民族血脉的跳动。其实，有时候我看着那些千年前留存下来的胡人雕塑，常常会遥想工匠创作时的世相，他们所塑造的欢欣鼓舞的笑颜、忧祸惧难的苦相一一展现，文臣的嘴脸，武士的怒目，马夫的疲倦，猎手的激昂，乐人的得意，奴仆的乞怜，商贾的悲哀，尽收入工匠的心底，它们经过头脑的过滤，在手中化成一个个令人惊奇的陶俑。但是胡人在墓葬中"以高行卑"的体位定势，说明了他们的地位很低。

需要提醒的是，近年来陶俑造假日益猖獗，有些造型千奇百怪、拙劣不堪，超出了那个时代的常理，所以还原胡人的历史，不光要有激情适度的探索，更需要理性的澄清，例如女扮男装——"男装丽人"，现代一些人认为展示出一种奇异的美，是满足了唐人那种隐秘的审美心理，由女扮男装产生的"性倒错美"的欣赏，使人们从性倒错服饰感观产生官能的刺激。正统的卫道士则认为这是一个变态的伤风败俗的举动。但是值得注意的是，女俑男装的"袍绔"表示地位低下，是"袍绔"工人。女着男装的人一般在当时地位都不高，吾师孙机先生几次提醒我不能过高地去评价"女扮男装"。

我沉浸在那个千年前风云激荡的时代，一个一个陶俑三彩忠于史实，刻画人骨。尽管历史无法假设，但胡俑使人们体会到千年前一种生活的质感粘贴着我们后人。若是把墓葬中出土的胡俑和流失海外的胡俑，全部整理出来，就像将很复杂的史料整理成视觉感很强的图画,那么无疑将是一项很有价值的学术工程,我们自己也就如同整理精彩的人性和生命体验,受到灵魂的洗礼和心灵的净化。

被称为"中国雕塑"的陶俑为历史提供了不可磨灭的证据,是古代"纪实塑造"的凝固影像,是当时历史进程中的艺术积淀和人物见证,是最能使人信服的记录和文物意象。从这个意义说,胡俑也是人学的一部分,要保持胡俑研究的长久魅力。

THE EYES OF THE WESTERN REGIONS PEOPLE: ART HISTORY IN POEMS AND EARTHENWARE FIGURES OF TANG DYNASTY

1

胡人的眼睛
——唐诗与唐俑互证的艺术史

胡人的眼睛
——唐诗与唐俑互证的艺术史

如果说用"艺术史诗"形容唐诗中对胡人眼睛的描写是一种历史记录,那么雕塑般刻画出的胡人风貌群像中最摄人心魄的眼睛中,则暗藏着民族的"密语"。众多栩栩如生的胡人眼睛是陶俑的点睛之处,也是唐代胡汉文化最醒目的区别标识之一,突破了只见文字描述不见人形灵魂的固定圈子,成为凝固时代的传世的肖像信史。

唐诗与唐俑的独到对接和交汇印证,是跨界艺术的重要节点,使人体察出浮于表层的感性即使再美,也需要知性的提升,雕塑高手以真实的胡人为经线,以艺术的构思为纬线,切入凝重独特的角度,还原了历史场景和人物原态造型,而诗人凝练的描述更让胡人的眼睛留在整个民族集体记忆之中。

一　汉人对胡人眼睛的观察

中国古人历来注意对眼神的关注,特别是古代文学家描写的美人的眼神不仅脉脉含情,而且勾人心魄。《诗经·郑风》有"野有蔓草,零露漙漙。有美一人,婉如清扬"。汉代张衡《舞赋》有"腾娉目以顾眄,眸烂烂以流光"。曹植《洛神赋》有"明目善睐"。傅毅《舞赋》"目流睇而横波"。南朝梁简文帝《舞赋》有"尔乃优游容与,顾眄徘徊"。这类通过对眼含秋波、频顾美目的描写来体现美人的灵动有神与风韵姿态的做法,被后人所继承发展,并在文学作品形成传统的标准。

中原汉人对眼神的关注,更多坚持女性明眸皓齿、眼含秋水、楚楚灵韵;男性眼展眉舒、目不转睛、庄重矜持;儒家一以贯之的就是含蓄柔和的表达方式,或是眉眼周正、眼睑收敛的轮廓,或是彰显出幽怨哀思之情。

▲ 图1 北齐胡人长须俑，河北博物院藏

▼ 图2 北魏萨满老年胡人俑，山西大同博物馆藏

从历史溯源上说，对胡人眼睛的认识从汉代就已开始，《史记·大宛列传》：

> 自大宛以西至安息，国虽颇异言，然大同俗，相知言。其人皆深眼，多须髯，善市贾，争分铢。俗贵女子，女子所言而丈夫乃决正。

西域胡人"皆深眼，多须髯"从汉文化审美观来看，并不是值得倾慕的面容与体貌，因为中原汉人认为胡人深目高鼻、眼乌鼻青，不仅容易露出异端诡怪之相，而且也往往形成忧郁憔悴之相，与汉人讲究慈眉善目平正之相对照，无疑不是富态之貌。即使汉人留存顺势垂绺的胡子也与胡人翘举怒张的髭髯大不相同。[1]

我们可以看到东汉王延寿《鲁灵光殿赋》描述殿中浮雕上的胡人形象：

> 胡人遥集于上楹，俨雅跽而相对。仡欺以雕，颡䫻而睽睢。状若悲愁于危处，憯嚬蹙而含悴……[2]

特别是当时汉人对西域胡人有了更深入的观察，对不同地域的胡人眼睛与面容有着细致的描述，不仅有黄目、黑眸、隅目的区分，甚至还有眼睛瞳仁的识别，东汉繁钦《三胡赋》中写道：

---

[1] 沈从文《从文物来谈谈古人的胡子问题》，见《沈从文的文物世界》，北京出版社，2011年，第247—256页。
[2] 严可均辑校《全后汉文》卷五八，中华书局，1958年，第790页。

◂ 图3 北魏戴卷边毡帽胡人俑头，洛阳龙门博物院藏

图4 北魏胡人武士俑头，洛阳龙门博物院藏

▸ 图5 北魏胡人俑，洛阳永宁寺遗址出土

莎车之胡，黄目深精，员耳狭颐。

康居之胡，焦头折颏，高辅陷无，眼无黑眸，颊无余肉。

罽宾之胡，面象炙蝟，顶如持雹，隈目赤眦，洞颏仰鼻。额似鼬皮，色象菱橘。[1]

字眼里充满了对异族胡人的好奇，但"鼬皮""菱橘"也流露出不屑鄙视的态度。

随着两晋时期西来胡人的增多，汉人对胡人面貌司空见惯，张华《博物志》卷一云："西方少阴，日月所入，其土窈冥，其人高鼻、深目、多毛。"汉晋间来往京洛的康居僧人就因为胡人特征明显而受到抵制，康僧渊本人因"鼻高眼深"而为时人所戏讽[2]。

北朝入华胡人大兴，北齐朝廷甚至胡人占据相当官位官职，引起许多人的反感，《北齐书》卷五〇《恩幸传》云"胡小儿等，眼鼻深险，一无可用，非理爱好，排突朝贵，尤为人士之所疾恶"。可以说，胡人"眼鼻深险"外貌与身份认同有着直接联系，汉人常常将他们与北方突厥一样视为野蛮粗俗的夷戎族群，没有文明界

---

[1]《太平御览》卷三八二、三六九、九九六，中华书局，1960年。
[2] 张星烺编注《中西交通史料汇编》第3册，中华书局，2003年，第1318页。

限和道德底线,所以这一时期的胡人陶俑注重刻画眼睛的独到之处。

梁武帝时周舍《上云乐》描写"西方老胡,厥名文康"[1]。这位擅长胡舞胡歌的老胡形貌是"青眼眢眢,白发长长。蛾眉临髭,高鼻垂口"。虽然这个西域俳优扮装老翁像,但他"青眼眢眢"的眼睛枯陷引人注意,明显与汉族老人不一样。

当时社会流传着种种胡人"貌殊体异"的特性,例如说胡人"体有臊气",认为这是戎羯之人所特有的体味,于是"狐臭"与"胡臭"相通成为对胡人歧视性的代称。又例如男性胡人有的截发长髭,眝目磋齿;有的留辫缠头,拖至脑后;"黑姓蕃王貂鼠裘,葡萄宫锦醉缠头"[2]。尤其是胡人"鹰钩鼻""鹞子眼",与汉人厌恶的"鼓睛暴眼"相似,不是同路欣赏的审美观。

汉人与胡人之间对比,眼睛无疑是最受瞩目的差别,在正统审美观念下,汉人讲究目不斜视,厌恶眉来眼去;喜爱端庄正视,讨厌四处溜光;所以文人们描叙眼睛讲求水一般的清澈和慈爱单纯的目光,至于说到宫廷里舞蹈中眼神的丰富多变,或是见面仪礼中眼睛的平视微低,都是赞美有光泽的眼神,视觉的审美感观在胡汉之间有着区别。

二 唐人诗歌对胡人眼睛的观照

眼睛作为一种传情达意的目光交际工具,在日常人际交往中亦称"人体示意语言",唐诗描写胡人时很注意他们眼睛所透出的目光。在现实中,胡人有的眼睛颜色浑浊,黑眼圈深重,表现了一种心境的疲惫;有的眼睛则痴呆呆直视,表现出一副迷离失所的神态;有的眼神惆怅,疑心重重难以捉摸;有的凤眼娇媚,圆瞪直视;有的则类似笑眯眼,尴尬无精打采。

实际上,在唐代诗人的描述中,胡人的眼睛是"绿眼""碧眼""深目",这种深陷的眼仁眸色当然是令人惊奇恐惧的,正像后世人形容贪婪时说眼睛都发绿了,绝对不是好意。相对汉人"双瞳剪水"的黑眼仁,胡人是需"另眼相待"的种族。

---

[1] 郭茂倩辑《乐府诗集》卷五一《清商曲辞八》,中华书局,第746页。
[2] 岑参《胡歌》,《全唐诗》卷二〇一,中华书局,1983年,第2106页。

李贺《龙夜吟》云:"鬈发胡儿眼睛绿,高楼夜静吹横笛。"[1]

岑参《胡笳歌送颜真卿使赴河陇》云:"君不闻胡笳声最悲,紫髯绿眼胡人吹。"[2]

李白《幽州胡马客歌》云:"幽州胡马客,绿眼虎皮冠。笑拂两只箭,万人不可干。"[3]

白居易《西凉伎》云:"紫髯深目两胡儿,鼓舞跳梁前致辞。"[4]

张说《苏摩遮》云:"摩遮本出海西胡,琉璃宝眼紫髯须。"[5]

图6 唐三彩胡人武官俑,西安南郊郭杜出土,西安博物院藏

诗人们吟诵的"深"就是"沉",沉目即低深的目光;而人们注意的"琉璃宝眼",大概是形容眼睛像球状玻璃。唐代诗人如此描写胡人眼睛,可见当时流行的对异域容貌的普遍看法。寒山诗:"昔日极贫苦,夜夜数他宝。今日审思量,自家须营造。掘得一宝藏,纯是水精珠。大有碧眼胡,密拟买将去。余即报渠言,此珠无价数。"[6]寒山是著名的诗僧,视水精珠为象征佛教信仰纯洁无瑕的"无价宝",自然不能同意"碧眼"商胡买走,而将碧眼商胡视为世俗贪婪之人。

当然,从眼睛神色上看,胡人眼睛常常被作为忧愁的象征,似乎透露出内心的

---

[1] 李贺《龙夜吟》,《全唐诗》卷二九四,第4441页。
[2] 岑参《胡笳歌送颜真卿使赴河陇》,《全唐诗》卷一九九,第2053页。
[3] 李白《幽州胡马客歌》,《全唐诗》卷一六三,第1697页。
[4] 白居易《西凉伎》,《全唐诗》卷四二七,第4701页。
[5] 张说《苏摩遮五首》,《全唐诗》卷八九作"琉璃宝服",第982页。
[6] 寒山《诗三百三首》,《全唐诗》卷八〇六,第9093页。

图7 三彩胡人俑，昭陵陪葬越王李贞墓出土

图8 唐黄釉男胡俑，洛阳博物馆藏

图9 胡人俑，洛阳博物馆藏

图10 胡人俑，洛阳安菩墓出土，洛阳博物馆藏

隐秘。

杜甫诗歌《画鹰》云："㧐身思狡兔，侧目似愁胡。"[1]《王兵马使二角鹰》云："二鹰猛脑徐侯毿，目如愁胡视天地。"[2]

李白《壁画苍鹰赞》云："突兀枯树，旁无寸枝，上有苍鹰独立，若愁胡之攒眉。凝金天之杀气，凛粉壁之雄姿。"[3]

李白、杜甫这样的大诗人都描绘苍鹰碧绿色眼睛，状若胡人之愁目，可见当时胡人眼睛作为"愁胡"的标志，已是一个文化意象的符号。诗人们借鹰眼形容胡人发愁的眼睛，比喻苦涩的眸子，不是美的，这当然是不公正的印象。当时的审美还是认为汉人眼睛是慈眉善目、黑白分明，即使精干人也是细眼锐利，眼神专注，不像胡人褐色灰目，有种忧郁气质。

唐代寺院壁画和传世绘画中有一些当时的画作善于画鹰钩睛，这些作品屡屡被人欣赏，故对诗人的创作有很大的影响。一般来说，汉人认为"鹰眼莫测"，胡人如鹰眼般的双目暗示心计较深，冷鸷阴沉，讳莫如深，固执己见，会使人与他保持一定的距离，不像汉人目光柔和，平易近人。有些胡人长相就是忧郁气质，再加上表演的歌声也忧郁，更加深了人们的"愁胡"印象。

---

[1] 杜甫《画鹰》，《全唐诗》卷二二四，第2394页。

[2] 杜甫《王兵马使二角鹰》，《全唐诗》卷二二二，第2362页。

[3] 安旗《李白全集编年注释》（下册），巴蜀书社，1990年，第2055页。

11　　　　　　　　12　　　　　　　　13　　　　　　　　14

唐人心目中，胡儿、胡人、老胡三个阶段有着不同的形象，比如李白在《上云乐》中对康姓老胡的描写："金天之西，白日所没。康老胡雏，生彼月窟。巉岩容仪，戍削风骨。碧玉炅炅双目瞳，黄金拳拳两鬓红。华盖垂下睫，嵩岳临上唇。不睹谲诡貌，岂知造化神。"[1]在他眼中虽然这个老胡是"巉岩容仪，戍削风骨"，但即使这么有仙人风骨，仍是老胡的谲诡面貌。特别是"双目瞳"仍是冒着绿光，令人感到异样，所以李白感叹盘古女娲的造人初生，真是胡汉造化神的不同。

如果说眼角的皱纹使人物显老，那么胡人形象突出的是苍老的眼神，配以浮肿的眼袋、下垂的面颊、花白的头发以及阴郁的表情等等，种种特征更能显示出一个人的形象，饱经沧桑呆滞无光的眼神不仅最能暴露一个人的真实年龄，而且使人整体容貌显老。眼睛是心灵的窗户，也是民族人种的文化符号，因而才有那么多文士诗人描写它。

唐朝民族多样性一方面源自疆域领土的扩大，另一方面又源于它是一个移民国家，但是唐人始终强调自己文化的正统性，在胡汉身份认同上有着矛盾的情绪。胡人体态相貌、服饰装扮、生活习俗、思维习惯都与本土汉人有所区别，人口占大多数的汉人往往因不习惯胡人的特点而出现贬抑的心态，虽不能说是"祸从眼出"，但眼睛差异往往造成持久的人种偏见、族群隔膜与民族伤害，这是特别要注意的。

图11　胡人俑，新疆吐鲁番出土，新疆维吾尔自治区博物馆藏

图12　胡人俑，吐鲁番阿斯塔那唐墓出土

图13　木身泥俑，吐鲁番阿斯塔那出土

图14　胡人俑，吐鲁番出土，新疆维吾尔自治区博物馆藏

---

[1]　李白《上云乐》，《李白集校注》，上海古籍出版社，1980年，第258—259页。

15　　　　　　　　　　　　　　16　　　　　　　　　　　　　　17

图15　唐三彩胡人俑，洛阳博物馆藏

图16　唐三彩胡人俑，洛阳博物馆藏

图17　唐三彩胡人俑，洛阳博物馆藏

三　胡俑雕塑中刻画眼神的艺术

我们注意到北魏到唐代的工匠塑造胡人形象时对眼睛的细微刻画。大多数胡人眼神略显拘谨，有的胡人甚至眼角下垂，有的眼部皱纹与眉间纹、额头纹、鼻沟纹搭配，使其面部显得松弛下坠，甚至下巴赘肉，造成窝囊猥琐的效果，具有一种可怜或者令人生厌的感觉。[1]

从北朝到唐代的社会上不时出现对胡人进行妖魔化或者矮化，"长身高鼻，猫睛鹰嘴"，"赤髯配绿眼，卷发鹰勾鼻"，胡人以怪陋奇异的形象在各种作品中频繁出没。张籍《陇头行》"去年中国养子孙，今着毡裘学胡语"[2]。李端《胡腾儿》描写"胡腾身是凉州儿，皮肤如玉鼻如锥"，"扬眉动目踏花毡，红汗交流珠帽偏"[3]，其中"动目"正是点睛之笔。刘禹锡《观柘枝舞二首》"曲尽回身处，层波犹注人"[4]，柘枝舞者回身时倾眸眼神的层层波澜多么摄人心魄。中原汉人更瞩目"眉目凝聚"的哀怨表情，或是"眼波横水"的矜持表达，认为"回眸一笑"的妩媚挑逗眼神无疑是轻佻的，因为这是美目流转显露的忌讳，直勾勾的眼神更是要反感的。

---

[1]《龙门佛教艺术·龙门博物馆藏品》，大象出版社，2005年，第132、174页。

[2] 张籍《陇头行》，《全唐诗》卷三八二，第4284页。

[3] 李端《胡腾儿》，《全唐诗》卷二八四，第3238页。

[4] 刘禹锡《观柘枝舞二首》，《全唐诗》卷三五四，第3972页。

18　　　　　　　　　　　　　19　　　　　　　　　　　　20

胡人的眼神并不慈善和蔼，而是忧郁暧昧，呆滞无光，神秘莫测，我们通过放大胡俑雕塑的眉眼，从其深陷的眼窝中透出的异样眼光，可以看出他们的特征。

其一，低眉垂眼。胡人眼睛眸子深处似乎藏有一种珍怜，流露出工匠用戏谑、嘲讽和不屑的心态塑造出一种虚无缥缈的眼神。

其二，有眼无珠。这个胡俑目瞪口呆，眼睛浑浊无神，呆滞不动，眼神中似乎充盈着悲哀、疑惑和恐惧，痛苦灼烫的眼神一涌而出，逼视着人世间的事态。

其三，眼笑眉飞。虽然胡人面部呈露喜色，但透露出一种卑微的目光。

其四，愁眉锁眼。胡人乞求的眼神充满着惶恐惊讶，似乎萎靡不振中有一种焦虑的眼神。

其五，张眼露睛。眼神表现出的是一种举止修养，尽管双眼圆睁，但明眸不乏懵懂，显得紧张拘束，没有欣喜与渴望。

其六，鼓眼努睛。凸出的眼球充血呆滞，但随着眉毛耸起，眼中掠过一抹无奈，火辣辣的眼光注视着前方。

其七，睡眼惺忪。两眼里弥漫着沮丧颓唐，惆怅失望，岁月的凿痕显示出人的沧桑。

其八，横眉立眼。眼睛瞳孔直愣，表面上颇有恼怒中吹胡子瞪眼睛的形态，实际上有种强悍的吼式。墓道门口的侍立俑经常有这种眼睛塑绘。

其九，冷眼旁观。眼神犀利而冷峻，虽然似乎偶尔闪过一丝感伤的眼神。

图18　唐三彩胡人俑，河南博物院藏

图19　胡人俑，洛阳博物馆藏

图20　骑驼扬鞭胡人俑，西安唐墓出土

▲ 图21 胡人俑，洛阳博物馆藏

▼ 图22 唐胡人俑，洛阳出土

其十，神眉鬼眼。眼睛瞳仁上翻，慌乱悔恨中回避着直视的眼睛。

胡人肖像中的眼睛刻画还有许多，这些人物是否符合生活真实，是否矮化歪曲了人物原型，还需要结合历史环境去仔细琢磨。但我们看到不同角度眼神的胡俑，"一钩鹰嘴鼻，二道杀人眉"；"赤眼如火，眉粗如虫，鼻大如猪"；"鼻子犹似波斯，颧骨高比匈奴"；"双眸微坠卷发垂，蚕眉狮鼻稀奇相"。这些描写犹如一幅幅肖像画，又像一个个生理标本，人性的各种特征全都显露无遗，冷酷的工匠们抽去了他们的灵魂，使他们变成墓葬里陪葬的寂寞躯体，散发着灵动却诡异的气息。但是工匠们也抓住了胡人的特征，通过简洁传神的眼睛变化，反映了人物的特征，包括他们那一丝脆弱、无奈以及悲哀的静态描摹。这是由胡人的印象引入工匠的心像，再由胡俑的物象带引出时代的景象。

雕塑工匠们为了迎合墓主人的喜好与偏见，有意创作出胡人的见多不怪形态，轻视、贱看和嘲弄，但他们绝不能增加晦气，否则岂不兆头不祥？从胡人的眼神中，我们仿佛能读出他们栖居中土的陌生感、漂泊感、孤独感、卑微感。有几个值得思量的特点：

首先，胡人有着开朗的民族性格，他们愉悦的心情常常以逗笑戏乐的方式表现出来，而在汉人看来这是苦中取乐，有着酸涩憨相的观赏感觉。艺术工匠大概以悲悯情怀的神来之笔描画出胡人的懦弱，胡人满脸疲惫，自然眼神无光。

其次，从工匠展露的视角观看，他们塑造的异族形象大都是"女抱琵琶腿，男抚觱篥头"；尤其是胡人两只眼睛常常被刻画成半盲状态，眼睛犹如被薄雾蒙绕，木讷呆板、迟滞无光。尽管有些胡人穿着唐人的服装，戴着唐人的幞头，但并不能改变他们的形象。虽然他们可能试图将面孔深目引发的冲突，通过服饰缓冲下来，至少在外观特征方面不要使自己置于危境之中。然而，胡人粗犷的脸型和无所畏惧的眼神，还是会给人留下不良的印象。

再次，胡人来自粗犷剽悍的种族，眼睛也是忧郁的豹眼、阴冷的鹰眼，天然地呈现出与汉人不一样的血脉。大大小小的胡俑总是延伸出禽兽般逼视的眼神，流转

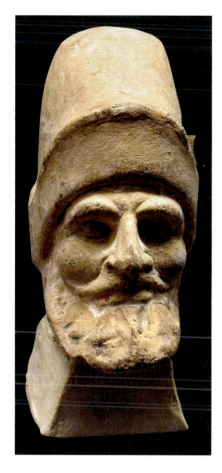

的眼波似乎使人感知到心态的颤抖,这符合当时汉族达官贵人对这类特殊群体鄙视的看法。

　　胡人给很多汉人的刻板印象十分不佳,很自然使他们用最方便的负面标签来标识这一群体,特别是北方民族屡屡入侵劫掠,汉人心底里的伤痕很难在一段时间里抚平,进而使一些汉人"憎胡地兮怨胡天",迁怒整个胡人群体。他们认为原来对胡人宠坏了,要实行族群毗邻坊里的区隔,甚至表现出歧视和偏见。艺术工匠自然在陶俑塑造构思中要反映汉人的理念,因此胡人眼睛里显现出卑微以及若即若离的悲悯就不难理解了。

◀ 图23　唐戴毡帽胡人头俑,西安出土

▶ 图24　唐白瓷胡人头俑,西安东郊出土

四　胡人眼睛写实、写照与写意余论

　　笔者曾怀疑汉人讲究男性从眉清目秀到浓眉大眼的转变,与魏晋清谈名士到隋

图25 竖髻胡人头俑，西安东郊出土

图26 胡人俑，洛阳安菩墓出土，洛阳博物馆藏

图27 唐三彩文官俑，秦安县叶家堡出土

唐五官选人的历史背景有关联。现在看来或许也与胡人入华后眼睛审美变化传入汉地有关，因为在唐代文化多样性的背景下，多样的族种群体互相交流、互为因果，至于后来《西游记》中描写孙悟空的"火眼金睛"更与西域有关。艺术工匠与诗人捕捉的深度是一样的。

唐代虽然是种族多样、文化多元，浸染弥漫着胡音胡风，具备了中国古代最兴盛的社会文明，但汉文化毕竟为主体仍占据着主导地位，社会包容中仍存在着种族界限的潜流，对外来移民的态度也是时重时轻。官方站在维护传统的立场上并不承认胡人的文化价值，对他们往往采取"归化""纳降""安抚"态度，若不顺从则表现出蔑视甚至种族歧视的倾向。反映在文学艺术上就是对胡人"差异化"真实的触及，并在诗歌、笔记小说和雕塑、壁画作品中展现出来，尤其是通过胡人"肖似"写实性形象，达到对比明显、表达别样的艺术效果。

汉人慈眉善眼，既眼神纯洁，又目光如炬；胡人直眉愣眼，既眼大无神，又眼神浑浊；汉人眼神中有着纯真的诱惑，胡人眼神中则透露出一种无奈，两相对比，我们感叹古代文人的描写和记录，叹服从北朝到隋唐的雕塑工匠的艺术悟性，诗歌与陶塑的结合，给了我们跨文化交流的认识，更给了我们感悟具有历史记忆的艺术力量。

有学者曾经撰写《迷惑与憎恶之间：唐诗人眼中的胡人》一文，指出唐代诗人对胡人的看法。[1] 汉人喜爱清澈明洁的眼睛，胡人"眼明正似琉璃瓶"。无论是一

---

[1]《华裔学志》第48卷，2000年，第19—38页。

28　29　30　31

寸秋波还是千斛明珠，胡汉双方欣赏的是不一样的。

在贬抑外来胡人的社会风气中，胡汉的通婚率虽然不低，但混血儿引发了中国人身份认同的难题。《东城老父传》借一个老翁之口说出胡汉婚姻带来的"长安中少年有胡心"问题，揭示出安史之乱后胡人形象已成为招人反感的社会问题。中唐后流行的胡音胡舞动摇了唐人的人种观念，影射谩讽"狂胡""长鼻黄发拳"[1]，反映出一种深深的偏见，而且毫不掩饰对胡人整体种族形象的嘲弄，其血统、肤色和容貌在社会动荡时也不幸地成为"主角"。

《太平广记》卷二五六引《云溪友议》载唐陆岩梦《桂州筵上赠胡女诗》曰：

> 自道风流不可攀，那堪蹙额更颓颜。眼睛深却湘江水，鼻孔高于华岳山。舞态固难居掌上，歌声应不绕梁间。孟阳死后欲千载，犹有佳人觅往还。[2]

诗的前段奚落胡女自诩风流，实际上"蹙额"显出"颓颜"，"鼻孔"高于险山，特别是"眼睛深却湘江水"一句，调侃胡女的眼睛，后段又嘲笑胡女

图28　唐三彩胡人俑，洛阳博物馆藏

图29　胡人俑，洛阳博物馆藏

图30　胡人俑，洛阳博物馆藏

图31　唐三彩胡人牵马俑，洛阳安菩墓出土

---

[1] 戎昱《苦哉行五首》，《全唐诗》卷一九，第232页。
[2] 陆岩梦诗载《全唐诗》卷八七〇，第9868页，标题作《桂州筵上赠胡予女》。

图32 唐三彩胡人俑，洛阳出土

舞态歌声不够超绝。文人尚且如此讥讽地描写胡女长相，一般民众对胡人外貌的看法就更可想而知。

李白虽然盛赞过长安酒肆中貌美如花的胡姬，但他在《于阗采花》中又认为胡人女子不如汉人女子：

于阗采花人，自言花相似。明妃一朝西入胡，胡中美女多羞死。乃知汉地多名姝，胡中无花可方比。丹青能令丑者妍，无盐翻在深宫里。自古妒蛾眉，胡沙埋皓齿。[1]

明妃即王昭君，诗中讲到汉人美女一入胡地就将胡女羞死，这当然可能是作者的想象，但反映了他的审美观。胡人"羊脂沐发长不梳，羔子皮裘领仍左。狐襟貉袖腥复膻，昼披行兮夜披卧"[2]，这些胡妆胡装都会引起汉人先入为主的惊异排拒之感。

宋代文人亦是延续了传统看法，周紫芝《题龙眠画〈四马图〉》中描写李公麟画于阗、大宛龙马时仍不忘直斥"胡儿肮脏双眼碧，锦鞯错落青丝笼"[3]。

胡人的眼睛不单是一个人种话题，涉及审美标准的变化，也是一个东西方跨文化问题，本质上反映的是民族心理深处的文化差异[4]。对胡人的深目高鼻，人们有惊异、沟通、认同、容纳的感觉，也有窃笑、嘲讽、讨厌、鄙视、蔑视等意

---

[1] 李白《于阗采花》，《全唐诗》卷一六三，第1690页。

[2] 刘商《胡笳十八拍》第五拍，《全唐诗》卷二三，第301页。

[3] 周紫芝《题龙眠画〈四马图〉》，见陈高华编《宋辽金画家史料》，文物出版社，1984年，第491页。

[4] 孙机先生提示笔者注意，唐代女俑塑造的大多是细眯眼，眼睛和眉毛相隔很大，日本浮士绘就是唐女形象，细细的眼睛，一丝秋水，有妩媚之美，是迷人之美，与当代人欣赏欧罗巴女性深目高鼻不同。笔者遵旨将另文讨论唐代女俑造型艺术。

图33 胡人俑，西安市文物保护考古研究院藏

识，这是两种文化之间的不同反应。在时代的变迁和社会的转变中，既有和而不同的生存之道，也有民族矛盾的怪异音符，它们甚至扭结在一起形成了历史悖论。

  总而言之，一个懂得用诗歌描述眼睛的民族，无疑是富有诗意的。笔者曾有比喻，求真用理性的眼睛，求善用道德的眼睛，求美用艺术的眼睛。如果说唐诗带给我们描述胡人眼睛的感受，那么胡俑则直观地带来性灵刻画的趣味，唐诗与唐俑的互证，不仅是文人与工匠的艺术映衬，也是史诗气象的契合，他们从写真传神的胡人眼睛入手，犹如用肖像作品使人走入心灵对话的新境界，带领我们认识艺术史传奇的大千世界。

图34 唐三彩胡俑，西安出土

图35 木俑，吐鲁番阿斯塔那唐墓出土

图36 唐三彩胡人俑，洛阳关林出土

图37 胡人文吏俑侧面局部，西安出土

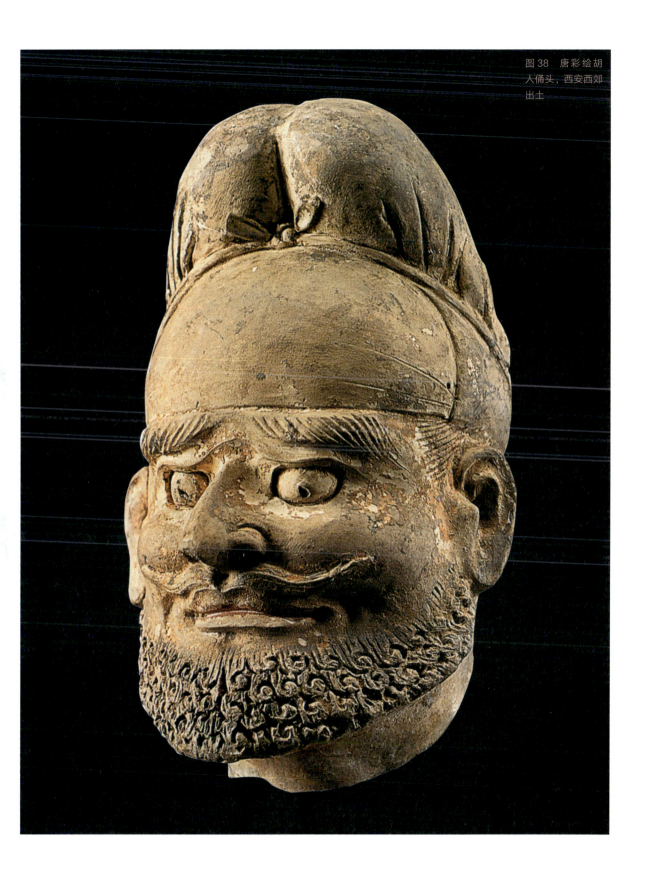

图38 唐彩绘胡人俑头,西安西郊出土

EVIDENCE FROM ART, ARCHAEOLOGY AND ANTIQUARIAN STUDIES ON THE "ANNUAL PRESENTATION OF GRAPE WINE BY THE HUREN (SOGDIANS)"

2

『胡人岁献葡萄酒』的艺术考古与文物印证

"胡人岁献葡萄酒"的艺术考古与文物印证

> 汉家海内承平久，万国戎王皆稽首。
> 天马常衔苜蓿花，胡人岁献葡萄酒。[1]

唐代天宝末年进士鲍防这首吟诵胡人献贡盛况的《杂感》诗，成为描写中外交流的名篇传播久远，其中所说的"胡人岁献葡萄酒"作为一个非常引人注目的现象而著称于世，为唐人所熟悉和喜爱。葡萄酒是汉唐盛世"善商贾"又"喜嗜酒"的西域胡人从中亚带入中国的一种外来"贡品"，西方学者早有所论述[2]，近年来国内论述文章也渐多[3]，本文则利用多年搜集考古出土的胡人抱盛酒皮囊俑等典型文物，再现其艺术形象，并作出新的文史印证。

一 葡萄与葡萄酒进入中国之始

考古发现证明，葡萄树种子和葡萄酒首先是由苏美尔人在美索不达米亚（两河

---

[1] 鲍防《杂感》，《全唐诗》卷三〇七，中华书局，1960年，第3485页。鲍防（723—790），洛阳人。大历年间著名诗人。天宝十二载登进士第，历任河东节度使、京畿、福建、江西观察使，以工部尚书致仕。
[2] [美]劳费尔著，林筠因译《中国伊朗编》"葡萄树"，商务印书馆，1964年，第44页。[美]谢弗著，吴玉贵译《唐代的外来文明》"葡萄与葡萄酒"，中国社会科学出版社，1995年，第309页。
[3] 芮传明《葡萄与葡萄酒传入中国考》，《史林》1991年第3期。苏振兴《古代中西葡萄、葡萄酒考略》，《华南农业大学学报》2004年第1期。陈习刚《唐代葡萄酒产地考——从吐鲁番文书入手》，《古今农业》2006年第3期。《葡萄、葡萄酒在古代中国的传播》，《新疆师范大学学报》2006年第6期。《隋唐时期的葡萄文化》，《中华文化论坛》2007年第1期。这些文章大致认为"葡萄"虽早在西汉中叶就引入"内地"，而酿造"美酒"却要在数百年后的唐代，五代以后还曾一度中衰。

流域）创造出来，随后在公元前 4000 年传到了埃及[1]，之后东传至古波斯帝国（阿契美尼德王朝），但也有一些考古学家认为波斯可能是最早酿造和流行饮用葡萄酒的国家，伊朗扎格罗斯山脉一个村庄曾出土过 7000 年前喝葡萄酒的罐子。公元前 5 世纪时波斯王公大臣和各地权贵首领宴请时，国王爱用形制各异的金杯赐予他们大量的宫廷葡萄酒。前 518 年大流士迁都波斯波利斯，宫殿入口浮雕上刻满了四方属国手捧葡萄酒进贡的队伍。中国新疆地区也可能很早就种植了葡萄，1987 年新疆和静县察吾乎沟 1 号墓地出土有公元前 8 世纪—前 5 世纪的彩陶，上面绘有蔓藤葡萄纹。[2] 2003 年在吐鲁番鄯善县洋海墓地也曾发现距今约 2500 年的一根长 1.15 米的葡萄藤标本。[3]

中国内地知道葡萄和了解葡萄酒的年代，大概晚至西汉武帝（前 140—前 87 年在位）时期，是张骞出使西域后带回了葡萄的种子加以培植，并报告葡萄可以酿酒。《史记》和《汉书》中直接提及种植葡萄的有且末国、难兜国、罽宾国、安息国和大宛国，酿有葡萄酒的则有安息和大宛，其中对于大宛之葡萄和葡萄酒的描述更为具体。《史记·大宛列传》记载："（大宛）有蒲陶酒。……（大）宛左右以蒲陶为酒，富人藏酒至万余石，久者数十岁不败。俗嗜酒，马嗜苜蓿。汉使取其实来，于是天子始种苜蓿、蒲陶肥饶地。"[4]《汉书·西域传》则说张骞死后十多年，贰师将军李广利征服大宛后，大宛缔结和约派遣质子入侍汉朝，"岁献天马二匹。汉使采蒲陶、目宿种归。天子以天马多，又外国使来众，益种蒲陶、目宿离宫馆旁，极望焉。"但是，不管是叙说张骞直接引入葡萄，还是声称其死后由汉朝使节引入，中国开始零零散散种植葡萄，无疑是在汉武帝时期。《汉书·匈奴传》说："元寿二年（前 1），单于来朝，上以太岁厌胜所在，舍之上林苑蒲陶宫。"到了西汉后期，葡萄纹样已经成了中原一些地区喜闻乐见的装饰图案。

西域葡萄酒究竟何时输入中国，史无明文。《汉书·西域传》指明"闻天马、

---

[1]〔日〕古贺守著，汪平译《葡萄酒的世界史》，百花文艺出版社，2007 年，第 11 页。
[2] 马承源等主编《新疆丝路考古珍品》，上海译文出版社，1998 年，第 224 页。
[3] 闵成《西域葡萄种植及其东传》，《吐鲁番学新论》，新疆人民出版社，2006 年，第 972 页。
[4] 蒲陶，即葡萄，又写作蒲桃、蒲萄、葡陶。葡萄作为外来语发音，其来源有不同说法。希腊语学者罗念生认为其直接源于希腊语 Botrytis（义为"一串葡萄"）；有人认为来自地名 Bactria；劳费尔认为它是波斯语 budawa 对音，而中亚粟特语 Butao 的意思是"藤蔓"。孙机先生认为葡萄一词应是大宛语 budaw 的对音，见《寻常的精致——文物与古代生活》，《我国古代的葡萄与葡萄酒》，辽宁教育出版社，1996 年，第 191 页。

蒲陶则通大宛、安息",只是指当时能引进域外的葡萄,和胡麻、苜蓿等园艺植物一样种植,葡萄酒不见得是同时进入中国的,因为制作葡萄酒是一门技术。《后汉书·西域传》说:"粟弋国属康居。出名马牛羊、蒲萄众果,其土水美,故蒲萄酒特有名焉。"张华《博物志》卷五记述:"西域有葡萄酒,积年不败,彼俗云:可十年饮之,醉弥日方解。"这都说明在汉人眼里,葡萄酒还是一种未掌握酿制方法的传说中的神奇美酒。《后汉书·宦者列传》和《续汉书》均记载,灵帝时(168—188年在位),孟佗将十斛西凉州葡萄酒进献给宦官中常侍张让,立刻被任命为凉州刺史。这个"贿酒索官"的记载说明迄于2世纪后期,西域葡萄酒的酿制方法至多在河西走廊的凉州有传入,但当时中原本地酿造的葡萄酒还极少,所以作为珍贵贡品继续依靠域外输入京师朝廷。在新疆塔里木盆地尼雅遗址曾发现大面积葡萄园痕迹,在库车以东汉代哈拉墩遗址内发现地下有8个盛酒大缸的"酒库",在片治肯特还曾发现7—8世纪的一套完整的酿造葡萄酒的设备[1],这都证明西域是输往中原的葡萄酒的原产地。

北魏时期葡萄酒随着胡人沿丝绸之路不断输入中国,《魏书》卷五二《李孝伯传》记载当时赏赐给王公大臣的物品除了貂裘、骆驼、騾马等,"蒲萄酒及诸食味当相与同进"。显然,葡萄酒与其他外来名贵食品一起被作为贡品进献朝廷,朝廷再分赐给臣僚,说明所献葡萄酒仍被视作稀罕珍品,中原王朝并没有学会葡萄酒酿造法与存放法。《晋书·吕光载纪》说前秦吕光攻入龟兹(今库车)时,见其地葡萄丰饶,"胡人奢侈,厚于养生,家有蒲桃酒,或至千斛,经十年不败,士卒沦没酒藏者相继矣"。吕光用二万头骆驼将葡萄酒和外国珍宝、奇技异戏、殊禽怪兽一起装载,运回凉州姑臧。这里的"养生"即指喝葡萄酒有保健功效,可调和味觉,有利于降低西域食肉民族血液中的脂肪含量,"酒藏"即指存储葡萄酒的大酒窖。

6世纪中叶,葡萄酒可能依然是从域外输入,至少也得从西北边远地区输入。《酉阳杂俎》卷一八《木篇》记载的葡萄故事很有趣。历仕西魏、北周的骠骑大将军庾信(513—581)曾对东魏、北齐使节尉瑾说:"我在邺城时曾经大得葡萄,奇有滋味。"旁边的陈昭问葡萄是什么形状?徐君房回答:"类似软枣。"于是庾信说:"你们没见过这类物品,为何不说它似生荔枝呢?"魏肇师摆出典故曰:"魏武

---

[1] Д. 阿布杜罗耶夫《中亚古代葡萄种植业和酿造业》,《中亚研究》1985年第1期。

图1 唐代留发辫蓄人抱酒囊俑,加拿大多伦多安大略皇家艺术博物馆展出

有言,末夏涉秋,尚有余暑,酒醉宿酲,掩露而食,甘而不饴,酸而不酢。道之固以流沫称奇,况亲食之者。"见多识广的尉瑾介绍道:"葡萄此物实出于大宛,从汉代张骞开始所致。有黄、白、黑三种,成熟之时,子实逼侧,星编珠聚,西域多酿以为酒,每来岁贡。在汉西京,似亦不少。杜陵田地五十亩,其中有葡萄百树。今在京兆,不属于禁止砍伐的树林。"庾信说:"葡萄是园种户植,接荫连架。"陈昭接着问:"其味道是不是像橘柚?"庾信回答:"津液奇胜,芬芳减之。"尉瑾最后总结:"金衣素裹,见苞作贡。向齿自消,良应不及。"这番对话证明北朝末期在北齐首都邺城(今河北临漳县附近)、北周首都京兆(今西安市)等地均种植有葡萄,但贵族官僚中也有人从未见过葡萄或者品尝过葡萄滋味,故知葡萄在中国的种植仍不普遍,或许只限于北方的几个地区。而且葡萄育种栽培与酿造储藏不能脱节,采摘晾存不当易霉烂,中原汉人不了解这些环节,当时经常从西域输入醇正的葡萄酒,正说明中国内地尚未掌握葡萄酒的酿造方法。

二　葡萄酒酿造法在唐代的传入与流布

《大慈恩寺三藏法师传》卷二记载贞观二年（628）玄奘到达素叶城时，受到西突厥叶护可汗宴请，"命陈酒设乐，可汗共诸臣使人饮，别索蒲萄浆奉法师。于是恣相酬劝，窣浑钟椀之器，交错递倾，……别营净食进法师，具有饼饭、酥乳、石蜜、刺蜜、蒲萄等，食讫，更饮蒲萄浆"。这说明玄奘眼中已经观察到发酵酿造的葡萄酒和不带酒精稠浊状的葡萄浆有着很大区别，至少表明他在长安未见过这类稀罕的饮品。而在胡人庆祝收获的节日时，经常是要"饮醇美葡萄浆"。粟特人诸多节庆中，有一个就是葡萄酒节。每年五月十八日乃是"巴巴花拉"节，又作"巴米花拉"节，意即"饮醇美葡萄浆"，二十六日"卡林花拉"节，意为"品尝葡萄"，此节从五月一直延续至八月九日，可能从葡萄开始种植贯穿到收获，祈求神灵恩赐营养丰富的饮料。宋陈旸《乐书·胡部》卷一五八《拂菻》说："每岁蒲桃熟时，造酒肆筵，弹胡琴，打偏鼓，拍手歌舞以为乐焉。"美国波士顿美术博物馆藏传安阳出土北齐石棺床雕刻的葡萄园内胡人执"来通"（rhyton）饮酒图，就是欢度葡萄收获节的真实写照。[1]

《册府元龟》卷九七〇记载，贞观二十一年（647），各国进贡方物很多，有许多珍果草木杂物都是以前没见过的，于是朝廷命令详细记录，其中西突厥首领阿史那贺鲁从西域进贡巨型葡萄，"叶护献马乳蒲桃一房，长二尺余，子亦稍大，其色紫"。如此大的葡萄肯定会让唐人吃惊。

史书首次记载唐朝在长安自酿葡萄酒，是唐太宗贞观十四年（640）："葡萄酒，西域有之，前世或有贡献，及破高昌，收马乳蒲桃实于苑中种之，并得其酒法，自损益造酒，酒成，凡有八色，芳香酷烈，味兼醍醐。既颁赐群臣，京中始识其味。"[2] 这表明当时不仅种植优良的马乳葡萄，而且自酿葡萄酒，口感馥郁满厚，色泽有八种之多。

---

[1] 孙机认为此刻石葡萄荫下饮酒的为首者是穿胡服的鲜卑人，而不是中亚人。见《中国圣火》，辽宁教育出版社，1996年，第186—187页。

[2] 《唐会要》卷一〇〇"杂录"，上海古籍出版社，1991年，第2134页。宋代钱易《南部新书》丙卷记述："太宗破高昌，收马乳蒲桃种于苑，并得酒法。仍自损益之，造酒成绿色。芳香酷烈，味兼醍醐，长安始识其味也。"中华书局，1958年，第24页。现代葡萄酒有红色、白色、麦秆黄、柠檬色、淡金色、桃红色、紫色、深宝石色等，马奶子葡萄"造酒成绿色"是其中一种色泽，类似后来法国勃艮第起泡葡萄酒，口感清新，余味悠长。

这条史料记载得十分清楚：唐太宗征服高昌国（今新疆吐鲁番地区）后，中国人掌握酿酒法开始自制葡萄酒并让君臣品尝。也许是将俘获的高昌酿酒师作为技术工匠押至京师劳作。高昌和长安两地早有密切交往，又位于丝绸之路沿途，吸取中亚波斯酿酒法比较近便。从高昌传来的葡萄酒酿造法，可能与以前的酿酒法不同，当时高昌使用"踏浆之法"，即用脚踩破或用木棒捣碎葡萄颗粒使果汁与果皮和酵母接触后发酵的方法，与今日欧洲小型酒厂使用的方法非常相似[1]，与中原内地用稻米酿酒不同。但自"贞观酿酒"后，未见唐官方正式酿制葡萄酒的记载，也没有葡萄酒长久封存置放的史料。可能当时仅有少数人略知门径，酿出的酒质量也不会太好，且如果师徒传授不甚紧密，极容易使葡萄酒酿法失传。

唐太宗时期酿造葡萄酒无疑是域外葡萄酒制法传入中国的一个突出事例，但它还是宫廷养生保健范围的酿造。唐代的葡萄酒酿造业事例大多见于民间，而这才是真正具有经济意义的关键性转折。王绩《题酒店壁》诗其三曰："竹叶连糟翠，葡萄带曲红。相逢不令尽，别后为谁空？"色泽晶红艳紫的葡萄酒能在当时的酒店销售，说明民间之酿造和销售葡萄酒已经在唐代北方出现，小酒店如果不能长期从域外进口成品葡萄酒，就可能自酿一定数量的葡萄酒销售。在这首诗之五中还提到了酒家胡："有客须教饮，无钱可别沽。来时长道贳，惭愧酒家胡。"证明胡人可能熟悉酿酒法。

李肇《唐国史补》卷下记载 8 世纪初至 9 世纪初之间的各地名酒时云："酒则有郢州之富水，乌程之若下，荥阳之土窟春，富平之石冻春，剑南之烧春，河东之乾和葡萄……"足知产于河东（今山西永济）的乾和葡萄酒乃是全国的名酒之一，其葡萄酒酿造历史发端或可追溯至开元年间以前，笔者曾考证"乾和"一词是突厥语"盛酒皮囊"或"装酒皮袋子"的音译[2]。6 世纪中叶，突厥人兴起于阿尔泰山南麓，在亚洲北部建立起一个庞大的游牧民族汗国后，其势力范围囊括和涉及了诸多国家，和大批粟特人混杂相处。定居西域的"胡人"享用葡萄酒对游牧的突厥人产生了巨大影响，"乾和"这个外来词正说明"胡人岁献葡萄酒"使用的是骆驼或马匹身上驮驭着的盛酒皮囊，突厥和粟特民族对葡萄酒的传播交流共同起到了重大

---

[1] 蔡鸿生教授分析汉唐时期"中亚的葡萄酒制法有两种，一是葡萄与果汁合酿，另一种则用葡萄汁熬制"，见《唐代九姓胡与突厥文化》，中华书局，1998 年，第 31 页。

[2] 拙作《崔莺莺与唐蒲州粟特移民踪迹》，见《唐韵胡音与外来文明》，中华书局，2006 年，第 57 页。

作用。

李白（701—762）《对酒》诗所反映的则是开元时代出现于江南的葡萄酒："葡萄酒，金叵罗，吴姬十五细马驮。青黛画眉红锦靴，道字不正娇唱歌。玳瑁筵中怀里醉，芙蓉帐底奈君何。"诗中提到的葡萄酒和叵罗（酒碗）都是西域名产，然而吴地不种植葡萄，故自酿的可能性较小，或是来自北方输送，也可能来自域外的"胡人岁献葡萄酒"。李白在《金陵酒肆留别》诗中也曾提及"吴姬"："风吹柳花满店香，吴姬压酒劝客尝。金陵子弟来相送，欲行不行各尽觞。"金陵（今南京）酒店的吴姬"压酒"显然是将酒醪通过糟床压榨过滤掉，即酒家将自酿连糟吃的浊酒变为"清酒"再请客人喝，十分清楚地表明这不会是葡萄酒。尽管在盛唐时期葡萄酒的销售或酿制已出现在北方几个胡人居住的地区，但可能还没有南移到长江地区。

葡萄酒的质量，七分在葡萄原料，三分在酿造工艺。唐代葡萄种植见于各地，但比较分散，不可能形成有规模的葡萄酒酿造原料栽培区。各地出土的葡萄镜以及葡萄题材的壁画、雕塑、织锦、地砖等，说明唐人对葡萄的认识比较广泛。文人们诗赋描述也比较多。李颀《送康洽入京进乐府歌》："长安春物旧相宜，小苑蒲萄花满枝。"崔颢《渭城少年行》："棠梨宫中燕初至，葡萄馆里花正开。"张谔《延平门高斋亭子应岐王教》："昨夜蒲萄初上架，今朝杨柳半垂堤。"这都指京城地区种植葡萄的情况。《酉阳杂俎》前集卷一八《木篇》记道："贝丘之南有蒲萄谷，谷中蒲萄，可就其所食之。或有取归者，即失道，世言王母葡萄也。天宝中，沙门昙霄因游诸岳，至此谷，得蒲萄食之。又见枯蔓堪为杖，大如指，五尺余，持还本寺植之，遂活。长高数仞，荫地幅员十丈，仰观若帷盖焉。其房实磊落，紫莹如坠，时人号为草龙珠帐焉。"对葡萄树的叙述既详细又神奇，说明当地人认识葡萄但还不熟悉，分不清龙眼藤、玫瑰香藤等葡萄的区别，也说明不同的葡萄树在盛唐天宝之前就已种植。葡萄在当时中国某些地区成为常见的事物，但估计适合酿酒的葡萄种类并不多[1]。

葡萄酒酿造属于胡人的"专利"，是手工作坊或个体经营酒店的本钱，作为一

---

[1] 目前世界 8000 多种葡萄中适合酿酒的只有 200 余种，其中世界三大名贵品种有"红葡萄皇帝"之称的赤霞珠（Cabernet Sauvignon）、"红葡萄皇后"美乐（Merlot）和"红葡萄王子"西拉（Shiraz），以及"贵族"品种的黑比诺（Pinot Noir）等等。

图2 依据波斯银杯仿造的唐三彩牛首杯,加拿大多伦多安大略博物馆藏

种谋生的手段往往会秘不传人。大量胡人来华后要生存,必须依靠自己独特的手艺。遇到战乱动荡或其他突发原因,胡人迁徙四处流动,葡萄酒制造作坊也会随之移动,其酿造术汉人自然也无法清楚。例如太原曾是胡人聚居的城市,"突厥九姓新内属,杂处太原北"[1],辖区内有"攘胡""西胡"县府。《新唐书·地理志三》记载太原土贡有葡萄酒。白居易曾诗咏"燕姬酌葡萄",并自注"葡萄酒出太原"。[2]

当时在长安胡人开设的酒店很多,被称为"酒家胡"。李白曾经"五陵年少金市东,银鞍白马度春风。落花踏尽游何处,笑入胡姬酒肆中"。他在《前有樽酒行》中感叹:"胡姬貌如花,当垆笑春风。笑春风,舞罗衣,君今不醉将安归。"观看着胡姬饮酒,不酩酊大醉不离开,表明胡姬酒店当时对文士们有着吸引的魅力。那里除了胡姬的美貌和歌舞,无疑还有美酒佳酿,不同于汉人开设的酒店,胡人会尽可能拿出故乡的特产和酿酒技术之所长,以揽客挣钱。刘复《春游曲》"细酌蒲桃酒,娇歌玉树花"[3]即是说此。尉迟偓《中朝故事》记载长安富商王酒胡,曾纳钱三十万贯助修朱雀门,朝廷欲修安国寺,皇帝敕命舍钱一千贯者,撞钟一下,"王酒胡半醉入来,径上钟楼,连打一百下,便于西市运钱十万贯入寺"。尽管不知"王酒胡"在长安是否贩卖葡萄酒,但"酒胡"名字暗示他与西市胡人酒业关系密切,其钱财实力绝非一般。

葡萄酒正是西域盛产而中土稀见的产品,其特殊的香味吸引着中原汉人前来品尝,理所当然会成为胡人酒店中的主要特色。鲍防写于天宝末年的"胡人岁献葡萄

---

[1]《新唐书》卷一二七《张嘉贞传》,中华书局,1975年,第4442页。
[2] 白居易《寄献北都留守裴令公》,《全唐诗》卷四五七,中华书局,1983年,第5182页。
[3] 刘复《春游曲》,《全唐诗》卷三〇五,第3469页。

酒"诗句,所指"胡人"有可能包括了粟特和突厥等其他民族,但说明这时期仍然长年累月地从迢迢万里之外运入成品,《新唐书·地理志四》记录西州交河郡(今吐鲁番)土贡葡萄酒浆,只是当地的"每年常贡",不包含粟特等外蕃额外进贡或贸易的葡萄酒。法国学者童丕(Eric Trombert)先生认为,盛唐时期"粟特人通常所带的商品是马、皮毛和其他易于携带的贵重物品,而不是葡萄酒。这个时代确实不再需要从如此遥远的地方运酒来:凉州已能生产上乘的葡萄酒,而最好的是吐鲁番的酒"[1]。这个结论还可讨论,当时葡萄酒仍是西域中亚占据主流,即使中原内地酒肆胡人就地酿造葡萄酒,也可能规模小、产量低、味道涩,而且为了垄断葡萄酒经营,他们不可能积极向汉人推广自己的酿酒法。

图3 采自《中国古代文明》,Thames & Hudson,2008年

根据敦煌文书《沙州伊州地志》(S.367)记载,贞观时康国大首领康艳典带领众多胡人定居鄯善,新建的移民聚落就叫"蒲桃城",推测此地是一个葡萄种植区。7—10世纪高昌回鹘文文书中有很多租佃、买卖葡萄园的内容,或用葡萄酒抵押、买卖物品的内容,说明葡萄酒不仅起着等价交换物的作用,并且酒税还是官府征收的一种重要税赋,其征收数量之巨,常以千斛计[2]。所以丝绸之路各民族进行贸易时,葡萄酒也是一个重要的买卖商品。葡萄酒的酿造与葡萄园的经营是一体的,吐鲁番有关土地的文书中保存了不少葡萄种植经营的内容,例如《吐鲁番出土文书》第3册《高昌张武顺等葡萄亩数及酒租帐》反映了当时高昌对葡萄园种植者"储酒""得酒"征收酒租的形态。酿酒作坊一般均由葡萄园主开设,雇用专业酿酒工匠操作,其成品首先要上交"酒租",剩余的才可上市交易。而汉地

---

[1] [法]童丕《中国北方的粟特遗存——山西的葡萄种植业》,《粟特人在中国——历史、考古、语言的新探索》,中华书局,2005年,第211页。
[2] 王炳华《吐鲁番的古代文明》,新疆人民出版社,1989年,第160页。又见[俄]拉得洛夫《回鹘文献纪念文集》中所收10世纪葡萄酒税收文书,列宁格勒,1928年。

中唐以后各处"榷酒"收取酒税，对私自酿酒惩罚尤严，禁止手工作坊随便酿酒营销，开成元年（837）十二月禁止"河东每年进葡萄酒"，又不准汉人与"诸色人""蕃客"互市交往[1]，这在很大程度上制约了葡萄酒的民间流传。

三 "胡人岁献葡萄酒"的造型艺术再现

葡萄酒在唐代进入了一个"输入热潮"，特别是在玄宗时期最为频繁，例如《册府元龟》记录开元十五年（727）史国使节的贡品就是胡旋女子和葡萄酒——美女必须要加美酒，这符合皇帝爱好酒色的口味。从国际背景上看，这时阿拉伯人对中亚诸国步步进逼，昭武九姓胡人频频入贡是借汉兵联唐军，将保卫国家的救援希望寄托在唐朝皇帝身上。葡萄酒作为贡物表明它当时还是中国的稀罕饮品。《通典》等史书所记贡品食物中，只有少量葡萄或干葡萄，没有葡萄酒，这也证明葡萄酒不是常贡物品。从商业上说，证明中原各地葡萄酒酿造业还不兴盛，即使有胡人酿造也是少量的，葡萄酒出售在唐代仍远未达到普及的程度。

现有的历史文献没有唐朝官方正式设置葡萄酒酿造部门的记载，上层人物"细酌蒲桃酒，娇歌玉树花"并不代表葡萄酒的酿造已在全国大规模普及。9世纪末叶，阿拉伯商人苏莱曼到达广州时记载中国人："他们喝自己用发酵稻米制成的饮料，因为中国没有葡萄酒，中国人既不知道这种酒，也不喝这种酒，所以也就没有人带葡萄酒到中国来。在中国，人们用米造醋、酿酒、制糖以及做其他类似的东西。"[2]这种说法当然与北方有葡萄和域外输入葡萄酒的史实不符，但是对于当时中国南方的大部分地区来说，可能是正确的，因为阿拉伯商人经海道到达广州，只可能见到当时华南局部的生活状况。中国史书记载进口市舶商品中大量的是香料类、牙角类、琉璃类、药材类等，对葡萄酒罕有记录。[3]由此可知，刘禹锡吟诵葡萄是"珍果出西域，移根到北方"，"酝成十日酒，味敌五云浆"[4]，所言不虚；

---

[1]《册府元龟》卷一六八《帝王部·却贡献》，第2028页；卷九九九《外臣部·互市》，第11726页。

[2] 穆根来等译《中国印度见闻录》，中华书局，1983年，第11页。

[3] 对隋唐五代海外贸易的地域与进出口商品结构的分析，见黄启臣主编《广东海上丝绸之路史》，广东经济出版社，2003年，第164—181页。唐代航海来华的阿拉伯水手可能还不知道葡萄酒能减少或预防船上败血病的功能，15世纪地理大发现时代航海家才开始给船员配备葡萄酒，利用葡萄酒药用功效保护人们的健康。

[4] 刘禹锡《和令狐相公谢太原李侍中寄蒲桃》，《全唐诗》卷三六二，第4090页。

而唐代南方的大部分地区并不种植葡萄，也不流行葡萄酒。

蔡鸿生先生曾利用穆格山出土粟特文酒帐和考古发现的中亚片治肯特、花剌子模、塔什干、苏都沙那等地7—8世纪葡萄酒坊的遗址，说明中亚两河流域确是西域葡萄酒的生产基地，他指出，唐太宗破高昌得葡萄酒法之后，开元年间西域继续入贡葡萄酒，杨贵妃在御苑歌会上依然"持玻璃七宝杯，酌西凉州葡萄酒"，"这就说明，经过七八十年之后，仿制葡萄酒的品质还是不能与贡品葡萄酒抗衡的"[1]。即使进献皇家佐餐的葡萄干内地葡萄也是无法比肩西域的。宋陶谷《清异录》卷下"酒浆门"说唐穆宗喝了葡萄酒曾感到非常美妙，称赞道："饮此顿觉四体融合，真太平君子也。"尽管我们不知道皇帝喝的葡萄酒是否来自西域贡献，但至少证明晚唐时期已不像盛唐那样"胡人岁献葡萄酒"，皇帝也很少喝葡萄酒了，这才会发出饮后太平君子飘飘欲仙的感叹。

葡萄酒作为流动的资产，既是饮品，又是酬神的供品，也是对外交往的贡品，所以胡人富贵之家"藏酒至万余石，久者数十岁不败"。一般来说，葡萄酒很难长年存放，质量特别好的酒才具有陈年封存的潜质，由于酿造选用的良种葡萄、酿酒技术运用、酒罐的容量和储存酒的温湿度等条件都会影响葡萄酒存放的年代，所以很难大量地存放葡萄酒。由于西域胡人具备长年储酒的能力和技术，奇货可居，葡萄酒便成为输往中原的重要物品，尽管数量不一定很大，但是其认知度和品牌形象对汉人无疑有着很大的吸引力。新疆喀什疏附县发现5—6世纪胡人捧叵罗喝葡萄酒图案的黑灰石墨材质雕刻品，被人误定名为"化妆调色石盘"[2]，其实是因为不明其用途。封存葡萄酒坛口时会用布蒙盖，糊上泥巴或石膏封口，然后用刻有浮雕的滚印（封签）在湿软泥巴上按压留下封签印记。这样的石刻滚印曾在苏美尔人遗物中发现很多，印度亦有，它就是今天葡萄酒标签的原型。

葡萄酒作为西域绿洲地区园艺种植的附属产品，质量受每年的气候等因素影响很大，而陈年收藏的保存条件是决定酒浆能否高质量的关键因素。长途运输中容器更是一个关键条件，所以当使用酒篓、酒罐等效果不佳时，采用皮囊装酒就是防热防晒常用的一种封存做法（也是增大容量的一种手段），尤其是皮囊可紧紧

---

[1] 蔡鸿生《中外交流史事考述》，大象出版社，2007年，第24页。
[2] 新疆维吾尔自治区博物馆收藏，原为新疆疏附县阿克塔拉采集，长19.6厘米，5—6世纪。不知为何定名为"化妆调色石盘"，大概是石墨材质就推测与化妆调色有关。在美国"走向盛唐"展览和韩国"中国国宝展"上都将这块石墨雕刻翻译为：Tray with drinking scene，显然是望图生义。

图4 尼尼微（亚述首都）贵族宴乐场景雕刻，大英博物馆藏

扎住袋口细颈处，以保护葡萄酒不露色、不走味。

中国古代把皮制的口袋称为"鸱夷"。《国语·吴语》："取申胥之尸，盛以鸱夷，而投之于江。"韦昭注："鸱夷，革囊。"后来用来盛酒的皮囊，亦叫作鸱夷，《汉书·陈遵传》："鸱夷滑稽，腹如大壶，尽日盛酒，人复借酤。"颜师古注："鸱夷，韦囊以盛酒。"但由于中原并不长于畜牧，所以皮囊不普遍。

皮囊的制作无疑是中亚胡人的特长。西域畜牧业发达，胡人剪毛为裘，割皮制衣，善于制作与使用毛皮毡类物品，从衣裘裤靴到车马具都离不开皮革制品，制革业与人们生活密切相关。西域工匠掌握用硇砂软化皮革的技术，制作的皮物光滑色红，加工后的野马皮、獐子皮等都非常名贵，回纥人称之为"斜喝里"，汉人译为"徐吕皮"[1]。特别是粟特人精于传统工匠技艺，把持着"韦匠"（熟制皮革工艺）行业，掌握鞣制皮革的技术，称为"赤韦"[2]。洛阳胡人抱朱色彩绘皮囊即是实物典例。皮制的口袋既坚厚又柔韧，精巧耐用，造型美观，盛装液体不漏，适合牲口驮驮，汉人形容为"酒囊饭袋"，其实正是游牧民族

---

[1] 程大昌《演繁露》卷一，中华书局，1991年。
[2]《吐鲁番出土文书》第2册第17页记录为"赤违"，韦即违，意为熟制的兽皮。吐鲁番文书中多次出现"赤韦""赤违""赤威"等专有名词，即绛红色的皮子。从事鞣制皮革的"韦匠"与皮匠是两个不同手工业行当，韦匠用硝鞣制皮革，用一种叫"苏"的绛红色植物染料染色，成品柔软光亮，外观好看。而皮匠主要掌握缝制皮革制品技术。从吐鲁番文书来看，高昌的韦匠和皮匠都是由粟特人把持垄断。见宋晓梅《高昌国——公元五至七世纪丝绸之路上的一个移民小社会》，中国社会科学出版社，2003年，第343页。

或商贾行程中必须携带的附件。由于装酒皮囊自身要比木桶或陶罐重量轻得多，所以一直是丝绸之路上的储运工具，唐代诗人张祜《雁门太守行》中曾有"驼囊泻酒酒一杯"之句[1]，出土的大量载物骆驼陶俑充分证明了这一点。

最直接用皮囊装载葡萄酒的记载是回鹘文文书《蒙·铁木耳借葡萄酒契》："羊年三月二十二日，我蒙·铁木耳因交利息而需要葡萄酒，从图力法师那儿借了半皮囊葡萄酒，秋初时节我将如实地还他一皮囊葡萄浆……"[2]此外，还记录30"坛本"（tambin，回鹘容量单位）即相当一皮囊葡萄酒的容量。丝绸之路上的胡人每年都要用牛羊皮或薄薄的马臀皮制作规格不等的皮囊，装葡萄酒、马奶酒、羊奶酒、果酒、蜂蜜酒等，有时挤出新鲜牛奶、马奶倒入大皮囊用特制棍子搅拌起泡沫，直到发酵变酸成为新酿的酸奶酒。使用皮囊就是防止燥热挥发散失酒香果味，防止密封性减弱使酒被氧化。

1957年和1958年秋季，西安大明宫麟德殿西北库藏遗址出土了一批装酒的坛子，并发现有160余块白石灰质的"封泥"，墨书"进酒一瓶"等字，其上还钤有朱红色印文，标明时间为穆宗长庆四年到宣宗大中十二年之间，进贡地点有云南、河中、华州、凤翔、磁州、湖州、睦州、润州、潭州等地[3]。这说明各地仍向长安朝廷进贡用粮食酿造的酒，而且使用坛罐长途运输，靠石膏和泥巴封存酒坛罐口，不像葡萄酒那样使用皮囊。

通过上述分析，我们再来审视考古出土和现存收藏的抱皮囊酒袋的陶俑艺术形象，对"胡人岁献葡萄酒"带来的诗意幻象不仅容易理解，而且"抱袋胡俑""抱瓶童俑"之谜可以迎刃而解，并可以纠正原来的误释。

河南洛阳出土的唐彩绘抱皮囊胡人俑（见图5），高35.5厘米，原书笼统解释说是"抱袋男俑"[4]。此俑头戴卷檐披肩风帽，深目高鼻，满脸胡须，胡人特征非常突出。俑左腿屈膝盘跪，右腿下蹲着地，怀中抱着一个盛酒皮囊，左手扣住囊袋底部，右手曲举紧抓囊袋口，皮囊袋纹的折痕刻画得相当清晰，如果松手仿佛酒

---

[1] 张祜《雁门太守行》，《全唐诗》卷五〇，第5796页。
[2] [日]山田信夫《ウイゲル文契约文书集成》（编者：小田寿典、梅村坦、森安孝夫），人部分文书为高昌回鹘时代，大阪大学出版会，1993年，第112—113页。又见伊斯拉菲尔·玉素甫《葡萄在古代吐鲁番社会生活中的地位》，《吐鲁番学新论》，新疆人民出版社，2006年，第582页。
[3] 《唐长安大明宫》，科学出版社，1959年，第42页。
[4] 俞凉亘、周立主编《洛阳陶俑》，北京图书馆出版社，2005年，第259页。

图 5 唐彩绘抱皮囊胡人俑,洛阳出土

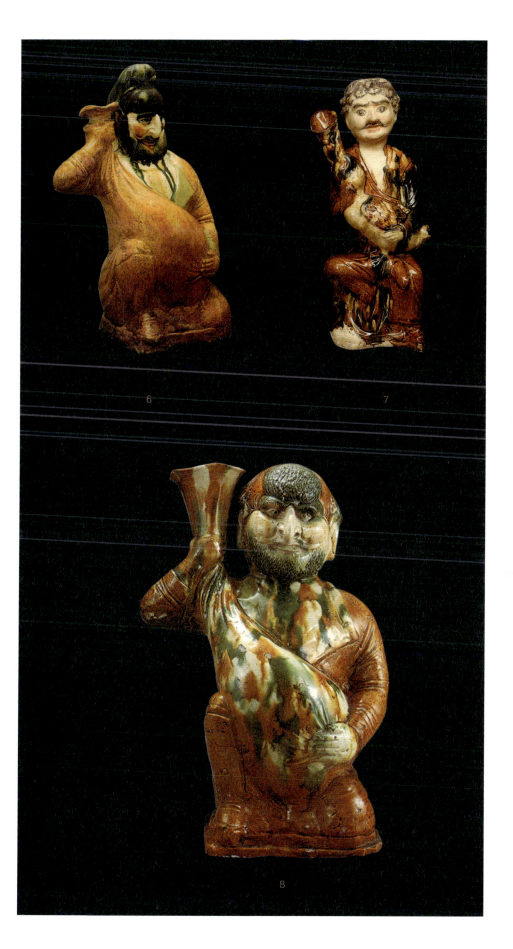

图6 胡人抱酒皮袋俑,美国西雅图艺术馆藏

图7 胡人抱皮囊俑,美国旧金山亚洲艺术博物馆藏

图8 唐三彩胡人抱皮囊俑,加拿大多伦多安大略博物馆藏

图9 白瓷胡人抱皮囊俑，西安东郊段伯阳墓出土

图10 胡人抱鹅形皮囊俑，2001年比利时布鲁塞尔展出

液会随时倾倒出来，而盛酒皮囊用朱色彩绘是皮革加工的真实写照。

美国西雅图艺术博物馆收藏的胡人抱酒皮袋俑（见图6），高38厘米。[1] 此俑高鼻深目，黑色络腮胡须，头戴唐人的黑色幞头，身着紧身翻领胡服，右脚蹬皮靴，左腿弯曲盘坐，怀中抱着的酒囊似乎很重，左手托底，右手紧捏拧着的袋口，似乎不仅要防止酒液倾覆倒出，而且要小心轻轻一拽会随时滑落，突出了献酒者小心翼翼的神态。原收藏者猜测这个胡俑是抱粮食口袋的造型，显然是不对的。

美国旧金山亚洲艺术博物馆收藏的胡人抱皮囊俑（见图7），高33.6厘米。[2] 此俑头戴圆形帽子，高鼻深目，身穿开襟坎肩，似乎是席地而坐。右足蹬靴子，左腿压在身下，怀中皮酒囊很大，所以胡人只能右手扶着酒囊下部，左手托举着细颈出口处。由于原图为黑白照片，我们不知道颜色，保管者介绍为唐三彩，从图中看也确是如此。

加拿大多伦多安大略博物馆收藏的唐三彩胡人抱皮囊俑（见图8），高36厘

---

[1]《海外遗珍》（陶瓷·四），台北故宫博物院编辑出版，1993年，第18页。
[2]《海外遗珍》（陶瓷·一），台北故宫博物院编辑出版，1986年，第67页。

米[1]。胡人高鼻深目，头顶有桃形头发，下颚布满短须，眼睛直视，表情严肃，身穿大翻领开襟胡服。其右腿弯曲着靴，左腿单膝跪下，左手搂着皮囊下部，右手紧握皮囊上部，细颈处有拧紧的螺旋皱纹。整个胡俑造型呈标准的三彩褐釉色。原收藏者仅按一般通例解释为胡商俑，没有说明它为何如此造型。

1956年西安东郊唐代段伯阳墓出土的白瓷胡人抱皮囊俑（见图9），高23.5厘米，腹围33厘米，现藏陕西历史博物馆。[2]此俑原标题为"白瓷人形尊"，这是收藏保管者误判造型而定的名称，保管者认为这是一个实用器皿鱼形瓶，显然是不准确的解释。笔者认为这个西域少年是献酒者，他深目高鼻，头上盘满小辫，额头装饰串珠，身着圆领紧身短袖衫装，翻领和袖口都饰有褶纹，胡人形象栩栩如生，从衣装上审视，像是精心打扮过的献礼进贡者。胡人少年左腿半跪地下，双手斜抱一个小型皮囊袋，囊袋口呈荷边形张开，皮囊外部装饰有凸起圆形花卉图案，腹内酒液仿佛要从口中倒出。整个器形釉色白中泛青，艺术造型非常美观，颇具西亚风格。

2001年比利时布鲁塞尔展出的胡人抱鹅形皮囊俑（见图10），高31.5厘米，原文解释"8世纪早期唐三彩，一个外国人抱着一只鹅，一根管子强行插入喂养鹅的张开的嘴"。[3]一些欧洲学者按照西方思维判断这是填鸭式喂养鹅以获取肥鹅肝的方式。这正说明人们不清楚盛酒皮囊的造型与用途，凭空想象而已。

1958年河南洛阳市洛北大渠吕庙村出土的唐三彩中（见图11），有高13.3厘米的抱物坐姿男俑，博物馆人员介绍是"三彩人荷灯"或解释为"三彩人执荷叶注"[4]，实际上可能都是误释，笔者观察认为仍然还是抱皮囊酒袋坐俑，只不过是这个皮囊下部较细，而皮囊口很大，造成是荷叶形象的误判。男俑面貌像胡人，腿着条纹绿色长靴，坐在腰墩上，左腿屈膝踩在墩上顶着皮囊侧面，两只手抱着皮囊细颈出口部，真正的状态似乎是倒出酒后皮囊内还有剩余液体的形象。

河南巩义市黄冶窑址出土的抱皮囊俑（见图12），高6.5厘米，现藏巩义博物

---

[1] *Silk Roads · China Ships*, Royal Ontario Museum, Toronto, Canada, 1984.
[2] 香港艺术馆编《丝绸之都——长安瑰宝》，香港市政局出版，1993年，第23页。
[3] TL. Oxford Authentication, Artcade Gallery-Corinne Van Der Kindere, Orientations, 2001.
[4] 洛阳博物馆编《洛阳唐三彩》，河南美术出版社，1985年，第103页。洛阳文物局编《洛阳陶俑》，北京图书馆出版社，2005年，第347页。这两本图录所载坐姿男俑为同一造型，但拍摄角度各有侧重，一说高14厘米，一说高13.3厘米。

图11 原名初唐三彩人荷灯，洛阳市洛北大渠吕庙出土

图12 抱皮囊俑，河南巩义市黄冶窑址出土，巩义博物馆藏

馆，定名为"抱物俑"[1]。这个俑整体施黄釉，因有破损，面部不清楚，疑似有卷须，身着窄袖长衣，右手托抱皮囊底部，左腿斜屈，右腿盘坐地上，皮囊口张开，并有褶皱纹贯穿。毫无疑问，这也是献酒者的造型。

1987年山西长治市唐李度墓出土景云元年（710）唐三彩抱鹅壶女子坐俑（见图13），高34厘米，现藏长治市博物馆，原标题为"抱鸭壶女子坐俑"[2]，在展览陈列时藏品者解释是两手抱大口鸭形壶的女子。这个坐姿少女正面脸形端庄，内穿半臂坎肩，斜披外衣，一只衣袖塞于后腰带，编发集股交盘在脑后，类似蕃胡"辫发髻"。值得注意的是，这个鸭形壶实际上仍是皮囊酒袋，只不过其下部皮囊外部做成鸭子或天鹅形状，与图6的鹅鸭皮囊造型相同。

罗马私人收藏的唐三彩抱酒囊皮袋妇人俑（见图14），高36厘米。[3]这个女性穿着完全是一个汉族妇女形象，眼神凝视，头梳双环高髻，身着彩花长裙，领口呈三角敞开，袖口宽大，左手戴有玉镯或金镯。她坐在凳子上，左手扶抱皮囊下部，右手托举着皮囊上部出口处，而皮囊外部是一个鹅形或鸭形，羽毛刻画凸出而栩栩如生。

河南开封市博物馆收藏的唐三彩抱皮囊酒袋女俑（见图15），高26.5厘米。[4]这个女俑脸面丰满，直鼻小口，圆眼睁大，头发中分梳有双髻，身穿交领窄袖襦，肩披帛巾，脚穿长筒靴，左腿屈蹲，右腿跪地于小圆锦毯台上，怀抱鹅形开口皮

---

[1]《河南唐三彩与唐青花》，科学出版社，2006年，第393页。

[2]《大唐王朝女性の美》展览图录，大阪市立博物馆、中日新闻社，2004年，第78—79页。唐代雕塑工匠对这个坐姿少女有着细心刻画，除了脸庞、发髻、衣服外，还突出了她紧扶盛酒皮囊的小手。

[3] Chinese Ceramics Bronzes and Jades, in the Collection of Sir Alan and Lady Barlow, By Michael sullivan, London, 1963.

[4]《河南唐三彩与唐青花》，科学出版社，2006年，第222页。该女俑通体施棕色、绿色、黄色、白色四种釉。笔者在香港讲学时，曾在香港艺术馆注意到徐展堂先生私人的唐三彩藏品中也有此类相同造型抱鹅形皮囊女俑，见《徐氏艺术馆：陶瓷篇Ⅰ——新石器时代至辽代》图录，香港徐氏艺术基金，1993年。

图13 景云元年（710）唐三彩抱鸭壶女子坐俑，山西长治唐李度墓出土

图14 唐三彩抱酒囊皮袋妇人俑，罗马私人收藏

图15 唐三彩抱皮囊酒袋女俑，香港文化博物馆徐展堂艺术馆

图16 1987年唐三彩抱鸭壶女子俑背面，右足曲抬，头后编发，山西长治市博物馆藏

图17 唐代抱皮囊女俑，2003年法国佳士得亚洲艺术拍卖图录

囊，左手扶皮囊颈部，右手抱皮囊底部，也是单腿跪献酒袋的造型。

从以上10余件单独的抱皮囊酒袋陶俑来观察，它们或是采取西域传统的"胡跪"方式[1]，或是抬腿盘踞而坐，均呈现出进献贡品的恭敬姿势。其中有6件的陶俑形象可以明确为胡人，其中除了一件是穿着华丽的西域少年外，5件似乎都是带有商业倾向的胡商形象，他们都是一只手托底或抱底，另一只手拽着皮袋上口，而且皮袋细颈处均有拧旋的褶皱，防止袋口松脱，从胡商跪倒在地的费力状态来看，装酒的皮袋很沉重，这为我们对当时胡人献酒基本造型比较格式化的了解增添了新的视野。

特别是几件抱鹅形皮囊酒袋的女俑（见图16—17），值得关注。据《南部新书》辛集记载："贞观末，吐蕃献金鹅，可盛酒三斗。"《册府元龟》卷九七〇《外臣部·朝贡》也说贞观二十年（646）吐蕃"作金鹅奉献，其鹅黄金铸成，高七

---

[1] 关于"胡跪"，慧琳在《一切经音义》卷三六中解释"右膝着地，竖左膝危坐，或云互跪也"。但在献酒胡俑造型中左右腿跪坐可以互换变化，新疆柏孜克里克胡人供养跪像壁画及其他中亚画像皆可印证。

图18 北齐抱瓷瓶胡人俑，2008年3月纽约 Nohra Haime 画廊展出

图19 唐三彩胡人抱角杯，四川邛崃窑址出土

尺，中可实酒三斗"。这个金鹅能盛酒二斗，可能就是制作精良的鹅形皮囊壶。吐蕃人自龙朔元年（661）与唐朝争夺西域一些地区之后，也喜好饮用葡萄酒，据《贤者喜宴》《西藏王统世系明鉴》等书记载元和十年至开成元年（815—836）在位的吐蕃王热巴巾赞普，就因为贪恋西域葡萄酒过量，醉卧宫中宴席而被臣下达那金刺杀[1]。吐蕃人与西域粟特人早有往来，受西域传入葡萄酒的影响，制作便于运输的盛酒皮囊也应是常有之事，但鹅形皮囊为人们提供了实物形象，不是以前误判的所谓"鸭壶"。皮囊装物的缺陷是有皮革味，但是皮囊外部作为鹅形，是基于鹅与雁相似的寓意，比喻葡萄酒运输要有快速传递之意。

当时从西域运来中原的酒既有大量的葡萄酒，也有"三勒浆"之类外来的"洋酒"，还有随身携带的马奶酒、果酒、蜂蜜酒等，尤其是加入了蜂蜜的葡萄汁更容易发酵变成酒精饮料。胡商带来的葡萄酒有几种可能：一是直接进奉给皇家内库，或是达官贵人之家；二是贩卖给酒家胡的酒店；三是在长安、洛阳等大城市市场上出售；四是供应给边塞军旅："葡萄美酒夜光杯，欲饮琵琶马上催；醉卧

---

[1] 王尧、陈践《吐蕃简牍综录》，文物出版社，1986年，第37页。

图20 唐三彩胡人抱酒囊俑,"海外流失文物展"藏品

沙场君莫笑,古来征战几回。"[1] 他们通过不同途径将葡萄酒渗入到中国社会。

四 唐以后葡萄酒酿造业的缓慢发展

唐代以后由于中西交通衰落不振,呈现出"蒲萄酒白雕腊红,苜蓿根甜沙鼠出"[2]的黯然失色景象,葡萄酒酿造业在中国日趋萧条甚至有时还有萎缩。尽管"葡萄酒"这一名词在北宋的使用十分普遍,但大多是文人对前朝"葡萄酒"盛世的赞美和向往,除了京畿朝廷有少量赏赐近臣,葡萄酒在民间还是比较珍贵的,"引南海之玻璃,酌凉州之蒲萄"达不到家喻户晓的程度。宋代编纂的《太平御览》卷九七二记述"葡萄酒西域有之,前代或有贡献,人皆不识",说明宋代中原地区对"进奉""贡献"的西域葡萄酒已经淡忘很久了。

"凉州"由于当时陷于西夏的掌握,已不再为"中国"所有。"葡萄酒"的生产地,较前朝有了稍稍的不同。刘敞《公是集》卷一七说:"蒲萄本自凉州域,汉使移根植中国。凉州路绝无遗民,蒲萄更为中国珍。"辽宁法库叶茂台辽墓曾发现过封贮的红色葡萄酒液体[3],但是随着北方疆域变化,只有并州(今山西太原)还是进献中原朝廷"葡萄酒"的主要来源。李焘《续资治通鉴长编》卷二三九:"熙宁五年十月,提举市易司言:晋州差衙前押进奉蒲萄,而晋非所出,尽买于太原。欲令在京计置,仍令泽州封桩价钱,听本司移用。中书拟从其请,上批:蒲萄无用,更勿收买。"冠于四方的太原葡萄酒由此也走向衰落。南宋时并州也不在版图之内,葡萄酒只可在文人著述中追寻一二。

金代元好问(1190—1257)在其《蒲桃酒赋》序中说贞祐时期(1213—1216),安邑(今山西运城东北)盛产葡萄,这里曾是唐代河东"乾和葡萄酒"的产地,但是"安邑多蒲桃而不知有酿酒法",说明葡萄酒酿造法失传很久了。《元好问全集》卷

---

[1] 王翰《凉州词二首》,《全唐诗》卷一五六,第1605页。
[2] 贯休《塞上曲二首》,《全唐诗》卷八二七,第9315页。
[3] 孙机先生提示笔者注意考古发现的辽代葡萄酒,见辽宁博物馆等《法库叶茂台辽墓记略》,《文物》1975年第12期。

一记载他曾见过从西域回来的人说，大食人绞榨葡萄浆封口埋之，成酒后愈久味道愈佳，有的人家甚至藏有千斛葡萄酒。所以元好问作赋吟诵感叹葡萄酒酿法的失传，"世无此酒久矣"。

南宋彭大雅、徐霆在1235年和1236年出使蒙古时，在大汗窝阔台（1229—1241年在位）所见到的葡萄酒尚系从外国进贡，非常珍贵，"又两次金帐中送葡萄酒，盛以玻璃瓶，一瓶可得十余小盏。其色如南方柿漆，味甚甜，闻多饮亦醉，但无缘多饮耳。回回国贡来。"[1]"回回国"指中亚的河中地区花剌子模国。

《马可·波罗行纪》则记载在元初至少中国的南方尚不流行葡萄酒。第一〇六章说太原"其地种植不少最美之葡萄园，酿葡萄酒甚饶，契丹（中国）全境只有此地出产葡萄酒"。第一五一章说杭州"此地不产葡萄，亦无葡萄酒，由他国输入干葡萄及葡萄酒，但土人习饮米酒，不喜欢葡萄酒"。[2]

由于西域和中亚商人不断来到北方草原，元朝蒙古贵族对葡萄酒也具有了兴趣，他们称葡萄酒为"孛儿"。《鲁布鲁克东行纪》记录了1253年法国圣方济各会士鲁布鲁克前赴蒙古拜见大汗蒙哥（1251—1259年在位），在宫廷里蒙哥款待他们喝红酒，味道就像法国拉罗歇尔地方的葡萄酒[3]。当时蒙古贵族主要饮用特拉辛纳（米酒）、哈刺忽迷思（马奶酒）、布勒（蜂蜜酒）等，葡萄酒也是饮料之一，但在蒙古还不是日常的主流饮料，因为蒙古人依靠其他民族的商人贩送葡萄酒，而不会自己种植葡萄酿酒。

在北方草原丝绸之路上，远途运酒由于瓷瓶笨重、木桶易漏、陶罐易碎以及密封材料质量差，游牧民族中一直还在使用盛酒的皮袋囊，元代蒙古人称之为"开普塔尔格克"（captargac）。耶律楚材有《寄贾搏霄乞马乳》诗："天马西来酿玉浆，革囊倾处酒微香……浅白痛思琼液冷，微甘酷爱蔗浆凉。"说明皮囊里的马奶子酒味道是不错的。蒙古人喜欢饮用以马乳酿的马奶子酒（汉译马湩），其色白味微酸[4]；又从被征服的钦察人那里学会了酿造黑马奶酒，称为"细乳"，是供

---

[1] 彭大雅、徐霆《黑鞑事略》，中华书局，1985年，第20页。
[2] 冯承钧译《马可·波罗行纪》（中册），中华书局，1954年，第424页、580页。
[3] 何高济译《鲁布鲁克东行纪》第二十九章，中华书局，1985年，第272页。
[4] 《元史·百官志》中提到一种乳酪叫爱兰乳酪。现在中亚吉尔吉斯斯坦有一种饮用煮沸的奶和水制成，并使之变酸，仍称之为airan。人们喝完后舌头有杏仁味道，即使醉人也能使腹内舒畅，利尿，对以吃牛羊肉为主食的民族有保健作用。

图21 刻有"葡萄酒瓶"四字的瓷瓶,内蒙古乌兰察布市察尔右翼前旗原集宁城故址附近出土

奉宫廷的上品。但大汗饮用的葡萄酒主要是依靠西域贡给,延祐年间(1314—1320)忽思慧《饮膳正要》卷三记载葡萄酒"有西番者,有哈剌火(吐鲁番)者,有平阳(今山西临汾)太原者";质量还是"哈剌火者田地酒最佳"。[1]因此当时草原之路频繁运输,"驿传劳费"[2]。

葡萄酒在元代流行和葡萄酒酿造法在民间的普及,恐怕是元代中期以后的事情了。"葡萄逐月入中华,苜蓿如云覆平地",自忽必烈开始,葡萄酒在中原地区东传南渐逐步流行,定都于"大都"(今北京)后,据《元典章》所载"大都酒使司于葡萄酒三十取一,至元十年抽分酒户"。至元二十年(1283),元朝廷开始在祭祀太庙中敬献葡萄酒。《元史·世祖本纪十三》记载至元二十八年(1291)五月,"宫城中建葡萄酒室及女工室"。这一"葡萄酒室"的设立,是葡萄始入中国以来千年间,朝廷内首次明确生产葡萄酒的记载,但它似乎还不是中国迈向葡萄酒酿造业普及化的关键性一步[3],因为宫城内制造的葡萄酒不可能成批推向社会。特别是元代在中原交通运输方便情况下,内地使用盛酒皮囊的情况也渐渐减少了,更多的是使用瓷瓶、瓷罐,贵族饮酒则讲究用玻璃瓶、玛瑙瓶。"紫驼峰挂葡萄酒,白马鬃悬芍药花。"元代户部侍郎贡师泰这首诗描写皇帝赏赐给他的葡萄酒,运送工具已不是皮囊而变成挂篓装瓶罐了。内蒙古乌兰察布市原集宁城故址出土的刻有"葡萄酒瓶"四字的瓷瓶,说明元代后期运输葡萄酒时放弃了盛酒的皮囊。

有意思的是,葡萄酒的药效在明清时期也开始被人们认识。李时珍《本草纲目》中记载葡萄酒"暖腰肾、驻颜色、耐严寒"。葡萄酒作为唯一的碱性酒精饮料,对伤寒、白喉、斑疹、疟疾、败血病、肺炎等病症都有药疗特效。[4]清代初期,传

---

[1] 忽思慧著,李春方译注《饮膳正要》,中国商业出版社,1988年,第250页。
[2] 《永乐大典》卷一九四二一,《经世大典·站赤》,世界书局,1962年。
[3] [日]岩村忍《元代葡萄酒考》,见《蒙古史杂考》,白林书房,昭和十八年。
[4] 关于葡萄酒药效的论文较多,有的国家古代医生把葡萄酒当作药物开给病人,时至今日,日本的药房里还有葡萄酒出售。

教士不时地将葡萄酒进呈皇帝,大臣以被赏赐葡萄酒为荣。康熙四十八年(1709)皇帝害病体弱时,进入中国宫廷的耶稣会传教士南怀仁等就跪奏劝他喝"西洋上好葡萄酒,乃高年人大补之物,即如童子饮乳之力"。康熙每日进几次葡萄酒,喝后"甚觉有益,饮膳亦好",竟然身体大安,遂下谕各省征求进献洋酒。[1]这也反证了葡萄酒直到清代前期仍不普遍饮用,虽然各国传进的葡萄酒增多,但往往作为"贡品",民间饮用很少。

1907年法国天主教圣母文学院修士们开始在北京颐和园北面黑山扈教堂种植酿酒葡萄。1910年,法国传教士沈蕴璞聘请酿酒师里格拉在北京阜成门外马尾沟法国圣母天主教堂建立了北京第一家葡萄酒窖,生产的法国口味葡萄酒仅用于教会弥撒和教徒饮用。当时教士在弥撒仪式上爱引用《圣经》里的话"面包是神的身体,葡萄酒是神的血液",意思是把面包和葡萄酒当作维持生命的基本食粮。尽管教堂成为推进葡萄酒的中心,但直到20世纪30年代,使馆、饭馆等才有少量供应。这又反证了民间市场的葡萄酒份额不大。[2]

总之,葡萄酒是一种外来文化,虽然它不是一种人们赖以生存的酒精饮料,但葡萄酒的传入是汉唐文化的反复积淀,有着外来文明的元素。我们以上所举的10余个抱皮囊俑,气韵生动,造型独特,充分阐明了"胡人岁献葡萄酒"的艺术对象,通过造型风格可以看出艺术家以写实手法精心雕刻了献酒人贡人物的细微特点,它们不仅有男女区别、老少区别、民族区别、姿态区别、服饰区别等,而且每个陶俑的脸部表情都不一样,单独的雕像犹如有本人的灵魂和生命永久留驻,使千年之后的人们审视观赏时仍感叹不已。我们可以说,唐代陶俑艺术所展现的一切特色,都是以人为主体的,而胡人或其他杂胡民族形象艺术最直接地表现出唐代文明本身对外来文化的包容与理解,外蕃献酒的艺术形象通过雕塑家之手而凝结于历史时空中,尽管后人对此奇特创意懵懂不知,有人将进献葡萄酒胡人俑解释为"胡人尊形器"[3],北京琉璃厂古董商还将此类造型胡俑称为"抱插花花瓶童俑",但我们将俑图与史诗相互印证,文学与文物还原交缠,就是在破解造型之谜的同时,纠正以往的误判,让历史的记忆不再断裂而展现于人们面前。

---

[1] 蔡鸿生教授指示笔者阅读方豪《红楼梦新考》中对康熙品尝葡萄酒进补之事的考释,特此致谢。见《红楼梦研究参考资料选辑》(第3集),人民文学出版社,1976年,第996—1000页。
[2]《葡萄酒在中国》专题,见《中国葡萄酒》2007年第1期,第29页。
[3] 李知宴《唐代瓷窑概况与唐瓷的分期》,《文物》1972年第3期;李知宴《唐三彩生活用具》,《文物》1986年第6期。

A STUDY ON THE TANG DYNASTY FIGURINES OF THE HU MERCHANTS

3

唐代胡商形象俑研究

唐代胡商形象俑研究

多年来，考古出土的唐代胡俑中背行囊弯腰者较为多见，海内外学术界许多研究者都将他们定名为"步行胡商"或"波斯胡商""大食商人"[1]，凡是向人们展示丝绸之路商贸时，就会摆出这类胡商形象的陶俑。他们重压下的驼背姿态仿佛是艰辛勤劳的定格，绷紧的带子紧拉着背囊，似乎随时会倒下。雕塑艺术就是能创造出这般魅力，将一些不可言喻的意象实物化、实体化。

但定名为"波斯胡商"或是"大食商人"，根据是什么？如此形象造型的依据又是什么？这些问题长久令人不明就里、一头雾水。实际上，这类胡商形象俑长期没有被仔细探究，笔者也曾盲从随称。近年来笔者开始考虑这种胡人造型为唐代雕塑工匠钟爱的原因。从目前搜集到的几十具这类胡商陶俑造型来看，相似相近的形象可大致分为三类：一是弯腰负重者，二是端立不动者，三是手持包袱者。每一类形象都基本雷同，姿态常规不变，究竟是因视角单一偏窄与题材开掘限定，还是暗中藏匿着让人殷殷可感的新意？这需要我们重新审定研究。

一 胡商形象造型的考释

1. 弯腰负重者

由于这类背负包囊而被压成驼背的胡俑，作躬身行走状，所以被形容是穿越茫

---

[1] 近年较有代表性的胡俑见《洛阳文物精粹》，河南美术出版社，2001年，第160页；《洛阳陶俑》，北京图书馆出版社，2005年，第179页；《雕饰如生——故宫藏隋唐陶俑》，紫禁城出版社，2006年，第131页；《西安博物院》，世界图书出版公司，2007年；《百家藏珍——西安博物院民间收藏精品展》，世界图书出版公司，2008年，第56页。一些有关丝绸之路的图录还有相关胡俑的形象展示。

图1 胡商俑，大英博物馆藏

图2 胡俑身后背囊打结图

茫丝绸之路的商人，即"行进于沙漠之中执壶背囊的大食人"，还有人把他们描绘成沿着丝绸之路长途跋涉的波斯商人，是不畏艰辛的"行旅商人"或估客，"模仿原型肯定是千里迢迢长途贩运的中亚胡商"[1]，但这样的判断令人生疑。为了揭示胡商造型背后的隐秘，我们选择十余具胡商陶俑，从"点"概观成"面"，仔细观察其特点：

其一，单独一个胡商背负着如此沉重的包囊，根本不可能长途跋涉穿越沙漠戈壁，远途行走即使跟随驼帮或马队、驴队，也不会自己过长时间背负沉重物品。从西安出土的北周安伽墓、史君墓，太原出土的隋虞弘墓，河南出土的隋安备墓以及日本美秀美术馆藏北齐石榻屏风画来看[2]，写实性很强，都是成群结伙、结党连群的商队，牵驼或骑马、赶驴，不管是哪个族属，商旅驮运都没有个人背囊跋涉的形象。

其二，漫漫路途没有护送是极不安全的。如背负贵重货物，遇到劫匪强盗会白白损失自己的财物，正像刘驾《贾客词》所云："寇盗伏其路，猛兽来相追。金玉

---

[1] 李瑞哲《古代丝绸之路胡商活动及其影响研究》第4章《陶俑与胡商》，陕西人民出版社，2011年，第65页；[法]魏义天著，王睿译《粟特商人史》，广西师范大学出版社，2012年，第86页，图版Ⅳ"行旅商人"（吉美博物馆藏）；张庆捷《北朝隋唐的胡商俑、胡商图与胡商文书》，荣新江、李孝聪主编《中外关系史：新史料与新问题》，科学出版社，2004年。

[2] 《北齐东安王娄睿墓》，文物出版社，2006年，第31页；《西安北周安伽墓》，文物出版社，2003年，第33页；《北周史君墓》，文物出版社，2014年，第118页；《太原隋虞弘墓》，文物出版社，2005年，第98页；《隋安备墓新出石刻图像的粟特艺术》，《艺术史研究》第12辑，中山大学出版社，2010年，彩版二。

四散去，空囊委路歧。"[1]而他们很少携带任何可仗恃的刀剑、弓箭等护身兵器，敦煌莫高窟45窟盛唐壁画"胡商遇盗劫路图"就是明证。突厥等游牧民族曾屡次袭击商路沿线行进的商人，胡商即使佩带弓刀，也无法抵抗大队寇盗的袭击。莫高窟第420窟顶隋《观世音菩萨普门品》所绘正是商队遭遇穿盔戴甲强盗骑马冲杀，抵御仓促，全部被俘掠的情景。[2]

其三，胡商俑没有携带必备的生活用品，除手拿波斯造型的执壶外，一无所有，只可能近距离沿街吆喝、游走叫卖。出土的骆驼陶俑背上驮袋装载有丝绸等各种物品，帐具、胡瓶、水囊、食品、干肉等个人物品非常丰富，即使是随商队首领前进的奴仆及被雇佣的"作人"，牵马赶驴也不会背负如此沉重的行囊。

其四，长途沿线自然环境变化不定，一个人势单力孤无法抵御灾害侵袭，若无商队串联"结党连群"，甚至携带犬猴之类预警动物，即使没有遇到盗匪抢劫，单独行走的胡商也不能防御或克服自然灾害袭击，而一个人无法携带帐篷等临时栖身用具，必须依靠结伙成群集体行动，否则很难安全到达目的地。

其五，所有的胡商陶俑，造型上都穿一

---

[1] 刘驾《贾客词》，《全唐诗》卷五八五，第6785页。
[2]《中国石窟·敦煌莫高窟》二，文物出版社，1984年，图75。贺世哲释读见《敦煌石窟全集》七《法华经画卷》，上海人民出版社，2000年，第33页，图18。

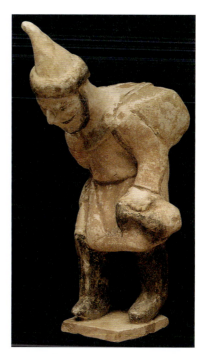

◀ 图3 唐彩绘胡商俑，戴尖顶翻沿胡帽，香港文化博物馆藏

▼ 图4 胡商俑，美国大都会博物馆陈列

图5 唐代大食商人俑，西安出土

图6 胡商俑，美国弗利尔艺术博物馆藏

图7 胡商俑，西安博物院藏

图8 胡商俑，西安出土

样的长及膝盖的夹衣皮袍，似乎永远是寒冷季节，通常很少有束腰单衣长衫。皮袍下摆均被风吹掀开一角，颇有风餐露宿的样子。胡商都穿粗糙的长毡靴，而不是精细的短皮靴，其裤筒常常扎进鞋履。靴鞋是他们最重要的装备之一，不仅暗示他们比较寒酸，亦意味着他们身份较低。

其六，胡商全都戴帽子，尽管帽子形状各异，有尖顶的，也有平顶的，但都是常见的典型粟特人白色高帽，种族特征明显。偶有个别胡商头戴唐人幞头，身穿圆领紧身长袍，这是胡商适应汉地贩卖环境的真实写照。在中国古代社会，穿衣戴帽并不完全是个人自我选择的问题，而是有着身份符号的意义，服装明显可以展示身份。

从艺术上说，雕塑工匠细致入微地状写了胡商的形象：一种是面带莞尔微笑，风尘仆仆中露出善良本分的特征；一种或是低头俯视、气喘愁苦，有种迷茫而机警的眼神，似乎是迷失了方向的贩客，细腻的心理刻画呈现在动人的饱满形象上。这种胡商流动广泛，属于小商小贩无恒产者，甚至属于社会底层"游民"行列的"贩夫走卒"，地位肯定不高。他们流落游走于城乡之间，渗透在乡里草根和市井平民中间，无法与那些粟特富商大贾相比。这类胡商全身粗糙衣服的打扮已经说明了他们的身份。有钱财的胡商绝不会自己背负沉重的行囊步行。

从社会身份上说，他们只能是地位卑下的弱势群体，独立的小商贩身份不会很高。在雕塑者眼中低头、压弯腰的佝偻形象并不美好，曾有人谐谑佝偻驼背人"出得门来背拄天，同行难可与差肩。若教倚向闲窗下，恰似箜篌不着弦"[1]。值得注意的是，这类胡商都不是年轻人形象，从史君、安伽、美秀美术馆等粟特商队图像上可以看到，商队的主要成员应当是青壮年的男人[2]。

2. 端立不动者

这类陶俑全都是站立者，双腿恭恭敬敬站直，一律右手手握执壶，其范式没有变奏，仿佛是听从主人的命令，或是恭顺地讨好主人的神态。然而，胡商为什么被塑造成如此谦恭顺服的形象，令人纳闷。笔者曾认为这类站立端正者就是史书上记载的"细脚胡"。

"细脚胡"大概原指体形细瘦、地位低微的胡人，后引申为那些携带轻便而易于步行运输货物的胡商，明嘉靖《河州志》记载过甘肃东乡族"脚户哥"即赶骡驮

图9 黄绿釉执壶男胡俑，洛阳市郊区马坡村出土

图10 初唐彩绘男胡俑，洛阳市偃师城关镇出土

图11 传说波斯人俑，加拿大多伦多安大略博物馆藏

图12 唐黄釉男胡俑，洛阳出土

图13 传说唐阿拉伯人俑，西安出土

---

[1] 蒋贻恭《咏伛背子》，《全唐诗》卷八七〇，第9872页。
[2] 荣新江《北周史君墓石椁所见之粟特商队》，《文物》2005年第3期，收入《中古中国与粟特文明》，生活·读书·新知三联书店，2014年，第228页。

▶ 图14 定名为唐大食人陶俑，故宫博物院藏

▼ 图15 唐粉绘胡商俑，法国吉美亚洲艺术博物馆藏

运的"负贩"，指那些用脚丈量千里长路的吃苦人，他们往往有着"驯走驼""压走骡"等训练驼马骡驴的拿手绝活[1]。《北史·儒林传》记载："何妥，字栖凤，西域人也。父细脚胡，通商入蜀，遂家郫县。事梁武陵王纪，主知金帛，因致巨富，号为西州大贾。"[2] 此西州指凉州，河西重镇，商旅辐辏，流寓于此的中亚胡商聚族而居，直到唐朝凉州仍有大规模的粟特人聚落，并形成了以安姓（安兴贵、安修仁等）为代表的左右当地社会民众的累世豪望。然而，"细脚胡"事例仅此一则，很难使人定性。

唐代被商人（包括胡商）雇用运输货物、驱驮驼马的"作人"又称为"赶脚""脚夫"，他们是商业经济领域中的重要劳动力，从吐鲁番过所文书来看，往来西域沙碛长途贩运的"行客"，必须雇用有"根底"、认路而又强壮的作人赶脚[3]。然而，这样的赶脚往往只是装货卸货的搬运工，不是行走的小商贩，他们与驮队雇主有着不能脱离的依附关系，不会是自来自往、孤苦伶仃的形象，也不会手持波斯式胡瓶，所以"作人"与单独背负行囊的商贩应该有区别。

另一个疑惑是胡商身上为什么不背钱袋呢？有的胡俑背着钱袋，这就是很典型的商人

---

[1] 吴祯纂修《河州志》卷二《食货志·商旅》，甘肃图书馆1959年传抄本。
[2] 《北史》卷八二《儒林下》，中华书局，第2753页。
[3] 程喜霖《唐代过所研究》，中华书局，2000年，第274页。

形象。据说粟特商人是"仅仅为了要多赚一点点而心甘情愿跑到世界尽头"的民族,"甚至于穷困到大部分时间只能以植物饱餐","通常可能都是一些往来于各个市场之间买入卖出小数量的小贩积极地从事着这种繁荣的行业"[1]。

一般说来,胡人商队都互相牵引,结伴而行,攀缘队伍。《周书·异域传》记载西魏废帝二年(553)吐谷浑商队在仆射乞伏触扳、将军翟潘密亲自率领下,与北齐进行大规模交易后返回,结果被凉州刺史史宁(粟特后裔)劫获,计有"商胡二百四十人,驼骡六百头,杂彩丝绢以万计"[2]。汉人也是聚党成群。《太平广记》卷二九《李卫公》记载,代宗大历中,常熟道士去嘉兴,上船后"遍目舟中客,皆贾贩之徒"[3]。从吐鲁番过所文书可知,小商队经常是10人左右,多者结成50人左右的群体。商旅结伴而行是当时的通例,他们甚至在唐后期乘割据混乱成群结队避"官道"而走"私路"以少纳商税。胡商穿越戈壁沙漠的商队一般都使用骆驼,而赶路的商队除了骡马运输外,至少会使用毛驴驮运货物,因为牲畜运载比肩挑背负大为省费省力,近年出土的墓葬石刻连幅画中清楚地记录了商队牵驴马行走或驼群相连的状况,由此可见当时粟特人、突厥人和汉人混合商队的规模。

客观地说,出身小商贩的胡商肯定地位低微,他们要饱受地方官府的管控,交纳衙署关口的赋税,经常遭受牙人居中的盘剥,以及孤单上路面临商旅沿途风险等苦衷。仅从4世纪粟特商人之间所写的书信可知,他们经常由于时局危机而陷于困境,没有什么乐观的消息。而且信件显示出那种"在一个相当广泛的地理区域内活动的小商贩"的典型特征。[4]在唐代社会中,民间商人被视为属于"杂类""贱类""杂流"等社会阶层,从贵族士大夫到一般市民都爱把他们视为唯利是图的小人,是不能登大雅之堂,不能入仕做官的。即使在一些博戏玩乐场所,属于贱类的商人也常被人驱逐出去,不得与良人平民共嬉同戏。

---

[1] 丁爱博(Albert E. Dien)《帕尔米拉的商队及商队首领》,《粟特人在中国——历史、考古、语言的新探索》,中华书局,2005年,第88页。

[2] 《周书》卷五〇《异域下》,中华书局,第913页。

[3] 《太平广记》卷二九《李卫公》,中华书局,1961年,第190页。

[4] N. Sims-Williams, "The Sogdian Ancient Letter V", *Bulletin of the Asia Institute*, 12, 1998, p. 101. 又见辛姆斯·威廉姆斯《粟特文古信札新刊本的进展》,《粟特人在中国——历史、考古、语言的新探索》,第72页。

图16 传大食人陶俑,故宫博物院藏

图17 胡商俑,美国弗利尔博物馆藏

3. 手持包袱者

手持包袱的陶俑出土较少,这里根据形象仅举三例:

其一,故宫博物院收藏定名为唐代大食人的陶俑,头戴卷檐高帽,故宫研究者推测包袱内包裹的物品是丝绸,大概是因为丝绸可以卷成包袱。[1]实际上这位胡俑左手夹持包袱,右手似乎在振臂挥手、吆喝叫卖或捏码交易。

其二,满脸胡须的胡商俑,左胳膊手夹卷裹的纺织品,右手举起作交易捏码状,似乎在侧身讨价还价。美国博物馆研究者称其为闪族人,即阿拉伯人或犹太人,认为是来自喀什的卖小地毯或是小毛毯的商人。也有人认为是来自伊朗东部的商人。在唐朝控制中亚时类似形象和衣着的人多是闪族人。[2]

其三,头发中分的胡商俑,美国私人收藏家判定是西亚商人。胡商的头发被梳成突厥式的,但穿着波斯胡服,右手夹拿物于腰间,左手举起胳膊,仿佛正在市场上吆喝叫卖。但我们不能肯定他手里拿的是毡毯还是包袱。[3]

依据唐代笔记小说描述,用毡毯和骑瘦马、牵毛驴一样都是被人嗤笑的形象。当时胡商的出现相当频繁,他们拥有巨资,博见多闻,善于识宝。为获得丰厚的利润,他们往往选择经营价值高的"珍异""宝货"。有的经营罕见贵重的药材,有的做珠宝玉器交易,物小价高,特别是从事珠宝业的胡人在当时城市中已形成规模。有叶德禄《唐代胡商与珠宝》一文专门探讨,此不

---

[1]《故宫收藏你应该知道的200件古代陶俑》,紫禁城出版社,2007年,第172页。
[2] *Foreigners in Ancient Chinese Art—From private and museum collections*, By Ezekiel Schloss, 美国纽约华美协作社,1969年,图15。
[3] 同上书,图18。

再赘述。[1]

然而，我们看到的这些手持包袱的胡俑，显然不是大商人，只是市集上叫卖的小商小贩，他们流动性极大，哪里有利就去向哪里。胡人擅长擀毡制毯，这是他们的传统手工艺绝活。毛毡为高寒地带所必需，种类较多，有春毛毡、沙毡（山羊毛）、绵毡（绵羊毛），又以大小分为单人毡、四六毡、五七毡、拜毡等，并分为不同花色。用柔软的毡可以制成毡帽、毡靴、毡鞋、毡垫等，因经久耐用而驰誉丝绸之路。

与胡商竞争的汉人商贾也是四处奔走。李隐《潇湘录》记荆州商贾赵倜"多南泛江湖，忽经岁余未归"，回归时结伴10余人"辇物货自沅而至"[2]。"蜀民为商者，行及太原，北上五台山"[3]。《太平广记》此类记载较多，卷四七六说太原人石宪"以商为业，常货于代北"；卷三四五说游走南北的郑绍自称"我本商人也，泛江湖，涉道途，盖是常也"；卷二七一说兖州民妇贺氏的夫君"负担贩卖，往来于郡"。洛阳人潘环"少以负贩为业"，行踪不出河南。[4]陈鸿《东城老父传》记贾至德"贩缯洛阳市，来往长安间，岁以金帛奉昌"，"行都市间，见有卖白衫白迭布"[5]。可知唐两京已有棉布出售，根据西州

图18 头发中分的胡商俑，美国华美协作社藏

图19 唐代胡人手抱包袱俑，旧金山亚洲艺术博物馆藏

---

[1] 方豪《中西交通史》上册，岳麓书社，1987年，第291页"胡贾之行踪"。
[2]《太平广记》卷四三一《赵倜》，第3501页。
[3]《全唐文》卷八一八，李浦《通泉县灵鹫佛宇记》，上海古籍出版社，1990年，第3821页。
[4]《太平广记》卷四七六《石宪》，第3916页；卷三四五《郑绍》，第2735页；卷二七一《贺氏》，第2131页。《旧五代史》卷九四《潘环传》，中华书局，1976年，第1243页。
[5]《太平广记》卷四八五《东城老父传》，第3994页。

出土文书记载迭布即棉布，估计应来自西域。

中唐以后，朝廷文臣官僚多指责商人暴富，甚至夸大其词说商业发展加剧了农民的贫困。姚合《庄居野行》："客行野田间，比屋皆闭户。借问屋中人，尽去作商贾。官家不税商，税农服作苦。"[1]实际上，社会阶层各有分野，不会都去经商，何况小商小贩的资产有限，本小利微，营业范围不广，无须雇人，"鬻贩为业，日逐小利"，经常是亦商亦农，但是估计这类小贩人数众多，与芸芸众生的生活非常密切。

从吐鲁番文书可知，汉商和胡商经常结伙成伴，互作保人，共同牟利。《唐西州高昌县上安西都护府牒稿为录上讯问曹禄山诉李绍谨两造辩辞事》记录了从京师来的汉商李绍谨（李三）与不懂汉语的胡商曹禄山的哥哥曹炎延以及寄住京师的"兴胡"粟特商人曹果毅、曹二（毕娑）结伴来到龟兹、弓月城经商，因在丝绸借贷上产生纠纷的诉讼。[2]由这件文书可知唐代咸亨年间的

图20　西域胡商俑，大英博物馆藏

胡汉商人之间的"同伴"关系，无论胡汉都不可能一个人单独行动。正如蔡鸿生指出的，"兴胡之旅"就是"兴生胡"组合的商队，面对着"边徼"风险和"寇贼"威胁，商胡只有结伴而行，才能保证旅途安全，任何脱离商侣的独立行动，都会招来灾祸。[3]

大历十四年（779）七月唐廷发布诏令，规定"诸蕃住京师者，各服其国之服，不得与汉相参"[4]。但这是针对国家官府使节而言的，我们可以看到一些胡商俑戴着唐人幞头，可能是装束打扮上接近唐人，更容易融入中土城乡社会。

至于胡人手拿执壶（或银胡瓶）究竟作何用？一种意见认为胡商路途遥远手

---

[1]　姚合《庄居野行》，《全唐诗》卷四九八，第5661页。
[2]　《吐鲁番出土文书》第6册，文物出版社，1985年，第470—479页。
[3]　蔡鸿生《唐代九姓胡与突厥文化》上编，中华书局，1998年，第35页。
[4]　《唐会要》卷一〇〇"杂录"，上海古籍出版社，1991年，第2136页。

图21 唐西亚胡商俑,河南洛阳出土

拿胡瓶供喝水之用,另一种意见认为胡商手拿执壶作为叫卖的物品。胡商手拿胡瓶而不是囊壶,笔者怀疑那是胡商经常提及的金胡瓶、银胡瓶,是走街串巷的小商贩的标志。《广异记·宝珠》描写武则天时说有士人前往扬州收债,夜间闻群胡斗宝,将自己冠上大珠卖与群胡,"大胡以银铛煎醍醐,又以金瓶盛珠于醍醐中重煎"[1]。只有胡商才有金瓶使用,这或许是他们的身份象征,而不仅是一般的生活用品。《广异记·紫羖羯》还说有波斯胡人以百万价买一僧人,"腋下取一小瓶,大如合拳,问其所实,诡不实对"[2]。作者专门描写的胡商腋下的这种"大如合拳"的小瓶,恰与陶俑手拿的执壶形象相近,所以它是胡商身份的表征,艺术工匠也才会把它塑造在胡俑形象上。

胡商本身只存在文字的想象中,要立体地感受,唯有依靠古代雕塑绘画艺术工匠的描绘记录。这使人很容易推想到工匠对胡商形象非常熟悉,他们顺从墓主人家庭要求,相信如能让俑并立环视侍候,就是和灵魂接触的最好印证,所以制作那些小本经营胡人商贩的造型,放在墓中随时满足主人需要,而且胡商俑一定是含辛茹苦的憔悴形象。

---

[1]《广异记·宝珠》,中华书局,1992年,第161—162页。
[2]《广异记·紫羖羯》,第163页。

二 胡商负重背囊的推测

胡商背负着方形行囊被压弯腰的形象,使笔者长期猜测这么重的背囊里究竟装载着何种物品,请教于诸位前辈学者,他们也一直猜测不透。但这是最重要的入门钥匙,否则无法从另一角度判定胡商的身份究竟是富豪、坐商还是行商、贩客。

首先我们考虑到胡商贩卖的东西不会全是内地流通的物品,他们肯定是利用"外夷之货"的优势和特色获取利润,尽管受到限制,也会以己之长补其所短。唐《关市令》规定:"锦、绫、罗、縠、紬、绵、绢、丝、布、牦牛尾、真珠、金、银、铁,并不得度西边、北边诸关及至缘边诸州兴易。"[1]对行商在缘边地区贩运商货实行严厉的禁物政策,但对粟特人是个例外,允许他们以自己建立的聚落为据点组成贸易网络进行交易活动。

根据《吐鲁番出土文书》记录高昌时期市场交易状况,当时官市收取"称价钱"的账历残片,交易货物有黄金、白银、蚕丝、石蜜、香料、药材、鍮石、硇砂等。[2]尽管这些交易货物种类出自西域一个地区,但也具有一定的代表性。

笔者曾推测胡商身负背囊有三种可能:

一是贩卖玉石,玉石价格高于金银,获利较大。胡人米亮就与长安贩卖玉石的胡商熟悉,建议主人买玉以获得暴利致富。胡商带来的宝物,主要为金银、象牙、犀角、玛瑙、琥珀、珍珠、金精、石绿以及各种玻璃器皿和玉器,大多都是非常珍贵的器物,但这些宝物多为向朝廷进贡的物品,一般不会背负在身上。

二是贩卖珠宝,因为珠宝贵重,物精体小,作为达官贵人、豪门富商享用的奢侈品利润极高。

《原化记·魏生》:"胡客法,每年一度与乡人大会,各阅宝物。宝物多者,戴帽居于上坐,其余以次分别。诸胡出宝,上坐者出明珠四,其大径寸,余胡皆起稽首拜礼。"[3]这种类似后世西方"富商俱乐部"的胡商赛宝会就是比珠宝,以珠宝为贵。无独有偶,武则天时,也有士人在陈留旅邸"夜闻胡斗宝"[4]。唐初著名画家阎立本甚至创作过一幅《异国斗宝图》的作品。"斗宝"者,不仅在于互较宝物的贵

---

[1]《唐律疏议》卷八《卫禁》,中华书局,1983年,第176页。
[2]《吐鲁番出土文书》第3册,文物出版社,1981年,第318—321页。
[3]《太平广记》卷四〇三,第3252页。
[4]《广异记·宝珠》,第161—162页。

贱、多少，而且还在于交换寻访到的宝物，以此决定人的地位。但是贵重物品可能性小，根据《太平广记》记载商胡"左臂藏珠""剖腋藏珠""藏珠腰肉""珠藏腿中""剖身藏美珠"，珠宝经常藏在隐秘之处甚至肢体腋下，不可能背一大包沿街叫卖。《朝野佥载》卷三记载河北定州何名远"每于驿边起店停商，专以袭胡为业，赀财巨万"[1]。所以出于安全原因，珠宝不会背负在身后。

三是修补金银器手艺人，走街串巷的各种手艺人箍桶钉盆、焊壶补瓶，他们背负各种材料和工具的包囊，修理大小不一、形状各异的金银器皿，工具在背囊里摆放得整整齐齐，所以背囊显得方方正正。若是贩卖金银器则更为沉重，一般都是几两几斤，包囊不可能面积那么大。《太平广记》卷三五《王四郎》说洛阳尉王琚携带五两黄金至长安金市，找张蓬子卖得二百贯，且说"西域商胡，专此伺买，且无定价"[2]。赵璘《因话录》卷三说在扬州卢仲元持金出卖"时遇金贵，两获八千"[3]。这都说明金银贵重，获利又大，一般人买卖均以两钱计算，贩运装载背包规格不会太大。

经过文物与文献记载互补，我们结合史料认为有以下可能性：

1. 石蜜。石蜜一般为固体的硬糖块，《唐会要》卷一〇〇云："西番胡国出石蜜，中国贵之。太宗遣使至摩伽陀国取其法，令扬州煎蔗之汁，于中厨自造焉，色味愈于西域所出者。"[4]但实际上由于中原不产甘蔗，民间往往以谷物淀粉糖化成"饴"或"饧"，还是西域石蜜质量较高。唐代天竺、西域诸国皆以砂糖、石蜜贡送中原，凉州是集散市场，石蜜的贸易规模不小。贞观三年（629），玄奘在碎叶城被西突厥统叶护可汗招待净食时其中就有石蜜、刺蜜、酥乳、葡萄等中原不易见到的美食。大谷文书中物价残片显示市场上有砂糖和石蜜，按质量等级定价，上等砂糖每两不过十三文，生石蜜每两要三十文，石蜜则要比砂糖价格高多了。[5]石蜜种类繁多，分为浓石蜜、薄石蜜、白石蜜、黑石蜜、杂水石蜜等，据季羡林《古代印度沙糖的制造和使用》介绍，石蜜制造是将甘蔗汁或糖稀加热浓缩，配合牛乳、米

---

[1]《朝野佥载》卷三，中华书局，1979年，第75页。
[2]《太平广记》卷三五《王四郎》，第224页。
[3] 赵璘《因话录》卷三，上海古籍出版社，第89页。
[4]《唐会要》卷一〇〇"杂录"，第2135页。
[5] 陈明《医理精华：印度古典医学在敦煌实例分析》，《敦煌吐鲁番研究》第5卷，北京大学出版社，2000年，第245页。

粉煎炼合成[1]。唐显庆四年（659），苏敬、孔志约修《唐本草》时还称赞石蜜"西域来者佳"，其牛乳多，故品味上乘，并可做成黄白色饼块携带。石蜜价格昂贵，赚头大，自然成为胡商喜欢贩运的货物，加上佛典律藏中石蜜经常出现，僧徒可食用甜食类的石蜜、砂糖，因而受到各类民众欢迎，推动了石蜜的频繁交易。

2. 杂货。元稹《估客乐》："估客无住着，有利身则行。出门求火伴，人户辞父兄。父兄相教示：'求利莫求名。求名有所避，求利无不营。'火伴相勒缚：'卖假莫卖诚。交关但交假，本生得失轻。'自兹相将去，誓死意不更。一解市头语，便无邻里情。鍮石打臂钏，糯米吹项璎。归来村中卖，敲作金石声。村中田舍娘，贵贱不敢争。所费百钱本，已得十倍赢。"[2]这里直接讲估客弄虚作假，痛斥他们利用"鍮石"假装金银"臂钏"，将糯米吹进项链里冒充珍贵装饰品，说明有些商贩货郎可能贩运乡村妇女需要的"臂钏""项璎"等物品。元稹所蔑视和斥责的可能只是中唐后一些地区的现象，如果估客人人皆如此作假，那么上当的人们就不会再买小贩的东西了，也就无法交易了。如果确实是货郎，他们背的行囊就可能是里面摆放物品的货箱，放下后打开即为多层木制楄子或货架，可由顾客挑选货物。只是胡人不用挑担，而是背在身后以便于快速行走罢了。

3. 药材。唐代各地均有药市，城乡百姓遭受病痛折磨时治病急需用药，药市店主和草肆摊贩均可提供。"宋清，卖药于长安西市。朝官出入移贬，清辄卖药迎送之。贫士请药，常多折券，人有急难，倾财救之。岁计所入，利亦百倍。长安言：人有义声，卖药宋清。"[3]这类药市所需的多种药材是由一定地点出产而运销来的，白居易《城盐州》云："自筑盐州十余载，左衽毡裘不犯塞……鄜州驿路好马来，长安药肆黄蓍贱。"[4]除了向药市、药铺运输大宗药材外，分散在城乡各地卖药的人也不少，《太平广记》中就记载了不少以卖药为事之人，卷二七有洛阳布衣王守一"常负一大壶卖药"，江都人刘白云"在长安市卖药"；卷六〇有河间王氏将"唯饵巴豆云母，亦卖之于都市，七丸一钱，可愈百病"[5]；吕向"每卖药，即市阅

---

[1] 季羡林《古代印度沙糖的制造和使用》，《历史研究》1984年第1期。
[2] 元稹《估客乐》，《全唐诗》卷四一八，第4611页。
[3] 李肇《唐国史补》卷中，上海古籍出版社，1979年，第46页。又见《全唐文》卷五九二柳宗元《宋清传》。
[4] 白居易《城盐州》，《全唐诗》卷四二六，第4695页。
[5] 《太平广记》卷二七《刘白云》，第181页；卷六〇《玄俗妻》，第370页。

书，遂通古今"[1]，鄱阳人吕用之"世为商侩，往来广陵……卖药广陵市"[2]。流动于全国大小市镇和江湖上经营药材买卖的人，他们的周围经常吸引着众多有病求医的患者。

当然香药也在药市买卖，《太平广记》卷一六五引《原化记》说天宝年间家在邺城的王叟，曾在行客坊遇到一个"唯卖杂粉香药而已"的商贩，这个小贩"唯有五千之本，逐日食利，但存其本，不望其余，故衣食常得足耳"[3]，是个典型的经营小本生意的"贩客"。不过，香料香粉不是民生必用品，而且不如珠宝金银可当作税商的代用品，所以有学者认为唐代民间香药贸易并不发达[4]。

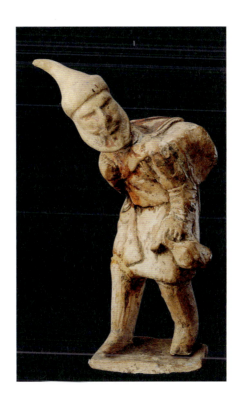

图22 胡商俑，西安考古研究院发掘出土

陈明《胡商辄自夸：中古胡商的药材贸易与作伪》一文，专门对中古时期胡商药材贸易活动做了分析。他指出外来药材输入方式有多种，以胡商商团贩运和个体商客贩卖为主，而且胡商贩卖的是比较难求的药物，物以稀为贵，其价格和利润自然不菲。[5]

值得注意的是，唐代商品流通中，手工业产品远不如农产品数量众多和令人瞩目，这一特点不仅决定了当时商品经济发展的有限程度，而且为胡商携带外来物品提供了商贸的空间。即使坚决主张重农抑商的人也不能不承认商人虽贱但不能废除商业。《唐国史补》卷下说："凡货贿之物，侈于用者，不可胜纪。丝布为

---

[1]《新唐书》卷二〇二《吕向传》，第5758页。
[2]《新唐书》卷二二四下《高骈传》，第6396页。
[3]《太平广记》卷一六五引《原化记》，第1210页。
[4] 林天蔚《宋代香药贸易史》，中国文化大学出版部，1986年，第388页。
[5] 陈明《胡商辄自夸：中古胡商的药材贸易与作伪》，见《中古医疗与外来文化》，北京大学出版社，2013年，第153—155页。

衣，麻衣为囊，毡帽为盖，皮革为带，内邱白瓷瓯，端溪紫石砚，天下无贵贱通用之。"[1]这里不分男女贵贱在日常生活中使用的手工产品，都要通过商人贩运进入消费者手中。当然商人趋利，只要能赚钱不管是什么货物都会贩卖，社会短缺的东西更会首先贩运销售，如绢布、粮食、食盐、茶叶、薪炭等。唐代宗时长洲县令萧审的下属安胡就私自倒卖米二百石、绢八十匹，"经纪求利"[2]。我们只是从胡商负重形象来合理推测，他们背负的行囊包袱不大可能是上述物品。而且，《新唐书》卷四六《百官志》中司门郎中职责规定"蕃客往来，阅其装重"[3]，进关入市负重过大是要被检查的。

三　唐代行商与贩客的区别

唐代史籍中对胡商往往不辨国籍，仅概称为"贾胡""西国胡商""商胡""胡贾""蕃商""兴胡""客胡""舶胡"等不同的名称，在历史文献中"行商"与"小贩"的界限区分并不十分明显，所以学界常常笼统合为一体述之。与"胡"或"胡人"一样，"商胡"这个词的指称有时也比较含糊。但一般而言，商胡多是指在唐朝境内从事商业活动的外来商贾，尤指以粟特胡人为主体的西域商人，他们有些已经入籍，属于唐朝的编户齐民，有些则属于并未入籍的"客胡"或"兴胡"，仅是附籍、客籍。行商与贩客最大的区别：一是四方流动不定，一是居住属地叫卖。

《北史·西域传》：康国人"善商贾，诸夷交易，多凑其国"。粟特国"商人先多诣凉土贩货"，大月氏"其国人商贩京师"。[4]这种记载明确区分出粟特人与大月氏人贩运经商的不同地域，一是凉州，一是京师，他们风尘仆仆不远万里贩运商货，祈求神明、佛祖沿路保佑。吐鲁番柏孜克里克洞窟中"誓愿图"壁画上有白色的榜题："在那迷人的城市里，身为商人的我，以寺院供养声名远播息金佛（Sikhin）。""商人以大象、马、金子、女人、珠宝所组成的园子供应六位耆那。"在壁画立佛面前有两个胡商手捧类似钱袋的供养物，还有胡商合十顶礼，并有西域

---

[1]《唐国史补》卷下，第60页。
[2]《太平广记》卷三三七《萧审》，第2679页。
[3]《新唐书》卷四六《百官一》"司门郎中"，中华书局，第1201页。
[4]《北史》卷九七《西域传》，第3221页、3226页、3234页。

商人和运载商旅及货物的骆驼[1]，这都说明胡商誓愿保佑自己平安的心情非常迫切。

唐代诗人曾对行商类的商人有过描述，比如刘禹锡《贾客词》："贾客无定游，所游唯利并。眩俗杂良苦，乘时取重轻。"[2]张籍《贾客乐》："金陵向西贾客多，船中生长乐风波。欲发移船近江口，船头祭神各浇酒。""年年逐利西复东，姓名不在县籍中。农夫税多长辛苦，弃业宁为贩宝翁。"[3]安禄山举兵之前，大量进行物力和财力的准备工作，"潜于诸道商胡兴贩，每岁输异方珍货计百万数"[4]。

唐代的"估客"就是转运货物的商客，他们将两地物产互相贩卖，往往获利甚丰。《太平广记》卷三四五引《潇湘录》中的"孟氏"："维扬万贞者，大商也，多在于外，运易财宝以为商。"又卷一七二引《唐阙史》中的"崔碣"："估客王可久者，膏腴之室，岁鬻茗于江湖间，常获丰利而归。"卷四九一豫章估客女谢小娥与历阳人"同舟货，往来江湖"[5]。李复言《续玄怪录》："长安张高者，转货于市，资累巨万。"[6]这些经商致富的"估客"，是社会上一般人士羡慕的对象，与上述所指那些卖杂粉香药的小商小贩绝对不同。

商胡中较著名者如康谦，家资以亿万计，天宝年间（742—756），以钱财贿赂杨国忠，得到安南都护的官职。至德元载（756），康谦随永王李璘作乱。永王兵败以后，他又"出家货佐山南驿禀"，专门掌管山南东道驿路，并累试鸿胪卿一职。[7]安南都护、鸿胪卿等官职以及掌管驿路的职责都与对外贸易或经商关系密切，区区商贾，竟然能够屡次以雄厚的财力得到朝廷任用，商胡在唐朝经济、政治生活中的作用可见一斑。

"行客""估客"作为行商出现的原因是唐朝经商政策优容有吸引力：

1. 敦煌文书 S.1344《唐开元户部格》残卷记载垂拱元年（685）八月廿八日"敕：诸蕃商胡，若有驰逐，任与内地兴易，不得入蕃，仍令边州关津镇戍，严加

---

[1] [德]克林凯特著，赵崇民译《丝绸古道上的文化》，新疆美术摄影出版社，1994年，第14页，图6；第143页，图52。
[2] 刘禹锡《贾客词》，《全唐诗》卷三五四，第3937页。
[3] 张籍《贾客乐》，《全唐诗》卷三八二，第4287页。
[4] 《安禄山事迹》卷上，上海古籍出版社，1983年，第12页。
[5] 《太平广记》卷三四五《孟氏》，第2735页；卷一七二《崔碣》，第1266页；卷四九一《谢小娥传》，第4030页。
[6] 李复言《续玄怪录》卷四《驴言》，中华书局，第183页。
[7] 康谦事迹见《新唐书》卷二〇九《酷吏传》，第5919页；卷二二五上《逆臣传上》，第6425页。

▲ 图23 史君墓中的胡人商队图及线描图

▼ 图24 史君墓中的胡人商队图线描图（局部）

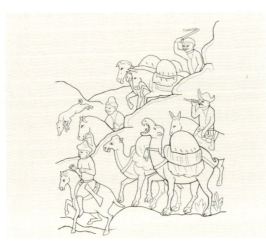

捉搦，其贯属西、庭、伊等州府者，验有公文，听于本贯已东来往。"[1]按此规定，唐官府允许诸蕃胡商在中原内地自由贸易，只是不能擅入其他少数民族聚居地区。唐高宗时的伊吾城"商胡杂居"，"其曹果毅、曹二是胡，客京师，有家口在"[2]。所以胡商足迹遍及大江南北，北方从长安、洛阳、幽州到朝阳柳城，南方从扬州到广州，行商胡人比比皆是。[3]

2. 建中元年（780）以前唐朝税率多维持在百分之二，赵赞奏文："诸道津要都会之所，皆致吏阅商人财货，计钱每贯二十文。"[4]一般实行每千文征收过税二十、住税三十的

---

[1] 郝春文主编《英藏敦煌社会历史文献释录》第5卷，社会科学文献出版社，2006年，第377页。

[2] 《吐鲁番出土文书》第6册，文物出版社，第472页。

[3] 李瑞哲对胡商活动的叙述，见《古代丝绸之路胡商活动及其影响研究》第五章；魏义天对"粟特人聚落、商人"的看法，见《粟特商人史》第五章第三节；荣新江对"粟特人的迁徙与聚落"的考释，见《中古中国与粟特文明》第一编。

[4] 《唐会要》卷八四《租税下》"杂税"，第1545页。

制度，过税相当于关税，主要对行商征收；住税相当于市税，针对有铺面的坐贾而收。所以行商税率低于坐商，而东西古道上布帛贸易从中原到西亚是二百到三百倍的利润，唐朝一贯二十文的税率应该是相当低的，这就使胡商兴贩有着极大的收益，所以行商胡人陶俑在墓葬中屡屡出现，从侧面反映了当时社会经济制度的状况。

3. 唐制，商人若携带商品游走逐利，从事商品贩运，必须向官府具牒申请过所，并持有官府衙门审查后批给的过所。行商到了贩运之地，还要再次将原来批准的过所一并附上重新申请，防止贩货逾期、人员冒允、物品不符等情况发生，并保证没有违禁物品，以及行商携带的奴婢、作人和牲畜的合法性。这种严格审批的过所制度并不能阻碍胡人行商的流动，因为相比坐商经营有着税收减免的优惠。《新唐书·西域传》："诏焉耆、龟兹、疏勒、于阗征西域贾，各食其征，由其北道者轮台征之。""开元盛时，税西域商胡以供四镇，出北道者纳赋轮台。"只要是利益所在，商人仍会趋利而为。

4. 唐东都洛阳地处中原，交通便利，与西京长安相比，商业世俗气氛更浓，武周时一度是商胡聚居的首选之地，南市及附近诸坊则是商胡聚居之所。延载元年（694）武三思率四夷酋

图 25　安伽墓胡商图石雕原件及线描图

长请用铜铁铸天枢，为武则天歌功颂德。天枢高90尺，作为一座巨大的标志物，是洛阳"蕃客胡商聚钱百万亿所成"[1]。洛阳胡商之众，由此可见一斑。

需要指出的是，展品和各种图录中对粟特商人形象不断复制，经巡回展出，造成了一个假象，让人们以为粟特人都是商人，似乎他们用敲击金币的声音迎接孩子的出生，用金银货币的光亮送走逝者的成就，赚钱是他们人生的最终目标，从而长期掩盖了粟特移民流向农业或其他行业的真相，并使许多研究者忽视了粟特人入华后职业多元化的特点。对敦煌和吐鲁番粟特人聚落进行研究就会发现，新来的移民相当一部分是农民。粟特人本身并不是想以商人面貌出现，他们时不时地表露自己原来的身份，夸耀自己"本贵族种""本国王姓"，所以粟特人并不是个个都为商人，更不是现代学人判断的一个所谓纯粹的"商业民族"。

我们现在看到博物馆里展出的两个唐代胡商陶俑，一个头戴唐人常用的幞头，一个头戴着丝绸之路上常见的尖帽，穿着同样的高勒靴，右腿一边的衣襟都被掀开。他们都弯着腰，身体前倾，证明货物不轻。他们右手都紧抓背囊带子，左手拿着波斯风格的有柄小口水罐，不是我们原来理解的丝绸之路上的外来商客，不是坐在骆驼上悠然自得的阿拉伯商人，也不是骑马牵驴的西域胡商，他们是步行的形象，这绝不会是能够穿越沙漠戈壁的胡商，他们只能是兜售货物的"单帮客"商贩，应该翻译成为 Pedlars，意思是挨户兜售的小贩，或者是沿街叫卖的商贩、货郎。

有学者依据《太平广记》中对胡商的描述，认为在中原内地的外国商人以波斯、大食人为最多[2]，推测胡商俑也是来自遥远的波斯、大食。这可能还是一个误会。中土内地出现的胡商俑，更多的还应是入华后活跃在北方地区的中亚粟特人，甚至是已经生活了几代的粟特后裔。荣新江、魏义天等学者近年已指出从北朝到隋唐，陆上丝绸之路几乎被粟特人垄断，史籍中很少看到波斯人的足迹。由于波斯商人在海上贸易中具有绝对优势，所以他们更多活跃在中国东南沿海地区。[3] 同样，

---

[1]《太平广记》卷二三六《则天后》，第1815页。
[2] 程国斌《胡商现象的文化内涵》，见《唐五代小说的文化阐释》，人民文学出版社，2002年，第193页。又见邱绍雄《唐代闪耀着外国商人色彩的商贾小说》，《中国商贾小说史》，北京大学出版社，2004年，第28页。
[3] 参看魏义天《粟特商人史》、荣新江《中古中国与粟特文明》相关章节。

在唐人传奇中出现的胡商番客似乎"大都富有"[1]，也只是一部分突出事例罢了，"穷波斯"也不会是少数。

搞清楚了上述背景，我们就可以初步判断胡商陶俑的形象了：他们不是丝绸之路上骑驼牵马的贩运行商，只能是在长安、洛阳两京以及其他州府城镇活动的小贩。这种胡商走街串巷、进坊入曲，是出卖异地商品的小买卖人，不像"坐商"占邸店、营质库、开商肆进行大宗贸易买卖。为了谋生他们四处游走，可能更愿出入达官贵族高门，以便背负的货物交易更快、出手容易。《隋书·宇文述传》记载其势倾朝野，"富商大贾及陇右诸胡子弟，述皆接以恩意，呼之为儿。由是竞加馈遗，金宝累积"[2]。所以在有地位、有官品的人的墓葬里出现小商小贩的胡人俑是毫不奇怪的。这并不是雕塑工匠独具慧眼，而是符合墓主人生前喜好、死后留恋的享受要求：映入眼帘的是胡商把珍稀异物、金银财宝源源不断送来。

饶有意味的是，胡商陶俑原型的"粉本"一直来路去向均不明。《资治通鉴》卷二四〇宪宗元和十二年（817）二月回鹘"摩尼至京师，岁往来西市，商贾颇与囊橐为奸"[3]。笔者曾怀疑这个"囊橐"称谓是否就是墓葬里塑造的背囊弯腰的胡商形象呢？商胡与"囊橐"的区别是什么？可惜目前无法明了，笔者只能推测胡商陶俑浓缩的形象是"背曲腰弓汗透怀，沿街叫卖苦生涯。抬头直脖争时价，计量毫铢贩宝翁"。在儒家为主导的汉地文化中，商人无疑被视作下等阶层之人，故隋唐墓葬中从不塑造汉人商贩形象陶俑，而唯独对胡人商贩有种特殊"情结"，而且固守着这类"雷同化"形象题材，这本身就值得我们思考社会实际决定艺术形式这一根本原理，真正还原胡商形象俑的历史真相。

总之，胡商群体是一个分为不同类型的社会共同体，既有流动的"行商"也有入市的"坐贾"，既有长途贩运的"队商"也有挨门串户单干的"贩客"，既有家族式的"商团"也有行会组织化的"商帮"，他们通过贸易、宗教、婚姻、家族继承等各种关系不断弥散到各个区域，而且胡商之间即使陌生也会彼此认同，足迹广涉欧亚大陆，这就构建了4世纪至10世纪从中亚到中原的贸易网络。

---

[1] 祝秀侠《唐代传奇与商贾故事》，见《唐代传奇研究》，中国文化大学出版部，1982年，第131页。
[2]《隋书》卷六一《宇文述传》，中华书局，第1466页。
[3]《资治通鉴》卷二四〇，宪宗元和十二年二月条，中华书局，1956年，第7730页。

DISCRIMINATION OF "QIONG LU" AND "ZHAN ZHANG" LOADED BY CAMELS OF TRADE CARAVANS ON THE SILK ROAD

丝路商队驼载『穹庐』『毡帐』辨析

4

丝路商队驼载"穹庐""毡帐"辨析

考古出土和文博界收藏了大量北朝、隋唐骆驼载物俑,在很多骆驼背上负载的物品中,有被人们广泛定名为"货架""物架""鞍架""货板""挡板"的多层木排条。笔者经长期观察发现,那其实就是"穹庐""毡帐"支撑架子(也有人称为网状编壁,蒙古语叫哈那),是丝绸之路、草原之路上商队驼帮不可缺少的野外住宿必备物品,张设时从驼背卸下置于地面,移动时驾于驼背两边驮驶物品之下,就摆放位置与程序来看,主要是为了折叠张合节省负荷空间,与骆驼载重的"货架""物鞍"没有多大的关系。

图1 唐代骆驼俑,奥地利维也纳 Zacke 博物馆藏

一

中国社会科学院历史研究所吴玉贵先生曾在1999年发表过大作《白居易"毡帐诗"所见唐代胡风》,从白居易描写的10余首"毡帐诗"入手,指出毡帐与汉唐北方草原游牧民族的关系,特别是详细讨论了"北朝穹庐之制"与突厥兴起前后"毡帐"在黄河流域及以南地区的传播,论述精备,给人印象很深。[1]白居易太和七年(833)《青毡帐二十韵》一诗尤其受到后人瞩目,宋人程大昌做过考证[2]。

白居易原诗写道:

> 合聚千羊毳,施张百子帏。骨盘边柳健,色染塞蓝鲜。北制因戎创,南移逐虏迁。汰风吹不动,御雨湿弥坚。有顶中央耸,无隅四向圆。旁通门豁尔,内密气温然。远别关山外,初安庭户前。影孤明月夜,价重苦寒年。软暖围毡毯,枪摐束管弦。最宜霜后地,偏称雪中天。侧置低歌座,平铺小舞筵。闲多揭帘入,醉便拥袍眠。铁檠移灯背,银囊带火悬。深藏晓兰焰,暗贮宿香烟。兽炭休亲近,狐裘可弃捐。砚温融冻墨,瓶暖变春泉。蕙帐徒招隐,茅庵浪坐禅。贫僧应叹羡,寒士定留连。宾客于中接,儿孙向后传。王家夸旧物,未及此青毡。[3]

这首诗对毡帐的形制、用途和人们在毡帐中日常起居的情景做了描述,它既有待客宴饮场地之用,又有保暖御寒之用。主要有几点可注意:

1. "合聚千羊毳","毳"为鸟兽的细毛绒,白居易《红线毯》诗云:"太原毯涩毳缕硬。""毳帐"即为毡帐,《新唐书·吐蕃传上》:"有城郭庐舍不肯处,联毳帐以居。"毡帐乃塞外游牧民族生活住宿必用之品,有时又称为"穹庐""拂

---

[1] 吴玉贵《白居易"毡帐诗"所见唐代胡风》,《唐研究》第5卷,北京大学出版社,1999年。此文惜未有文物配图,还是文字概念上描写的毡帐。

[2] 程大昌《演繁露》卷一三"百子帐"条。程氏解释"百子帐"非有子孙众多之意,而是穹庐"棬柳为圈,以相连锁,可张可阖,为其圈之多也,故以百子总之,亦非真有百圈也"。吴玉贵认为"百子"是鲜卑人称呼毡帐的译音,而"穹庐"是源于匈奴人的译音,这种考释可能更接近原意。但将柳条木编制成一个个网状栅栏,相互联结可以伸缩,则是毡帐支架形制。

[3] 白居易《青毡帐二十韵》,《全唐诗》卷四五四,第5141页。

庐"。

2."施张百子卷"中"百子卷"即"百子帐","卷"是圈弓的意思。构造以柳木条编弓为圈，互相连锁可张可合，因为圈多故叫百子卷，不一定真有百圈之多。"骨盘边柳健"也就是说，毡帐支撑的"骨盘"是用柳木条编成的。这种骨盘用若干根柳木条和毛皮绳连接成方块形，用时将其拉展开便成为圆形围墙，搬迁时折叠在一起。

3."色染塞蓝鲜"，表明毡帐外表颜色是被染成蓝色。从骆驼俑背上装载的"穹庐"、毡帐架子来看，有些是绘有颜色的，或蓝或绿。

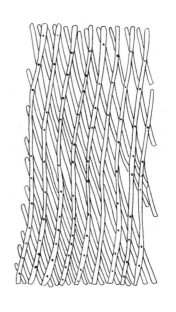

图 2　穹庐围壁支架

4."有顶中央耸，无隅四向圆。"毡帐顶耸周圆，周围覆盖以毛毡，它形似一个圆锥体，能防寒保暖，抵御风沙，较好地保持帐内温度；在大风雪中阻力小，帐顶不积雪，不存水，不仅适于游牧生活的需要，也适于商客贩运的需要。

5.白居易《夜招晦叔》诗云："碧毡帐上正飘雪，红火炉前初炷灯。"指毡帐内一般要就地挖设火炉，帐篷若小则不设火炉，"银囊带火悬"，即以"银囊"贮火取暖。

白居易《青毡帐二十韵》是他62岁在洛阳任太子宾客分司时描写的毡帐，这种毡帐可能与丝路商旅胡客或是草原牧民使用的穹庐、毡帐有所不同，但基本构造不会差别太大。

穹庐、毡帐多为移动式，构造既简单又科学，从后世留传的毡帐架子看，它通常高2.5米，直径约4米，由上下两部分构成。由若干细木杆编制的网状圆形转壁与顶部，用厚羊毛毡覆盖，再用牛毛绳从四面绑缚；顶部有天窗，直径约1米，上面多雕刻美丽的花纹，能通烟气，采阳光。不过，除了官府运输驼队和军队所用毡帐，北朝隋唐以来草原丝路上商队骆驼所载的"穹庐""毡帐"一般不会太大，因为双峰驼一般驮载250公斤左右的东西，主要是运载商队货物，不会携带过于庞大的毡庐。仅从字面上看，"穹"指中间隆起四周下垂的空间，"庐"指搭建在原野上的棚舍，都是比较简陋的。

从骆驼携带的毡架来看，穹庐、毡帐具有制作简单、容易拆卸、便于搬运的

103

特点与优点。上路时,拆卸的毡帐多用牲畜驮运。而骆驼上的穹庐毡帐很短时间就能搭盖起来,看起来外形很小,毡帐底座直径多为2米到3米不等,不会占地太大。但帐内使用面积却很大,冬暖夏凉,能抵挡风吹雨打,很适合经常移场放牧的游牧民居住和商道丝路上胡客携带使用。正如唐代诗人刘商《胡笳十八拍》中说的:"狐襟貉袖腥复膻,昼披行兮夜披卧。毡帐时移无定居,日月长兮不可过。"[1]

二

对近年来出土的北朝、隋唐的虞弘墓、安伽墓、史君墓等仔细观察,都可见"穹庐""毡帐"图画屡屡出现。

在1999年发掘的虞弘墓中,椁壁浮雕第五幅中心区,呈现了一大庐帐的后半部。庐帐中间高,两面幔布呈低坡斜下拉开,通过剖面雕绘法表现了庐帐外形和帐内场地,这种帐庐是整个画面的中心,实际已被装饰成帐幔式活动大厅,有利于众多胡人跳舞演出和举行宴会。[2]

在2000年发掘的安伽墓中,围屏石榻图案里共雕刻了五例帐篷,其中三例为圆形穹庐,两例为方形庐帐。圆形穹庐周壁呈弧形,

图3　安伽墓欢聚野宴图(线描)

图4　安伽墓商队相聚图(线描)

---

[1] 刘商《胡笳十八拍》第五拍,《全唐诗》卷二三,第301页。

[2]《太原隋虞弘墓》,文物出版社,2005年,第106—109页。

装饰虎皮纹，门宽大，顶部绘花叶并贴金，显然是临时帷幔支撑状态，便于拆卸搬运。而方形庐帐顶部为坡度平缓的两面坡，白色织物围成的顶壁，也是依靠木柱支撑，安装简单。[1] 值得注意的是，圆形穹庐内只铺有地毯，显得很局促；而方形庐帐内摆放有铺毯的榻，并有靠垫类的隐囊，这些家具或为藤条等材料编制，可折叠，易于携带。从整个围屏画面来看，其中不仅表现了粟特人与突厥人相会酒宴娱乐的场景，而且正面屏风第五幅商旅图中骆驼、毛驴负物休息时，支起穹庐顶虎皮毡帐野宴的场景非常明确。毡帐内还有帷幔，地面铺有红黑花地毯，这应该是我们了解胡人商队骆驼背负穹庐毡帐的最好信息。

在 2003 年发掘的史君墓中，石椁北壁反映的商队野外露宿和贸易场景中，中心位置为一穹庐毡帐，并有门帘上卷，毡帐内仅坐一盘腿商队首领，手握长杯，与帐外一位跪坐圆毯上头戴毡帽的长者相对饮酒，毡帐门前卧一回首犬。毡帐下方商队中有四个男子在交谈，其中一位肩上搭有货物，两匹驮载货物的骆驼正在卧跪休息。[2]

这些带有粟特风格的墓葬绘画雕刻在中原地区流行了很长时间，入华的画家雕刻匠应该有着现实生活的"底本"，起码他们在表现穹庐毡帐的场景上有中心画面，突出了毡帐的重要位置。日本滋贺县美秀美术馆（Miho Museum）藏北朝屏风画像石之"粟特与突厥盟誓图"（G 板）大穹庐、"萨保夫妻宴饮图"（E 板）穹庐帷帐、突厥人野地休息图（C 板）小穹庐等，穹庐毡帐都处于核心位置，胡人与突厥人的骆驼载货出行活动正与这些穹庐密切相关。[3] 由于受石雕绘画面积的局限，穹庐毡帐的细部刻画不可能细致入微，但一般来说，丝路商队胡客支撑穹庐毡帐时应有严格的次序。

首先，选择适宜宿营的地方。商队毡帐夏天多选择在水草肥美的地方搭建，冬天多选择在山坡避风处或其他低洼地搭建。特别是为了防止雨雪的浸泡，要按照"春洼、夏岗、秋平、冬阳"的规律配装毡帐，保证像白居易说的那样"汰风吹不动，御雨湿弥坚"。

其次，根据毡帐大小先画一个圈，然后沿着画好的圆圈铺好地盘上的圆毡

---

[1]《西安北周安伽墓》，文物出版社，2003 年，第 24 页，图 23、图 24；第 33 页，图 29；第 34 页，图 31。
[2]《从撒马尔罕到长安——粟特人在中国的文化遗迹》，北京图书馆出版社，2004 年，第 61 页。
[3] Miho Museum, *South Wing*（南馆图录），1997, pp. 247-257. 中文版见《艺术史研究》第 4 辑，荣新江文后所附图版，中山大学出版社，2002 年。

毯。这种圆毯往往就是从骆驼背上取下的覆盖物,白天是骑驼人的坐毯,晚上成为铺底的睡垫,一物两用。白居易毡帐诗说"侧置低歌座,平铺小舞筵",即大毡帐里可以铺设"小舞筵"这种圆毡毯,经常有胡人男女在毡毯上跳胡旋舞或胡腾舞。有时出土的图画受透视规律局限不好在毡帐画面内表现舞蹈场景,故画在帐外跳舞。

再次,确立毡帐进出口,保障"旁通门豁尔,内密气温然"。穹庐的门分毡帘和钻洞两种,依据毡帐的大小不等,决定高低。往往大的穹庐毡帐才用木门,而且有木杆围墙。

然后支撑张设支架。从骆驼背上取下用柳木条交叉编结而成的支架,展开后用系带固定内围,安插橼子支撑木圆顶,如果铺衬内层毡最好。

同时用长约3米的柳条棍或橼木支撑顶部,与支架按圆形衔接在一起绑好,结成伞骨形顶架,搭盖顶棚套毡。若有小口圆形天窗,则可用以通烟、通气和透光,夜间或雨雪天用毛毡覆盖。

此外,冬天"软暖围毡毯",将支架底部围毡保暖防止漏风,夏天则掀开通风凉快。

最后用毛索、鬃毛绳、皮索或麻绳围紧加固,系外围腰带,大功告成。这便是一顶浑然一体的穹庐毡帐了。

穹庐毡帐的大小规格,是由每顶毡帐所用支架的数量多少决定的。通常分为从四、六到九、十或十二个支架的毡帐,就是同一个类型的毡帐也以支架长短分大中小三个规格。如果是大型的毡帐要比小型的多十根柳木条。商队一般都喜欢住五六个支架的毡帐,否则大型毡帐会增加骆驼携带的负担。而大型毡帐过去在草原上是罕见的,大业三年(607),隋炀帝北巡榆林,为震慑突厥人与其他民族部落,命令宇文恺制造大帐,"其下坐数千人,帝大悦,赐物千段"[1]。这种千人毡帐与平时游牧人所用穹庐相比反差极大,在举办大会时的作用自然是夸耀于戎狄,威吓北方异族。

毡帐的最大优点是拆装容易,搬迁简便。架设时将支架拉开便成圆形的围墙,拆卸时将支架折叠合回,体积便缩小,又能当牛车、马车的车板,所以受到商队喜爱也是意中之事。

---

[1]《隋书》卷六八《宇文恺传》,中华书局,1973年,第1588页。

◀ 图5 北魏彩绘陶骆驼俑，河北曲阳韩贿妻高氏墓出土

▶ 图6 西魏骆驼俑，咸阳胡家沟出土

按照传统习惯，商道丝路上驼帮商队的作息时间，通常是根据从穹庐毡帐露天窗口射进来的阳光的影子来判断确定。毡帐上支撑的几十根柳木椽子中，每两个椽子之间形成的角度为六度，恰好与现代钟表的时间刻度表完全符合。这不仅说明在生活实践中掌握了几何学原理的制毡手工业者的高超技艺，也说明这些能工巧匠已将天文学应用于生活实际之中。

三

由于考古出土的骆驼载物俑上携带穹庐、毡帐围壁支架的很多，我们仅选几例典型代表作为说明。

图5为1964年河北曲阳北魏韩贿妻高氏墓出土彩绘骆驼俑，其携带的"木排"又宽又厚重，长度比例也超出一般穹庐支架。

图6为1984年陕西咸阳胡家沟侯义墓出土的西魏骆驼俑，高20厘米。[1]这个俑突出了木排的位置，上面仅搭了一束丝，但是表现了毡帐支架的坚固结实。

图7为1959年西安中堡村出土唐三彩载物骆驼俑，其细长支架被塑造成两头高高翘起的形象，与实物形象已相去甚远，成了一个象征符号。[2]

图8为河南偃师山化乡关窑村出土的唐代骆驼俑，高51.5厘米，但木排比例较为短小。类似的造型较多，常常被人们误判为托底的驮架，称作"托

---

[1]《陕西古代文明》，陕西人民出版社，2008年，第92页。
[2]《走向世界的唐代文明》展览图册，临时澳门市政局印制，2001年，第86、87页。

图7　唐三彩载物骆驼俑，西安中堡村出土

图8　唐代骆驼俑，偃师山化乡关窑村出土

图9　彩陶骆驼俑，陕西礼泉县郑仁泰墓出土

图10　绿釉载丝骆驼俑，洛阳出土

板"。[1]

图9为1971年陕西礼泉唐代郑仁泰墓出土的彩陶骆驼俑，木排前后微翘呈弓形，也符合穹庐圆形支架需要。原图录撰写者解释为"驮架"，即驮架上横置纹饰华丽的袋囊。[2]

图10为洛阳出土绿釉载丝骆驼俑，高50厘米，编纂者解释在一束丝绢和驮囊下"垫有夹板"，即认为长木排的穹庐支架是两侧的"夹板"。[3]

图11为1998年香港文化博物馆"汉唐陶瓷艺术"展中展出的唐彩陶载物骆驼俑，此次展览中将该文物骆驼峰背上的"穹庐"解释为前后翘起的"鞍架"。实际上前后翘起说明穹庐毡帐支架是弯的，撑张开时正好为圆形构架。[4]

图12为1948年长安裴氏小娘子墓出土的唐牵驼俑，驼高37厘米，陕西历史博物馆藏。怪兽头囊袋下横放穹庐长支架，有人认为是横置的"搁板"。[5]

图13为西安博物院展出南郊唐墓出土的载物骆驼俑，高52厘米。这里只选其局部。

类似的例子还有许多，不再一一列举，需要辨别的是：

1. 骆驼身上究竟有没有货架呢？笔者估计为装卸一些易碰碎的物品时，也可能有固定的货架。敦煌第45窟南壁西侧盛唐壁画"胡人商队遇盗图"中有从驴背

---

[1]《偃师文物精粹》，北京图书馆出版社，2007年，第185页。
[2] 香港艺术馆编《丝路之都——长安瑰宝》，香港市政局出版，1993年，第191页。又见《咸阳文物精华》，1971年昭陵郑仁泰墓出土另一载物骆驼，文物出版社，2002年，第111页。
[3]《洛阳文物精粹》，河南美术出版社，2001年，第171页。
[4]《汉唐陶瓷艺术——徐展堂博士捐赠中国文物粹选》，香港临时市政局编印图录，1998年，第105页。
[5]"长安の秘宝"展图录，日本セゾン美术馆，1992年，第68页。

11　　　　　　　　　　　　12　　　　　　　　　　　　　　13

上卸下的带货架的物品[1]，晚唐"明皇入蜀图"中也有从马背上卸下的货架，但那样的货架是应该能搂住筐匣底部的、有衬托的固定木架，绝不是现在这样放在驼背两旁高高翘起的整齐木条排状。有的驼背上装一个圆筒形竖立囊架，便于内置货物，这可能是特殊的货架。盈鞍叠篋与穹庐支架并不相同。

2. 骆驼载物经常有香料、黑檀木、象牙抛棒等大件物品露出驼背外，但绝不是靠所谓的货架来支撑的，即使丝绸绢帛皮毛等货物，也应有固定的包装。为什么水壶、干肉、野兔等直接挂于驼背两旁，而不装进防风防沙的背囊呢？雕塑工匠大概为了显露出骆驼运载物的状况，故意将纺织品等物品放在驼背两侧，但这已是艺术塑造而不是实际生活状况了。

3. 以前被人们解释为丝绸之路上运载的一股股"生丝"或一束束"束丝"，有的判断可能不完全准确。如果真是"生丝"那也应该装入皮囊布袋中，不会挂在外面任凭风吹日晒、雨淋霜打。有的骆驼背上可能是生丝，一般较粗；而摆放在外较细的可能是牛毛绳或鬃毛绳，是用于固定"穹庐"帐篷四边的。

山西省考古研究所张庆捷先生曾利用考古资料分析胡商驮货有五种形式，他对出土陶骆驼上的驮载方式的细节分析很有见地，遗憾的是，他仍然认为"在驼背两侧搭一个两排木条或窄木板组成的驮架，架上再装丝卷或者丝绸等货物，如东魏茹茹公主墓、太原北齐娄睿墓、张肃俗墓等出土陶骆驼，这是最普遍的一种载货形式"[2]。他也注意到"有一种骆驼所载的用木条制成的驮架，在夜晚住宿时，还可能

图11　唐彩陶载物骆驼俑，香港文化博物馆藏

图12　唐牵驼俑，陕西长安嘉里村裴氏小娘子墓出土

图13　唐载物骆驼俑，西安博物院藏

---

[1]《中国石窟·敦煌莫高窟》三，第133图，文物出版社，1987年。
[2] 张庆捷《北朝隋唐的胡商俑、胡商图与胡商文书》，见《中外关系史：新史料与新问题》，科学出版社，2004年，第195—196页。

图14 娄睿墓道西壁驼队图（线描）

被用来搭撑毡帐"。不过，他后来又继续认为那是骆驼货物架、驮架[1]，离破解此谜只有一步之遥。

我们不妨再追溯一下北魏以来一直有名的"突厥帐"，这种称霸北方草原的突厥人的起居之所，构成了漠北独特的人文景观："畜牧为事，随逐水草，不恒厥处，穹庐毡帐，被发左衽，食肉饮酪。"[2]蔡鸿生先生认为这是草原文明与农业文明大异其趣的标志，充分反映出蕃、汉之间的差异。[3]笔者完全同意将穹庐毡虆与土木房屋分别作为游牧、农业不同文化类型的分界标准。

《太平广记》卷一七三引《谈薮》，礼部尚书范阳卢恺兼吏部，选达野客师为兰州总管。客师辞曰："客师何罪，遣与突厥隔墙。"恺曰："突厥何处得有墙？"客师曰："肉为酪，冰为浆，穹庐为帐毡为墙。""穹庐为帐毡为墙"一语中最难得的是"毡"。毡作为搭建帐篷的重要材料，是游牧民族用动物粗毛经湿热挤压缩成的块片状垫衬材料，汉人多不制造，汉代以来匈奴、突厥等民族多用之，因此毡帐往往是匈奴、突厥的代称。汉唐时期人们一直将放弃"毡墙毳幕"作为改变游牧生活方式最重要的标志，汉人、唐人都把穹庐毡帐看作"鸟居""行屋"，用于露宿野外，不是固定居所。但是御寒挡风保温的穹庐毡帐确实有便于移动的流动性特点，这就使得穹庐毡帐的"胡居"外来风吹进了中原，在大型活动时使用。

当时"突厥帐"对唐朝影响很大，唐太宗儿子李承乾为太子时曾在皇宫内张设

---

[1] 张庆捷《北朝入华外商及其贸易活动》，见《4—6世纪的北中国与欧亚大陆》，科学出版社，2006年，第28、32页。
[2] 《隋书》卷八四《突厥传》，第1864页。
[3] 蔡鸿生《唐代九姓胡与突厥文化》之"突厥帐"条目，中华书局，1998年，第192页。

图15 娄睿墓道东壁驼队图（线描）

穹庐，"（太子）好效突厥语及其服饰，选左右貌类突厥者五人为一落，辫发羊裘而牧羊，作五狼头纛及幡旗，设穹庐，太子自处其中"。麟德二年（665）十月，唐高宗从东都洛阳出发赴东岳泰山封禅，"从驾文武兵士及仪仗、法物，相继数百里，列营置幕，弥亘郊原，突厥、于阗、波斯、天竺国、罽宾、乌苌、昆仑、倭国及新罗、百济、高丽等诸蕃酋长各率其属扈从，穹庐毡帐及牛羊驼马，填候道路"[1]。这说明帝王出动时，跟随的人员皆住宿于"穹庐毡帐"。

《资治通鉴》卷二一六记载唐玄宗时著名蕃将哥舒翰"每遣使入奏，常乘白橐驼，日驰五百里"。由此曾建立过被称为"明驼使"的传递组织。据明人杨慎《丹铅总录》卷十三的考证，"明驼使"的任务是用一种奋蹄快行的骆驼来负担传递公文书信。《酉阳杂俎》说这种骆驼："驼卧，腹不帖地，屈足，漏明则行千里，故称明驼。"又《杨太真外传》卷下说此驼"腹下有毛，夜能明，日驰五百里"，故称作"明驼"。杨贵妃还曾私自用"明驼使"将交趾上贡的龙脑香传递给安禄山。这些记载中的"明驼"是否经过专门奔驰训练的波斯白色单峰驼，虽不可全辨，但骆驼运输所属分为官府和私人还是可信的。

由于骆驼分属官府和私人，所以饲养状况不同，携带的穹庐毡帐也有所不同。私人携带的东西比较齐全，牵驼人一路喝风吸尘，饮露披霜，住帐篷过关口，翻大山宿野外，都离不开帐篷。骆驼商队一般应该结成驼帮，便于互相照顾，大的驼队还应有"知驼官"负责骆驼的医疗。官府的和私营的骆驼的来源是不一样的，据敦煌文书《唐天宝年代敦煌郡会计牒》反映，当时沙州官府养驼、用驼都有规定，骆驼与牛马一样不允许私自宰杀。大多数胡商有几座毡帐，一座住人，一座做仓库或

---

[1]《册府元龟》卷三六《帝王部·封禅二》，中华书局，1960年，第393页。

◀ 图16 20世纪初柯尔克孜人拉着背负毡包支架等物品的骆驼

▶ 图17 清代绘画《草原的一天》中描绘卸下蒙古毡包的局部图

做饭烧奶。唐人慧琳《一切经音义》卷八二解释穹庐时说："戎蕃之人以毡为庐帐，其顶高圆，形如天象穹隆高大，故号穹庐。王及首领所居之者可容百人，诸余庶品即全家共处一庐，行即驼负去，毡帐也。"敦煌148窟、360窟壁画上就有帐庐形象，白色的圆形穹顶内有交叉的骨架，庐帐顶上还有天窗，并加有毡盖，庐帐内铺有毡毯。

我们注意到，唐代文献和吐鲁番文书都说明，客馆（驿站）是官办的机构，是用来接待公务在身的往来客使的，胡商或其他蕃汉客商等人员不在其接待范围内，没有资格享受官府的招待，所以胡商等必须自备帐篷住宿，或是寻找其他民房休整。尤其是他们进入唐境以后前往京城的旅途中，按照唐朝规定还不许随便与官民私相接触，这就愈发迫使胡商只能自我安置，帐篷成了不可缺少的物品。

在那"胡天雨雪四时下，五月不曾芳草生"的情况下，"更闻出塞入塞声，穹庐毡帐难为情"[1]。正因为穹庐毡帐在汉晋隋唐时代普遍盛行，才成为雕塑工匠直接塑造的艺术对象，只不过在塑造时有些夸张以致有所变形。

四

穹庐毡帐一直是我国古代北方游牧或者半游牧民族最常见的居住形式。至少从

---

[1] 戎昱《听杜山人弹胡笳》，《全唐诗》卷二七〇，第3011页。

图18 19世纪哈萨克牧民转场搭建穹庐毡帐

匈奴开始，架设简单的穹庐毡帐就被广泛使用，匈奴称毡帐为"穹庐""穷庐""穹闾""弓闾"，《史记·匈奴列传》："匈奴父子乃同穹庐而卧。"西汉桓宽《盐铁论·论功》中说匈奴穹庐"织柳为室，旃席为盖"。汉武帝元封六年（前105）江都王刘建女儿细君公主远嫁乌孙时，公主歌咏"穹庐为室兮旃为墙，以肉为食兮酪为浆"[1]。"旃"就是"毡"，可知乌孙也是以毡帐为室。三国魏晋时乌丸、鲜卑等东胡民族"居无常处，以穹庐为宅，皆东向"[2]。柔然、吐谷浑、高车等民族都是"所居为穹庐毡帐"。南朝南齐派使节到北魏，回到江南后描述拓跋鲜卑毡帐："以绳相交络，纽木枝枨（支架），覆以青缯，形制平圆，下容百人坐，谓之为'繖'（伞），一云'百子帐'也。"[3]

隋代薛道衡用"毛裘易罗绮，毡帐代帷屏"的乐府诗句感叹北方民族居住特点。实际上，当时有相当多的游牧民族都以毡帐为基本生存必备品。尤其是毡帐便于搭拆、易于移动，适合游牧民族草场转移时轻骨架配装式快速分合。山东青州傅家画像石上第一石"商旅驼运图"中的骆驼背上刻画的平行线条就是用于表现行旅所用的毡帐"木骨"[4]的。太原北齐娄睿墓墓道东西两壁出行图中胡人商队骆驼背上的平行圆木条更是被清楚地描绘为毡帐围壁支架[5]。唐乾陵章怀太子墓狩猎壁画

---

[1]《汉书》卷九六下《西域传下》，中华书局，1962年，第3903页。
[2]《三国志》卷三〇《乌丸鲜卑东夷传》，中华书局，1982年，第832页。
[3]《南齐书》卷五七《魏虏传》，中华书局，1972年，第991页。
[4]《青州博物馆》，北齐线刻画像石，文物出版社，2003年，第177页。
[5]《北齐东安王娄睿墓》，文物出版社，2006年，第25页，图18；第31页，图23。孙机先生提示笔者仅这一个图示就可以认定为穹庐毡包的支撑架子。

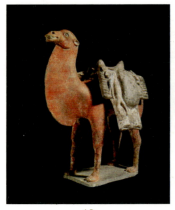  

19　　　　　　　　　　　20　　　　　　　　　　　21

图19　北魏灰陶骆驼俑，见2006年11月德国纳高拍卖图录

图20　东魏彩绘骆驼俑，见2006年纽约苏富比中国艺术拍卖图录

图21　卧驼俑，北齐娄睿墓出土

上奔跑骆驼也有表示毡帐支架的弯翘平行线。穹庐、毡帐作为流动性强的居住处，制作毡帐所用的毛毡应是游牧民族生产的特色。史载"突厥事祆神，无祠庙，刻毡为形，盛于皮袋，行动之处，以脂苏涂之。或系之竿上，四时祀之"[1]。北齐尔朱荣属下刘灵助也曾"刻毡为人像，画桃木为符书，作诡道厌祝之法"[2]。"刻毡"本身就说明毡不仅是一种载体物质，而且可用于神像崇拜。至于驮囊上出现的怪兽头型图案，西方学者解释为"魔鬼面具"[3]，强调其精神作用，需要另行讨论。

西域一些半游牧半定居的民族中，毡帐也是一种重要的民居形式。城郭内外都有人居住穹庐毡帐。擅长经商的中亚粟特人在长途跋涉中，自然要利用可以折叠张合的毡帐——张设时就地安置，移动时畜驮车载均可。例如以毡帐著称的吐火罗国，"有屋宇，杂以穹庐"，"无城郭，后稍为宫室，而人民尤以毡庐百子帐为行屋"[4]。据估计，西域各国和北方游牧民族已经有专门制造穹庐木架的部门或者工

---

[1]《酉阳杂俎》卷四，中华书局，1981年，第45页。姜伯勤先生根据这条史料记述，认为突厥人接受了粟特人的祆教信仰，骆驼俑背上怪兽头面型驮囊就是"盛于皮袋"的祆神。见《中国祆教艺术史》，生活·读书·新知三联书店，2005年，第225—230页。但梁丰女士指出"刻毡为形，盛于皮袋"可以解释为把毡制的祆神放在皮袋里。随葬的骆驼载囊俑的墓主人很多是汉人，而信奉祆教的粟特人未必都随葬这种俑。见《炎黄文化研究》第3辑，大象出版社，2006年，第242页。孙机先生也指出驼囊上兽面装饰与祆神无涉。见《丝路胡俑外来风——唐代胡俑展》，文物出版社，2008年，第9页。

[2]《魏书》卷九一《术艺传》，中华书局，1974年，第1959页。

[3] Elfriede Regina Knauer, *The Camel's Load in Life and Death—Iconography and Ideology of Chinese Pottery Figurines from Han and Tang and Their Relevance to Trade along the Silk Routes*, Akanthvs. 1998.

[4]《册府元龟》卷九六一《外臣部·土风二》，第11305页。

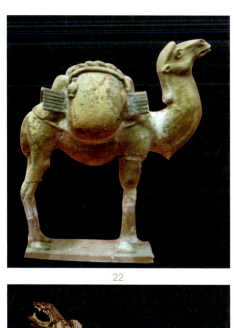
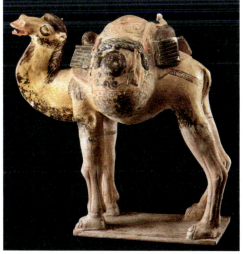
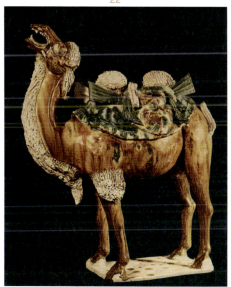
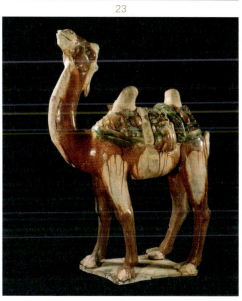

图 22　昭陵陪葬牛进达墓出土载物骆驼俑，背有囊袋、丝绸、悬挂水罐行囊，以及沿途猎获的野鸡、野兔等

图 23　骆驼背上携带猴子陶俑，陕西礼泉郑仁泰墓出土

图 24　鸣驼俑，西安西郊中堡子村出土

图 25　唐三彩骆驼俑，洛阳关林 58 号墓出土

匠。林幹先生早就指出制造构建穹庐的木架是匈奴木器业部门的重要职责之一[1]，还有人认为"其制作有赖张掖郡的木材供给"[2]。其实突厥人也有以木器或木车装配的手工业，专门掌握草原式庐帐木架的特殊工艺，以之作为辅助性的生产部门来为自己服务。

具有移动特点的毡帐不仅与游牧民族有密切联系，也与商旅交通息息相关。

---

[1]　林幹《匈奴通史》，人民出版社，1986 年，第 144 页。
[2]　张彤《蒙古民族毡庐文化》，文物出版社，2008 年，第 6 页。

输送军用物资需要昼夜兼程,毡帐更是不可或缺的必备物品。一些出身武将或者本身就是蕃将的墓中出土的骆驼载物俑,很可能就与军事辎重队中物资运送有关。

《黑鞑事略》记载的元代蒙古游牧人的穹庐形式,对了解隋唐时期突厥帐也有参考价值:

"穹庐有二样:燕京之制,用柳木为骨,正如南方罘罳,可以卷舒,面前开门,上如伞骨,顶开一窍,谓之天窗,背以毡为衣,马上可以载。草地之制,以柳木织定硬圈,径用毡挞定,不可卷舒,车上载行,水草尽则移,初无定日。"这是宋人对两种毡帐差异的清楚描述,一种可以折叠(卷舒)用牲畜驮载,另一种毡帐用车载行不能卷舒。由此可上溯推知,突厥人实行"草地之制"也是所谓"马载穹庐"与"突厥毡车"并重,这种流动性宿营用具,是北方草原民族都有的"辎重"之一。

10世纪以后,《蒙古秘史》中称蒙古包为"斡鲁格台儿"或称"失勒帖速台格儿",意思是有天窗的房子和有编壁的房子。在现代蒙古语中,编壁"失勒帖速"为"哈那"一词取代,"格儿"一词泛指一切房屋;"斡鲁格"一词则专指蒙古包天窗的毡帘。

元代是蒙古包制作发展的极高水平时代,蒙古贵族所用的大型"宫帐"又称"斡儿朵""斡鲁朵",亦作"窝裏陀"。这种大型毡帐与普通蒙古包相比有三个特点:

其一,容积很大。普通蒙古包高约2米,宽4—5米,元代的斡儿朵则高大得多。据西方传教士鲁布鲁克记叙:"他们把这些帐幕造得很大,有时宽为三十英尺。我有一次亲自测量一辆车的轮距为二十英尺,当把帐幕放在车上时,它在轮的每侧至少伸出五英尺。我估算一下,每辆车用廿二匹牛拉一座帐幕……"[1]这种用22头犍牛所拉的蒙古包犹如一个巨型"行宫"。

其二,富丽堂皇。《黑鞑事略》徐霆注云:"霆至草地时,立金帐,其制则是草地中大毡帐,上下层用毡为衣,中间用柳编为窗眼透明,用千余条索拽住,门与柱皆以金裹,故名。"《蒙古秘史》云:"王汗毫不介意地立起了金撒帐。"撒帐即细毛布,此处为细毛布做成的金碧辉煌的巨帐。这种经过装饰的宫帐也叫"金

---

[1] 何高济译《鲁布鲁克东行纪》,中华书局,1985年,第210页。

26

27

28

图26 突厥长发首领坐在帐篷内，下为狩猎者，日本美秀美术馆藏

图27 毡包模型，山西大同北魏2号墓出土

图28 毡帐模型，山西大同北魏2号墓出土

殿"。蒙古可汗的大帐为召集贵族、宗室的重要场所，能容纳几百人或上千人，所以内部悬挂绣有金丝图案的垂幕，帐内立柱和门槛都用黄金包裹，因此又称为"金帐"。

其三，造型区别。宫帐的架子，是在顶部插入顶杆（乌尼）并竖起哈那（编壁）制成的，外形像人的脖子，鲁不鲁乞称蒙哥汗的宫殿为"有颈发屋"。宫帐上面呈葫芦形，象征福禄祯祥；下面呈桃儿形，桃儿形模仿天宫。如今成吉思汗陵寝地还保存有这种宫帐的造型，表现了蒙古民族特有的建筑艺术。

但是一般牧民蒙古包形制还是为可迁移式，用木架和毛毡搭成的下圆柱形、上圆锥形结构，包内直径4—6米，总高约3米。他们常用骆驼皮将木条连成易于开拉的菱形格，构成圆形底壁的骨架"哈拉"，再用辐射状木杆构成圆锥形顶部结

图29 北齐黄釉胡人骑驼俑,香港松丰堂藏

构;并由弓形十字连接成突起的蒙古包"套脑",构成供采光通风的天窗。然后在整个框架外面围上毛毡,用毛绳扎紧,组成可防风阻雨、保暖采光的完整的蒙古包。因此,蒙古包是宜于拆卸和组装的毡帐,适合牧民在"春洼、夏岗、秋平、冬阳"的各地之间来回搬迁,从而为明清时代的草原牧民承袭下来。

蒙古包的形成经过一个漫长的历史时期,其来源无疑与匈奴、突厥等历史遗留有联系。例如,鲜卑人使用穹庐毡帐选择朝东方向张设,奚人常用车辆载毡帐,吐谷浑"户帐为屋"多为方形而不用圆形穹庐,吐蕃人"其国都城号为逻些城,屋皆平头,高者至数十尺。贵人处于大毡帐,名为拂庐,寝处污秽,绝不栉沐"[1]。不同民族有着不同的毡帐类型,大体与游牧生活发展阶段相适应,与当地毡帐制作材料相适应,在毡帐便于流动方面,各民族的想法则是一致的。当然在搬运装载穹庐毡帐上分为畜驮、车载等不同途径,北朝隋唐骆驼背上负载穹庐毡帐的形象可说是一个时代的典型代表。

总之,不管是骆驼陶俑,或是壁画、画像石中出现的驼背上负载的多层密集排列木条,都不是以前所说的载物货架。穹庐毡帐从写实到写意有一个抽象的变化,

[1]《旧唐书》卷一九六上《吐蕃传上》,中华书局,1975年,第5220页。

我们应该注意穹庐毡帐的写实性和象征性之间的区别，注意早期工匠的体察入微以至后来创作的随心所欲，注意艺术夸张造型乃丝路商旅与骆驼背负帐庐的真实生活记录。各类图录著述之所以普遍皆说穹庐毡帐为驼载货架、物架，均为不做深入辨认的误判，长期以讹传讹没有得到纠正，近来有不少文物图录继续人云亦云沿袭此类说法，本文专门辨析盖源于此。

A RESEARCH ON THE BELLY EXPOSED POTTERY FIGURINES OF HU PEOPLE OF TANG DYNASTY

5

唐代胡人袒腹俑形象研究

唐代胡人袒腹俑形象研究

在丝绸之路沿途，唐两京长安、洛阳等重要城市和甘肃庆阳、陕西乾县唐墓遗址中，历年来出土发现有唐代胡人袒腹俑。当时的雕塑者在艺术造型实践中，积累了丰富的创作经验，他们从现实生活出发，以提炼、概括的表现手法，塑造出胡人袒腹俑的生动形象，表现了胡人特定的神情特征。从艺术上观察，这些胡人俑身穿外衣却袒胸露腹，甚至有意凸出肥大肚皮。他们的形象为何如此独特，一直是笔者思考的问题。本文拟破解这些胡人袒腹俑的艺术形象来源，以请大家指正。

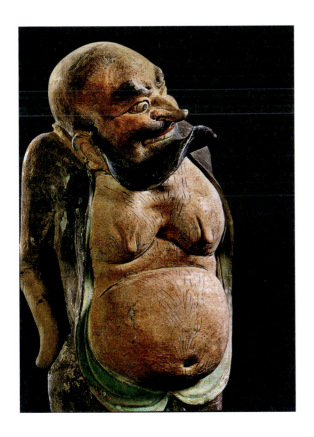

图1 袒腹胡人俑，甘肃庆城穆泰墓出土

一

如果我们认真观察这些胡人袒腹俑，除大腹便便或袒胸露腹外，它们的手势造型都非常独特。这些手势是魔术表演上典型的手法幻术、撮弄幻术及藏掖幻术的表现，它们在魔术行话上叫"手彩类"艺术，也是唐代手彩戏法在历代手法技巧套路上的发展。这些袒腹俑无

◀ 图 2　胡人袒腹俑，唐金乡县主墓出土

▶ 图 3　三彩袒腹胡人俑，陕西乾陵出土

不神形兼备，刻画入微，说明艺术创作者是用心来雕塑的。

1. 2001 年出土的甘肃庆阳市庆城县穆泰墓开元十八年（730）胡人袒腹俑，高 50 厘米。[1] 胡人俑光头，身着浅赭色团领窄袖开襟长袍，腰束软带，袒胸露怀，腹圆如鼓，胸腹部墨绘疏毛，衣服下摆扭结于腹下，露出绿色里子，穿白裤，足蹬乌皮靴。胡人形象为缩颈耸肩，眉蹙眼瞪，鹰钩高鼻，张口切齿，片状络腮髭须飞翘，神情故作嗔怒状，两臂屈肘反置于身后，似在迷惑他人，以便突然变出戏法。

---

[1]《甘肃文物菁华》，文物出版社，2006 年，第 41 页。甘肃省文物局副局长廖北远先生告诉笔者，由于庆城县开元十八年唐穆泰墓 50 多件彩绘陶俑是从当地广场建筑工地推土机中抢救出来的，只修复了 13 件，其发掘报告至今没有公布。穆泰，笔者怀疑是中亚昭武九姓之"穆"。开元年间有商胡穆聿，在朝廷集贤殿当值鉴识收求书画作品，至德年间"白身受金吾长史"。见张彦远《历代名画记》卷二，人民美术出版社，1963 年，第 33 页。蔡鸿生先生《唐代社会的穆姓胡客》一文对中亚穆国胡人入华有精彩的勾画与论述，见《中国史研究》2005 年增刊。有关穆泰墓发掘情况，可参见《甘肃庆阳穆泰墓发掘简报》，《文物》2008 年第 3 期。

2. 1991年西安东郊灞桥唐金乡县主墓出土的胡人袒腹俑,高40.5厘米。[1]胡人高鼻深目,秃头顶,络绲胡须,脑后卷发略长,颇像唐诗描写的"鬈发胡儿眼睛绿",身穿翻毛长袍,领口与袖口均露出皮毛。袒胸露腹,腰系褡裢,双袖捋起。过去我们只注意胡人的袒腹大肚皮,但实际上更应注意这个胡俑的双手,右手略高握拳向下,似乎要变出魔法,左手稍低握拳向上,表示要鼓劲,似乎灵巧精湛的"出脱"非常快。

3. 1972年陕西礼泉县唐张士贵墓出土显庆二年(657)一对胡人俑,分别高26.8厘米和23.5厘米,现藏昭陵博物馆。[2]其中左边戴着粟特卷檐虚帽的胡人,也是袒腹露胸,面带微笑,粗眉短须,高鼻细目,其左手放在胸下,似乎要拉大敞开的短袍衣襟,右手握拳下垂。旁边较矮的胡人助演搭档也细眯笑眼,仿佛正在侧面配合主角演出,进行托捧接扶。两人不用对白,幻术机密实际掌握在助演手中,一个"使活"一个"量活",犹如"师带徒",整个演出过程既有程式界约,又一气呵成。

4. 1959年河南安阳隋代张盛墓出土开

图4 彩釉胡人俑,唐显庆二年咸阳礼泉张士贵墓出土

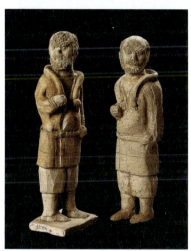

图5 隋代胡俑,安阳张盛墓出土

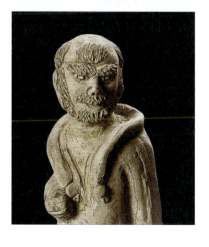

图6 安阳张盛墓胡人俑(局部)

---

[1]《唐金乡县主墓》,文物出版社,2002年,第33页,图版12。发掘整理者依据其形象将胡人袒腹俑定为牵驼俑,认为其双臂作拉缰牵索状,恐不确切。胡人袒腹俑并没有摆放在马或驼跟前,也没有摆放在排列有序的小龛内,而是在墓室中,似乎更接近于陪伴墓主人娱乐。

[2]《陕西文物精华》,陕西人民美术出版社,1993年,第96页。

皇十四年（594）一对泥质白陶彩绘男胡俑，高者 27 厘米，低者 26.3 厘米，河南博物院藏。[1]二胡俑深目高鼻，满脸胡须，额顶有意剃发留髻，造型独特，神态逼真。两人都身穿窄袖长袍至膝盖，上身裘毛护领敞开，露出前胸，束腰带腆出肚皮，足蹬软靴。一个右手握拳放至前胸，左手下握饰带；另一个配合动作类似，表演亮相姿态十足。

图 7　唐绿釉胡商俑，河南洛阳出土

5. 1960 年唐乾陵永泰公主墓出土三彩胡人袒腹俑，高 17.7 厘米，陕西历史博物馆藏。[2]胡人袒腹俑头发中分盘辫于脑后，高鼻深目，昂首上视。身穿深绿色齐膝盖皮袍，褐色绒毛里外露，绿色窄腿裤，赭色尖头靴。原来有人以为是握拳牵驼俑或牵马俑，实际注意手势并不如此，右手握拳高举，掌心似要变出东西；左手下抓皮袍，好像要防止袍里摆动。神气十足作亮相表演状，与牵拉牲畜无关。

6. 1952 年洛阳博物馆藏出土唐代胡人袒腹俑，高 31.3 厘米。[3]胡人头盘红巾，浓眉高鼻，络腮胡须，身着绿色束腰长袍，足蹬黑色长筒靴。这位胡人袒胸露怀，歪头前视，要显示出意念性的东西，表演出精神在肚子里边。他右手上曲右胸前握衣领角，似乎随时要从衣服里边变出戏法，左胳膊挽袖握腰带金属长带钩，好像不让道具露出或滑下。洛阳博物馆将其定名为"绿釉胡商俑"，以前笔者曾认为这是打诨说笑的俳优参军戏俑，现在从敞怀袒腹来看，更接近于变魔术的外来艺人。

---

[1]《河南古代陶塑艺术》，大象出版社，2005 年，第 245 页。
[2]《丝路之都——长安瑰宝》，香港市政局出版，1993 年，第 72 页。又见《神韵与辉煌——陕西历史博物馆国宝鉴赏》（陶俑卷），三秦出版社，2006 年，第 121 页。但此画册将这件题名"三彩袒腹胡人俑"解释为南海昆仑人形象，自相矛盾，恐有谬误。
[3]《洛阳文物精粹》，河南美术出版社，2001 年，第 158—159 页。

考古发掘表明，胡人袒腹俑往往和百戏杂技俑摆放在一起，这是一个饶有兴趣的现象。如唐金乡县主墓中就有倒立杂技儿童俑、戴竿杂技俑、说唱女俑、角抵相扑俑和戏弄俑，而且一个戏弄俑为留髯胡人的机智滑稽形象。[1] 又如甘肃庆城县唐穆泰墓中，与胡人袒腹俑一起置放的也有拧眉瞪目、鼓腮吸鼻的四个滑稽丑角戏弄俑，其中一个胡人杂戏俑眉翘髯须卷，一个戴女人假发神态丑陋。[2] 这说明袒腹胡俑绝不是以前人们所谓的牵马俑或牵驼俑，而是表演幻术的胡人形象。[3] 把它们摆放组合在一起，就是当时"百戏"的真实场面，若有奏乐俑则表明当时或许还有音乐伴奏，是一个完整的复合演出班子。

通过以上的观察，我们不能不叹服雕塑者的艺术刻画，忠实记录了当时袒腹胡人的精彩神态。而这类袒腹胡俑，笔者认为正是唐代来自西域的魔术表演艺人。魔术在唐代往往被称为"幻术"，是近距离的民间艺术与喜剧表演形式，也是对周秦以来历代不绝的杂技艺术的传承与记忆。

二

从胡人袒腹俑形象来说，人们一般可能认为大多弥散着一种怪异、诡谲和阴郁的气息，似乎要张扬出放浪形骸的气力。敦煌中唐 201 窟北壁《观无量寿经变》壁画中，舞伎便上身袒裸、肚脐外露，赤足扬臂跳舞。也有人可能认为胡人裸身袒腹，表示敞怀忠诚，例如武则天时胡人安金藏当众作破腹剖心之势，表明其对武则天的忠诚。但在汉人眼里，胡人"外相犹似痴人，肚里非常峭措"，袒腹露胸是放荡不羁、桀骜不逊的表现。特别是表演幻术的胡人中不乏惊世骇俗的"另类"，傲睨蔑视一切，什么都不放在眼里，汉人对这种极不雅观的着装，无疑认为俗不可耐，不成体统，懂得礼仪修养的人不会有此穿戴。

在唐代杂技艺术中，幻术表演不仅在宫廷节日典礼上经常举行，而且在城市坊里、寺院道观里均有表演，特别是表演手技节目的魔术者常常不用道具辅助表演，

---

[1]《唐金乡县主墓》，参军戏俑，图版111，文物出版社，2002年，第71—72页。

[2] 据《教坊记》和《乐府杂录》记载，晚唐盛行男扮女装的歌舞表演戏剧"弄假妇人"，如《踏摇娘》中的苏中郎，丈夫穿着妇人衣服，徐步入场歌舞。咸通时有范传康、上官唐卿、吕敬迁等名角擅长此类男扮女装的表演。

[3]《甘肃文物菁华》，文物出版社，2006年，第38、40、48—49页。

图8 胡人袒腹俑，美国大都会博物馆陈列

而是露出大肚形体，展示不藏不掖，以迷惑观众，所以袒腹露胸反而成了人们注意的目标，实际只是一种障眼戏法。例如自断手足，口中吐物，断头复活，喷水成像，远道取物，刳剔肠胃，肚内藏物，臂上植瓜，身入烟火，等等。这些变幻莫测又惊险骇人的节目，技巧难度很大，但艺人仅凭灵巧的双手掩盖，就能使物件来去无影无踪，技惊四座，令观众惊叹不已，成为"胡俗"文化的一种代表。

手彩类节目主要看表演者眼疾手快的速度和变幻莫测的技巧，表演不到位或露馅会引起观众的起哄与嘘声。实际上幻术还要依靠心理影响，不用道具是最拿手的技巧和"出奇"表演方式，其基本技巧在于转移观众注意力以便他们不会注意到表演者的舞弊动作。袒腹胡人不用道具"捣鬼"，用手的技巧模仿出令人吃惊的招数，不光是用魔幻技巧来蒙蔽围观的人，同时也要为围观的人传递故事和感觉，用眼神、动作和观众交流，因此，我们看到胡人袒腹露胸俑的眼神与脸部表情都非常丰富，或扬眉怒目，或顾昐流盼，目的均是为了制造魔幻气氛来吸引观众，否则戏法也就没有"奇迹"出现的意思了。

大业二年（606），隋炀帝在洛阳宫招待突厥首领时，曾将汉晋至北齐、北周以来流传的吞刀吐火、鹿马仙车、种瓜拔井等各类幻术节目集中演出，结果"胡人大骇"，以后命令乐署肄习，常在元旦于端门内演出。但唐代史料中记载汉人表演幻术的似乎很少，《明皇杂录》记载，朝廷招待外来宾客虽以杂技为主穿插歌舞，但唯独没有幻术表演。"诸蕃酋长就食。府县教坊，大陈山车旱船，寻橦走索，丸剑角抵，戏马斗鸡；又令宫女数百饰以珠，衣以锦绣，自帷中翠出，击雷鼓为破阵乐、太平乐、上元乐，又引大象、犀牛，入场舞拜。"由此看来，太常、教坊、梨园艺人培养担任幻术表演者不多，大概唐高宗"恶其惊俗"，禁止在宫衙表演，所以超常幻术的艺人主要靠外域输送，这可能就是胡人袒腹形象屡屡出现的原因。《旧唐书·音乐志》说："大抵散乐杂戏多幻术，幻术皆出西域，天竺尤甚。"《新

《唐书·西域传》记载："拂菻，古大秦也，居西海上，一曰海西国……俗喜酒，嗜干饼。多幻人，能发火于颜，手为江湖，口幡旄举，足堕珠玉。"这是唐人对西域、天竺、大秦（东罗马帝国）表演魔术"幻人"的真实记录。

唐朝经常接受各国进献的胡旋女子、侏儒、乐工、艺人等"贡人"，这些贡人中包括不少骇人耳目的杂技高手与魔术师。如天竺人来中国献艺者，分僧侣和流浪艺人两种。其中僧侣为了传教聚徒，凸显灵验，使人畏服，许多人利用幻术手法和杂技气功技巧。《法苑珠林》"十恶篇"记载：唐贞观二十年（646），西国有五婆罗门来到京师，善能音乐、祝术、杂戏、截舌、抽肠、走绳、续断。《宋高僧传》卷二〇记载建中年间（780—783）西域人难陀（喜）到成都聚众说法，他精通幻术，"自言我得如幻三昧，入水不濡，投火无灼，能变金石，化现无穷"。《两京新记》卷三记载居德坊普集寺有"僧□□□磨帝，西域胡人，善咒术，常咒枯杨，使生枝叶"。这种名为咒术实为幻术的神灵显验把戏，诸如灵光显现、灵瑞感应、断头钉耳、入壁隐缝等等，在当时寺院僧侣中秘密流行，非常普遍。《旧唐书·音乐志》记载唐睿宗时，"婆罗门献乐，舞人倒行，而以足舞于极铦刀锋，倒植于地，低目就刀，以历脸中；又植于背下，吹筚篥者立其腹上，终曲而亦无伤"。这是说不仅有倒立"过刀山"的杂技，还有利用力学杠杆原理"卧刀吹筚篥"的惊险幻术[1]。婆罗门的表演有曲、有舞、有幻术和滑稽节目，证明天竺伎人熟悉全面的杂技艺术。

天竺流浪中国的民间艺人也很多，干宝《搜神记》说东晋永嘉时"有天竺胡人来渡江南"，表演断舌复续、剪绢还原、口吐火焰等西方传统幻术。唐代幻术艺

图9 胡人袒腹俑，西安大唐西市博物馆藏

---

[1] 现存日本的《信西古乐图》所绘唐代乐舞杂戏图中有"卧剑上舞"幻术表演，自唐代流传至今，称为"人体横悬"。人民出版社曾于1959年依据《日本古典全集》将其翻印。

图10 胡人袒腹俑,韩国柳琴瓦当博物馆藏

人更多,《新唐书·礼乐志》记载:"天竺伎能自断手足,刺肠胃。高宗恶其惊俗,诏不令入中国。"由于自断手足、刳剔肠胃的幻术过于残忍惊险,往往以地狱、恶鬼形象恫吓众生,被称为"苦刑",所以一时遭到统治者的禁止。因此,不借助器物遮掩的纯手法魔术功夫风靡一时,例如"藏珠之戏",就是魔术的基本手法,后来发展成为"泥丸之变",唐代牛峤《灵怪录》描述神怪幻化的故事中,就称伶优喜欢"弄珠"或"仙人栽豆"等著名手法幻戏[1]。

值得注意的是,小型幻术往往是由单个艺人表演的。苏鹗《杜阳杂编》卷下记载胡人米寚,能用灯法表演幻术,他在粗二寸、上被五色文的蜡烛上,施展变幻,燃之竟夜不灭,不仅香气闻之百步,并能呈现楼阁台殿形状。蒋防《幻戏志》说一名叫马自然的艺人精通手法幻术:"于遍身及袜上摸钱,所出钱不知多少,投井中,呼之一一飞出。"大变金钱是手法幻术的一大门类,比借助道具的遮掩手法更进一步。在唐代有流传甚广的商胡"剖身藏珠"传说,胡人袒腹俑的幻术更会折射出重珠舍身的神秘色彩,加深了人们对西域胡人不惜剖股破臂以藏置宝珠的印象,因而作为陪葬物品伴随墓主人进入地下。当时由印度传入的"婆罗门伎"幻术"卧剑上舞",从新罗传入的缸遁幻术,由西域传入的分身幻术"入马腹舞",以及"葫芦取酒""茶碗生莲"等等搬运术、隐身术之类的幻术均已流行[2],其形式千变万化,让人远近惊骇,自然率服。

---

[1] 傅起凤、傅腾龙《中国杂技史》,上海人民出版社,1989年,第160页。
[2] 薛宝琨、鲍震培《中华文化通志·曲艺杂技志》,上海人民出版社,1998年,第402页。

三

幻术是由西域传入内地的,《列子·周穆王》说:"周穆王时,西极之国有化人来,入水火,贯金石,反山川,移城邑;乘虚不坠,触实不硋,千变万化,不可穷极。"化人就是幻人。《汉书·张骞传》记载康居、月氏、大宛诸国派使节入华献上犁靬"眩人"(幻人),带来了鱼龙曼延等大型幻术,后来幻术与杂技一起被称为散乐、百戏,所以史称"汉武帝通西域,始以善幻人至中国。安帝时,天竺献伎,能自断手足,刳剔肠胃,自是历代有之"[1]。汉画像砖中多见以"幻人"表演为主题的画面,这些表演者大都来自西域。例如河南新野樊集出土汉画像砖中正在"吐火"的"幻人"着长袍,戴尖顶帽,深目高鼻长须,正是西域人形象。[2]《后汉书·西南夷列传》记载安帝永宁元年(120)掸国(今缅甸地区)国王雍由调派遣使者到洛阳"献乐及幻人,能变化吐火,自支解,易牛马头,又善跳丸,数乃至千,自言'我,海西人'。海西,即大秦也"。魏晋时期道士葛洪,佛教高僧鸠摩罗什、康僧会、佛图澄等都依靠幻术表演折服过君王贵族、僧侣道士[3],以证明紫气东来的"神仙"和圣域西传的"佛陀"的存在,特别是现身显示"佛法无边"比高谈阔论更能产生意想不到的奇效,所以依靠幻术打开传教局面成为僧人、道士的一种特殊技能。

除了佛僧、道士表演幻术外,外来的"三夷教"中的祆教也热衷于用幻术吸引信徒与观众[4]。唐人张鷟《朝野佥载》卷三曾记载武则天时期到唐玄宗前期的洛阳祆庙幻术活动:

---

[1]《旧唐书》卷二九《音乐志》,中华书局,1975 年,第 1073 页。
[2] 王子今《大卫·科波菲尔的前驱:中国古代西来的幻人》,《世界知识》2002 年第 24 期。
[3] 傅起凤、傅腾龙《中国杂技》,"佛教对杂技的影响",天津科学技术出版社,1983 年,第 55 页。
[4] 西班牙《趣味》月刊 2006 年第 8 期载米格尔·安赫尔·萨瓦德尔《魔术逸事》一文中指出:世界上各个宗教的教士都擅长使用各种魔术来说服他们的信徒。印度教徒让两名助手拉着两根特长头发制造出箭在空中飘浮的现象,埃及教士所谓的"超自然力"实际上是利用蒸汽装置打开寺庙的大门,特鲁伊特教教徒让人们听到的泰乌塔特斯(该宗教信仰的神灵)颤抖的声音实际上是让人藏在空树洞里发出的。1856 年,阿尔及利亚当地一位修道士利用魔术迷惑当地人民发生骚乱,策动他们起义反对法国政府,宣扬自己拥有超能力,肯定能帮助当地人取得胜利。法国派出被称为"现代魔术之父"的 19 世纪魔术大师罗贝尔·乌丹,他不仅揭穿了修道士骗人的戏法,而且使用当时仍不为公众所了解的磁铁电场原理,在当地表演了一系列魔术,证明了法国人比当地修道士更有魔力,从而阻止了暴动。

图11 唐代彩绘胡人袒腹敲鼓俑,《亚洲艺术》1997年第11、12月号刊出

河南府立德坊及南市西坊,皆有胡祆神庙。每岁商胡祈福,烹猪羊,琵琶鼓笛,酣歌醉舞。酹神之后,募一胡为祆主,看者施钱并与之。其祆主取一横刀,利同霜雪,吹毛不过,以刀刺腹,刃出于背,仍乱扰肠肚流血。食顷,喷水咒之,平复如故。此盖西域之幻法也。

重新检讨这段史料,发现这个祆主乃是"募"来的胡人,在祆庙祭祀祆神活动仪式上采用的是西域幻法。由此可见,为了通神灵验,祆庙并不关心祆主琐罗亚斯德教的宗教背景,而是招募会幻术的艺人,展现带有民俗化的表演之风。同书同卷还说:

凉州祆神祠,至祈祷日祆主以铁钉从额上钉之,直洞腋下,即出门,身轻若飞,须臾数百里。至西祆神前舞一曲即却,至旧祆所乃拔钉,无所损。卧十余日,平复如故,莫知其所以然也。

凉州这个祆主不知是否也如同洛阳祆主是"招募"而来,但他同样会幻术,传奇式的记载不仅凸显了中亚祆教胡巫通神的特色,而且呈显了他们祈福禳灾的神秘手段。

光启元年(885)敦煌写本《沙州伊州地志》残卷(S.0367)中,也描述了贞观十四年(640)唐朝进兵高昌之前,伊州祆主翟槃陀实施幻术入朝至京师的"下祆神"表演,"以利刃刺腹,左右通过,出腹外,截弃其余,以发系其本,手执刀两头,高下绞转,说国家所举百事,皆顺天心神灵助,无不征验。神没之后,僵仆而倒,气息奄七日,即平复如旧"[1]。这种如醉如狂的幻术表演状态符合祆教"死者复生"的教义,

---

[1] 唐耕耦、陆宏基编《敦煌社会经济文献真迹释录》第1辑,书目文献出版社,1986年,第40—41页。

所以西域祆教徒祭祀祆神时，结合燃灯、火坛、供奉食品和祭神巫术等周围幻境，表演神秘莫测的幻术，使这种幻象绝技让观众看来仿佛是祆神赐予的灵验的神力，即"施法降神""神灵显异"，顿生敬畏之心。因此，伊州祆主翟槃陀被"有司奏闻，制授游击将军"，成为一个人神结合的超人。直到宋代"东京城北有祆庙。祆神本出西域，盖胡神也。与大秦穆护同入中国，俗以火神祠之。京师人畏其威灵，甚重之"[1]。宋代董逌《广川画跋》卷四《书常彦辅祆神像》也说赛祆仪式："奇幻变怪，至有出腹决肠，吞火蹈刃。故下俚庸人就以诅誓，取为信重。"尽管宋代祆神信仰习俗已经日益淡化，极有可能不再突出胡人色彩，但民间表演手法幻术给人的神奇灵异的感觉仍然浓烈，"畏其威灵"的迷信心态照旧不减。

图12 胡人袒腹俑，乾陵"丝路胡俑外来风"展览展出

在敦煌也发现了一些9世纪中叶与"赛祆"有关的文书。[2]赛祆是一种在正月、四月、七月、十月举行的祭祀活动，也是粟特商胡庙会式的娱乐活动，有祈福、歌舞、酒宴和幻术表演等盛大场面。在宴饮歌舞中会突然穿插幻术节目，表演者扮演引人注目的角色，有的自由出入水火，有的贯穿金石，有的悬空不坠，有的穿墙入壁，这无疑会使人们更加关注胡俗祆神文化的渗入。《敦煌廿咏》中的《安城祆咏》就将百姓求神的灵验故事与赛祆活动中的幻术联系起来。[3]因此，当时人们往往把祆主修炼与幻人魔法画等号，无法分清。

幻术表演的秘密估计在当时受到保护，胡人不会随意传给汉人，所以制造"奇迹"的戏法一直令史家好奇而记录在案。《魏略·西戎传》记述大秦国："俗多奇幻。口

---

[1] 张邦基《墨庄漫录》（唐宋史料笔记丛刊）卷四，中华书局，2002年，第110—111页。
[2] 姜伯勤《论敦煌赛祆》，载《敦煌吐鲁番文书与丝绸之路》，文物出版社，1994年，第254页。
[3] 解梅《唐五代敦煌地区赛祆仪式考》，《敦煌学辑刊》2005年第2期。

图13 宋代祆教七圣刀幻术陶俑，西安博物院展出

中出火，自缚自解，跳十二丸，巧妙非常。"《北史·西域传》则记载悦般国幻术师到北魏表演的情形："（太平）真君九年（448），遣使朝献，并送幻人，称能割人喉脉令断，击人头令骨陷，皆血出或数升或盈斗，以草药内其口中，令嚼咽之，须臾血止，养疮一月复常，又无痕瘢。世祖疑其虚，乃取死罪囚试之，皆验。……又言：其国有大术者，蠕蠕来抄掠，术人能作霖雨盲风、大雪及行潦，蠕蠕冻死者漂亡者十二三。"西域幻人所施展的幻术与前述洛阳、凉州、伊州祆主表演的幻术乃异曲同工。[1]

由于幻术是一种群众性较强的娱乐艺术形式，不受皇家教坊限制，所以屡屡受到百姓的欢迎。惊怵而又精彩的幻术表演使普通的流浪艺人成为观众眼中具有超自然能力的人，但笼罩在幻者身上的神秘光环也令他们在古代备受质疑，甚至被某些人认为与魔鬼有交易，所以朝廷多次认为外来幻术"本非正声，此谓淫风，不可不改"。显庆元年（656），唐高宗登临安福门楼观看大酺，其中有胡人表演以刀自刺的幻术戏，遭到高宗制止，下诏称："如闻在外有婆罗门胡等，每于戏处，乃将剑刺肚，以刀割舌，幻惑百姓，极非道理，宜并发遣还蕃，勿令久住。仍约束边州，若更有此色，并不须遣入朝。"[2]这段史料形象地道出了外来幻术在中原两京地区的流行，曾引起最高统治者的恐惧。

不过，西域幻术进入中原后并非官府所能控制约束的，尤其是不需机关布景的手法幻术大大发展。尽管手技需要下多年功夫才能精通掌握，但高手艺人构思精

---

[1] 在埃及，距离开罗240公里的贝尼哈桑市附近，有39座埃及中王国时期名人显贵的坟墓，其中一座坟墓的墓文记载了发生在中王国时期的魔幻故事。据记载，当时的幻人（魔术师）德迪，为法老表演复活术，他砍掉一只鸭子、一只鹅和一头牛的头，施展魔法后这几种动物马上恢复了原貌并复活。不过当国王要求德迪用真人来表演砍头幻术时，他拒绝了。据研究魔术史的专家埃德温·道斯认为，德迪不愿使用真人表演是因为他没有暗机关，即没有为表演这类节目所必需的工具。见《参考消息》2006年9月27日副刊。这类故事对我们理解中国古代真人复活的幻术节目颇有启发，特录于此。

[2]《册府元龟》卷一五九《帝王部·革弊一》，中华书局，1960年，第1921页。

巧、招数极多，手指与手掌的技巧控制非常精妙，手技节目设计的程序与表演深度都极为巧妙。此时民间卖艺者颇有"城头山鸡鸣角角，洛阳家家学胡乐"[1]的风气，人人可学可玩，唐人孙颀《幻异志》就记述衢州业余幻术师在家庭夜宴上即席表演"纸人跳舞"的幻术。《独异志》也叙述："唐贞元中，有乞者解如海，其手自臂而堕，足自胫而脱；善击球，樗蒲戏，又善剑舞，数丹丸。挟二妻，生子数人，至元和末犹在，长安戏场中，日集数千人观之。"可见中唐以后幻术成为乞讨者的卖艺手段。但其社会地位虽然低下，却能在民间戏场聚众演出，而且吸引不少观众。白居易《观幻》诗说："有起皆因灭，无朕不暂同。从欢终作戚，转苦又成空。次第花生眼，须臾烛过风。更无寻觅处，鸟迹印空中。"[2]

综上所述，第一，胡人袒腹俑与舞蹈奏乐俑、狩猎骑射俑摆放在一起，有其独特的意义，证明其具有特殊技艺。第二，胡人袒腹俑不是牵马俑或牵驼俑，而是故意挺肚袒腹露胸表演幻术的外来艺人。第三，胡人袒腹俑均穿着一领长袍或短袍，表面道具甚少，却能变出千奇百怪的戏法。第四，胡人袒腹俑手势似无实有，毫无华彩，但平中求奇，出神入化，眼神、表情俱佳。第五、从胡人袒腹俑单体造型看，都应是即席献艺，表演形式不受场地限制，有着民间艺人无穷的适应性。

幻术是一门大众喜闻乐见的表演艺术，也是西域胡人标识性的民俗文化符号，唐代胡人袒腹俑形象粗犷怪异，姿态独特，是见证大时代的小文物，只有在汉唐丝绸之路的背景下才会出现，宋代以后这种胡人袒腹俑形象渐渐销声匿迹，可见艺术形象的变化与外来文明息息相关。以前笔者总觉得唐代幻人是写在史书上的历史，现在眼前栩栩如生的胡人幻术表演俑，使真实历史获得了印证。图史互证、俑史互补，激活了我们对丝绸之路文化传播真正的历史感。

---

[1]　王建《凉州行》，《全唐诗》卷二九八，第3374页。
[2]　白居易《观幻》，《全唐诗》卷四四九，第5060页。

A RESEARCH OF THE PAINTED FIGURINES OF THE HU CHASSEURS OF THE TANG DYNASTY

6 唐代狩猎俑中的胡人猎师形象研究

唐代狩猎俑中的胡人猎师形象研究

狩猎是古代人类一种由生存谋食演变到武艺操练、体育娱乐的活动方式，具有娱乐刺激和军事演兵的双重性质。从商周以来，各个王朝的君主都有"游猎""畋猎"的爱好。[1]唐代狩猎之风在中国历史上最为普及狂热，在两京畿辅地区，王公贵族、朝臣百官的狩猎与民间贫穷猎户为谋生而狩猎有着天壤之别，而且被绝大多数人视为一种高尚勇敢的行为，刘商《观猎》云："梦非熊虎数年间，驱尽豺狼宇宙闲。传道单于闻校猎，相期不敢过阴山。"[2]通过狩猎锻炼，不仅可以选拔善战武士，而且能够培养游牧民后代所具有的沉着勇敢、视死如归的精神。这并不是北朝以来鲜卑人的发明，游牧民族都有这样的规则。帝王贵族秋狝冬狩是"驰骋之乐"，射隼追兽则为"四季之娱"，它既继承了中国传统的畋猎练兵方式，又吸纳了外来文化狩猎刺激性的一面，是当时豪华生活中的一种休闲享乐方式。

唐人的狩猎是一项大型的群体活动，从中可以得到荣誉感和骄傲感，"黄土原边狡兔肥，犬如流电马如飞。灞陵老将无功业，犹忆当时夜猎归"[3]。在这种场合，擅长助猎的胡人频频出现，他们作为扈从跟随主人，携带猎豹、猞猁、鹰鹞等活跃于猎场上。考古出土的唐代狩猎俑以纪实性的雕塑反映了当时狩猎之风，其中胡人形象被塑造得姿态传神、栩栩如生，本文试以典型出土文物分析胡人的身份与作用。

---

[1] 溯源历史传说，夏王太康去洛水北岸狩猎，竟数月不归城邑。《周礼·大司马》说："仲秋教治兵以狝田，致禽以祀祊；仲冬教大阅以狩田，献禽以享蒸。"《国语·齐语》说春秋战国时"春蒐以振旅，秋狝以治兵"，《春秋左传·隐公五年》也说："春蒐、夏苗、秋狝、冬狩，皆于农隙以讲事也。"说明"田猎"练兵习武已成为一项重要活动。但按照《礼记》"天子不合围，诸侯不掩群"的规则，要限制对动物的捕杀量，从而狩猎转变为以娱乐为目标的综合性活动。
[2] 刘商《观猎》，《全唐诗》卷三〇四，第3464页。
[3] 罗隐《题新榜》，《全唐诗》卷六六五，第7624页。

图1 唐章怀太子墓壁画狩猎出行图（局部）

一

唐初中原地区包括狩猎在内的野外生活习俗深受突厥等草原民族影响，因为游牧民弯弓射箭勇猛娴熟，辨别动物踪迹经验丰富。唐太宗李世民"少好弓矢"，擅长骑射，封秦王后经常"猎于九嵕""游畋仲山""猎于清水谷"，贞观五年（631）太宗打猎于长安西南郊昆明池，规模盛大，"蕃夷君长咸从"，有些周边民族首领率部行程万里主动前来参加狩猎合围，借以表示服从配合。唐太宗对随行的高昌国王麴文泰说"大丈夫在世"有三件乐事，其中之一便是"草浅兽肥，以礼畋狩，弓不虚发，箭不妄中"[1]。贞观十一年，太宗射猛兽于洛阳苑，群豕突出林中，太宗引弓四发射中四豕，有一雄野猪冲至马镫下，民部尚书唐俭投马搏之，太宗拔剑断豕，颇为自豪地表示格斗猛兽无所畏惧。[2]贞观十四年，"太宗幸同州沙苑，亲格猛兽，

---

[1]《唐会要》卷二八"蒐狩"，上海古籍出版社，1991年，第611页。
[2]《唐会要》卷二八"蒐狩"，第612—613页。

图2—4 唐章怀太子墓壁画狩猎出行图(局部)

复晨出夜还"[1]。正如太宗在《出猎》诗中所说:"楚戈夏服箭,羽骑绿沈弓,怖兽潜幽壑,惊禽散翠空。"太子李承乾甚至喜爱苑内娱猎、骑射游畋而厌书废学。齐王李元吉非常喜爱鹰狗狩猎,出门常载捕兽大网三十车,宣称"我宁三日不食,不可一日不猎"[2]。所以唐初王公贵族中间盛行着炽烈的狩猎之风。

唐代帝王贵族的狩猎,既有规模庞大的正规"畋猎",又有小股灵活的随意打猎,仲冬季节举行的田猎还被纳入国家五礼之一的军礼之中,从《大唐开元礼》《新唐书·礼仪志》记载可知,当时田猎的出征准备、狩猎实施、获猎分配、聚会赏赐等均有一套复杂的程序。狩猎要涉及骑术(奔跑追逐)、箭术(硬弓射猎)、刀术(劈杀砍击)、武术(徒手搏击),还涉

---

[1]《贞观政要》卷一〇《畋猎第三十八》,上海古籍出版社,1978年,第285页。
[2]《新唐书》卷七九《高祖诸子传》,中华书局,1975年,第3546页。

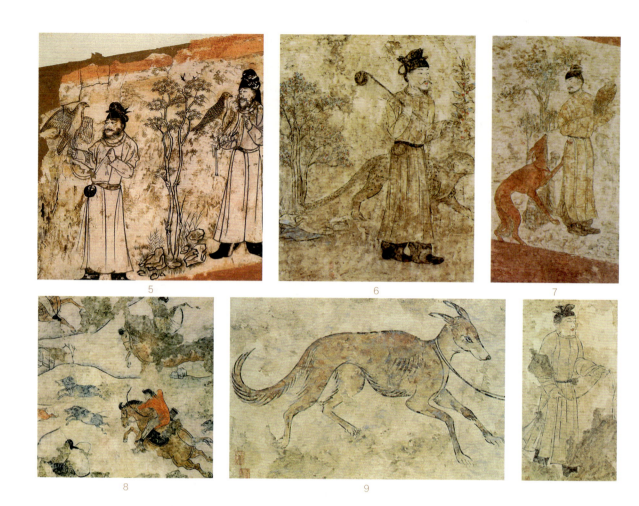

图 5 唐懿德太子墓壁画驯鹰图

图 6 唐懿德太子墓壁画驯豹图

图 7 唐懿德太子墓壁画架鹰逗犬出猎图

图 8 陕西三原李寿墓道壁画狩猎合围野猪图（局部）

图 9 陕西咸阳底张湾唐代薛氏墓壁画牵猎犬图（局部）

及与猛兽较量时所采取的隐蔽布阵等战略战术，从一天到五天以上，进行个人武艺与集体竞技的配合发挥，比如鹿哨诱敌、策马布围、搜山爬树、人墙围猎、突杀困兽等等，号角声、马蹄声、射箭声、呐喊声混合在一起，震撼山野。

唐代每次行围狩猎人数都在几百或千人以上，行围、合围时组织严密，各队人马从五六十里以外就开始包围獐、鹿、狼等动物，逐步缩小包围圈，最后将动物赶到狩猎主人的行营附近。侍从在围圩中依次追射哄撵野兽，再由主人亲自向围中猎物发箭，以便满足主人的狩猎兴趣。唐玄宗《校猎》诗就说"一面施鸟罗，三驱教人战""月兔落高矰，星狼下急箭"。杜甫《冬狩行》描写狩猎"夜发猛士三千人，清晨合围步骤同。禽兽已毙十七八，杀声落日回苍穹"[1]。如果包围的野兽过多或者挣扎逃脱的猎物太多，则不再追赶，以备下次围猎。

---

[1] 杜甫《冬狩行》，《全唐诗》卷二二〇，第 2325 页。

唐代狩猎大多在秋冬举行，因为秋冬季节飞禽走兽往往膘肥体壮，野外又木凋草枯，便于追寻猎物。龙朔元年（661）秋，唐高宗于陆浑县亲自射矢，布围、促围、合围后猎获四鹿及雉兔数十只。禁军卫队在围猎时大规模出动，被认为是练兵的重要途径，能综合训练士兵的体能耐力、胆略战术、抓捕技巧。唐玄宗年轻时博猎走马、擎鹰携犬，登基后又将狩猎作为"顺时鹰隼击，讲事武功扬"，屡次渭滨狩猎，并以精通"呼鹰逐兔为乐"的姚崇作为"猎师"与他一道偕马臂鹰[1]。但是讲武阅兵与狩猎合作劳费很大，供承猎事要治道修桥、整治猎车等，动辄费用数万，何况动用兵器也产生一些副作用，所以大历十二年（777）十月诏令："禁京畿持兵器捕猎。"

在上层贵族王公的风尚引领下，京城权贵富家子弟常常以"侠少"面貌驰骋于猎场，有些还作为"长杨羽猎"或"殿前射生"加入禁军给达官贵人陪猎。张籍"少年从猎出长杨，禁中新拜羽林郎"，不仅"射飞夸侍猎，行乐爱联镳"，而且以"臂鹰金殿侧，挟弹玉舆旁"为荣耀，所以公子哥儿"锦衣鲜华手擎鹘"，朝野市井狩猎声势很盛。这也给当时的艺术家记录畋猎出行活动留下了创作主题。于是，驾鹰呼犬、骑从簇拥、人马喧闹的场景再现于墓道壁画和陪葬陶俑之中。

1961年陕西乾陵永泰公主墓出土的狩猎俑，与1971年出土的章怀太子墓狩猎出行图壁画，1971年懿德太子墓壁画上的驾鹰驯犬图和牵豹行走图，1973年李寿

图10 唐胡人骑马带猎豹俑，乾县永泰公主墓出土

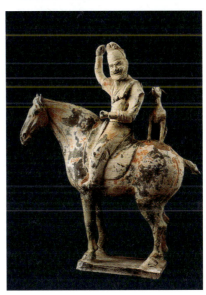

图11 胡人带猞猁狩猎俑，乾县永泰公主墓出土

---

[1]《大唐新语》卷一，中华书局，1984年，第10页。

12　　　　　　　　　　　13　　　　　　　　　14　　　　　　　　　15

图12　唐彩绘陶胡人骑马狩猎俑，乾县永泰公主墓出土，陕西乾陵博物馆藏

图13　唐三彩胡人骑马狩猎俑，乾县章怀太子墓出土，陕西乾陵博物馆藏

图14　唐三彩胡人骑马狩猎俑，乾县章怀太子墓出土，陕西乾陵博物馆藏

图15　唐三彩骑马带犬狩猎俑，乾县永泰公主墓出土

墓出土的狩猎合围图[1]，以及1953年唐代薛氏墓出土牵猎犬图，相映生辉，给我们留下了一个长风万里、天高气爽、绿树浸染、草浅畜肥的想象空间，特别是狩猎的好时光，正所谓"君夸鹰眼疾，我悯兔心忙。岂动骚人兴，惟增猎客狂"[2]。虽然我们看不到画匠描绘的围猎、网捕、索套、烟熏、火攻等多种狩猎方式，但是狩猎的大型场面已经历历在目，狩猎者伏背勒缰驰骋原野，饲禽者臂上架托鹰隼，驯犬者怀抱细腰猎狗，驯豹者骏马后臀锦毯上卧踞猎豹，一一映入人们眼帘。

如果说墓道狩猎壁画中胡人形象十分鲜明，那么出土的胡人狩猎俑立体形象更是栩栩如生，较之平面壁画要生动得多，值得我们具体观察。[3]

1. 彩绘胡人骑马带犬俑，永泰公主墓出土。犬蹲在马臀部圆垫上，这种犬可能就是知名的"波斯犬"，又称"细狗"，在狩猎时非常凶猛，速度极快，也是西域各国为迎合唐朝贵族王公等狩猎的需要，向唐朝贡献的主要礼品之一。

2. 胡人骑马携豹狩猎俑，永泰公主墓出土。猎豹跃扑趴在马后臀部上，粗眉虬髯的胡人正侧身回头断喝，这种猎豹主要用来猎取麋鹿、羚羊、野猪等，需要花费很长时间来驯化和训练[4]，这是以波斯为代表的西亚人的专长。唐人虽然也把豹子

---

[1] 张鸿修《中国唐墓壁画集》，岭南美术出版社，1995年。
[2] 和凝《题鹰猎兔画》，《全唐诗》卷七三五，第8400页。
[3] 《神韵与辉煌——陕西历史博物馆国宝鉴赏》(陶俑卷)，三秦出版社，2006年。又见《丝路胡人外来风——唐代胡俑展》，文物出版社，2008年。
[4] 张广达《唐代的猎豹——文化传播的一个实例》，该文依据阿拉伯文献和法文译本《论狩猎：本世界大人物们之与旷漠野兽的交往》，详细论述了阿拉伯人对奇塔豹捕捉、驯化、调教的过程。见《文本、图像与文化传流》，广西师范大学出版社，2008年，第23页。

16　　　　　　　17　　　　　　　　　18　　　　　　　　　19　　　　　　　　　20

作为勇敢的象征，将"骁骑"改为"豹骑"、"威卫"变为"豹韬卫"，但用来狩猎的豹子还是依靠外来已驯服的贡品。谢弗认为唐代"文献中有关猎豹的记载非常少见，这说明猎豹的使用只限于宫廷的范围，而且使用的时间必定也非常短暂"[1]。猎豹比金钱豹要小，它在狩猎时不是直接追击猎物，而是左右奔驰，跑"之"字形线路，麋兔类很难逃过猎豹的追捕。[2]

3. 胡人骑马狩猎载物俑，永泰公主墓出土。胡人梳辫盘发于头顶，浓眉高鼻，络腮短须，马鞍后携带有大雁、野兔等物，应是猎后收获。注意马头额顶上竖立的鬃毛，整齐直立，表明这是贵族家才使用的马匹，证明狩猎者的身份与地位。

4. 胡人骑马携带猞猁俑，这两件俑均为章怀太子墓出土。胡人梳长粗辫盘发脑后，身着翻领胡服，一个马鞍后带有裹卷毡毯，上立一只似猞猁的动物，正准备出行狩猎。另一个腰缠干粮袋，以备狩猎中使用。猞猁狲（大山猫）比一般家猫要大，狩猎时与猎兔狗一样发挥着重要作用，很快就能抓住奔跑的猎物。

5. 胡人骑马吹口哨俑，昭陵郑仁泰墓出土。这个胡人狩猎者似乎是一个驯鹰师角色，他在吹口哨呼叫猎禽回归，也有可能是叫回飞出去侦察引诱其他小动物的鹞子。唐人捕捉训练猎鹰的技艺很高，当幼鹰移栖时，他们利用鸽子来进行侦察诱

图 16　唐彩绘釉陶胡人骑马吹口哨俑，陕西礼泉唐郑仁泰墓出土，昭陵博物馆藏

图 17　唐彩釉陶胡人骑马吹口哨俑，陕西礼泉唐郑仁泰墓出土，昭陵博物馆藏

图 18　唐三彩骑马射猎俑，乾县懿德太子墓出土

图 19　唐射猎陶俑，乾县李重润墓出土

图 20　彩绘胡人骑马射猎俑，乾县永泰公主墓出土

---

[1] [美]谢弗著，吴玉贵译《唐代的外来文明》第四章《野兽》"豹与猎豹"，中国社会科学出版社，1995年，第197页。
[2] [法]阿里·玛扎海里著，耿昇译《丝绸之路——中国—波斯文化交流史》（中华书局，1993年，第220页）认为：波斯古代传说，猎豹和猞猁狲都是印度孔雀王朝瓶沙王时期首先驯养成功的。据英国皇家兽医学院在《自然》报告说猎豹加速与灵活变向是其撒手锏，而不是单凭绝对速度。

◀ 图21 唐三彩骑马架鹞子狩猎俑,乾县懿德太子墓出土

▶ 图22 唐三彩绞胎狩猎骑俑,乾县出土

惑,然后使用猎网捕捉幼鹰。而对付更容易驯服的雏鹰,方法就更简单了,只要将尚未离巢的雏鹰从它们的巢中捉来即可。不管是幼鹰还是雏鹰,都要被装上玉或者金以及其他雕镂金属做成的尾铃,而鹞子则佩戴着刺绣的项圈,所有猎禽都配以皮革、青丝的脚带以及鹰笼。驯鹰则讲究食之半饱,经过几个月的训练,即可"擒狡兔于平原,截鹘鸢于河渚"了。猎人的一双胳膊都绷有护臂,而不是薛逢《侠少年》中说的"绿眼胡鹰踏锦鞲,五花骢马白貂裘",这说明应是比金雕、苍鹰要小的游鹘、猎隼、鹞子之类,可以捕捉鹌鹑、鸟雀等。

6. 骑马射猎飞禽俑,懿德太子墓出土。这个射猎人面相不像胡人,但他满弓搭箭,扣在弦上,颇似唐代诗人薛逢赞美的"金鞍俯鞯尘开处,银镝离弦中处声";或是张祜企羡的"黄云断塞寻鹰去,白草连天射雁归";崔颢曾描写骑马射猎"还家行且猎,弓矢速如飞。地迥鹰犬疾,草深狐兔肥"[1]。

7. 骑马手臂擎鹰俑,懿德太子墓出土。随从者身着胡服,双手擎起鹰隼,如果说养鹰猎兔非常痛快,而训练野性幼鹰的"熬鹰"过程往往比较费事[2],尽管狩猎者雕塑无法细刻出鹰帽、爪套及爪链,但鹰隼环视四周、跃跃欲试的形象已经表现出来。徐夤《鹰》:"害物伤生性岂驯,且宜笼罩待知人。惟擒燕雀啖腥血,却笑鸾皇啄翠筠。狡兔穴多非尔识,鸣鸠胫短罚君身。豪门不读诗书者,走马平原放玩频。"[3]诗中"笼罩"指为猎隼戴上眼罩和头罩,防止猛禽受惊,可惜陶俑和壁画一

---

[1] 崔颢《古游侠呈军中诸将》,《全唐诗》卷一三〇,第1321页。
[2] 《唐代的外来文明》第五章《飞禽》"鹰与鹘",第214—218页。
[3] 徐夤《鹰》,《全唐诗》卷七一〇,第8173页。

图23 胡人骑马袒肩抱犬俑，西安唐金乡县主墓出土

般都不表现。

《隋书》卷三《炀帝纪》记载大业四年（608）九月"征天下鹰师悉集东京，至者万余人"。为什么要征集这么多"鹰师"到京城，史无详载，估计与大规模狩猎有关。当时隋炀帝将骠骑府改为鹰扬府，骠骑将军改为鹰扬将军，车骑将军改为鹰击

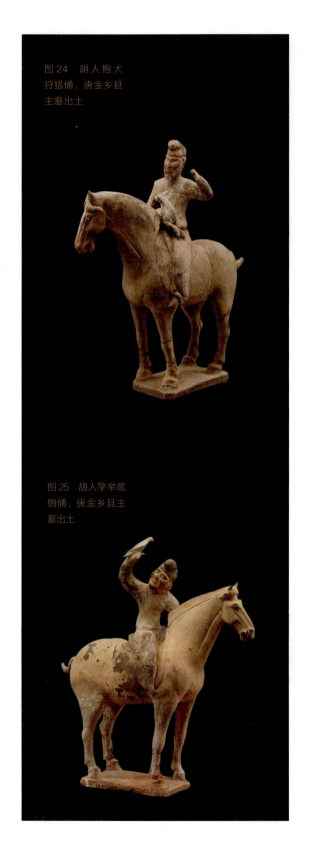

图24 胡人抱犬狩猎俑，唐金乡县主墓出土

图25 胡人擎举鹰鹞俑，唐金乡县主墓出土

郎将，极力提倡鹰鹞奋扬形象，并四处巡游，北筑长城，西击吐谷浑，车驾进入晋北、燕北，浩浩荡荡，以此震慑北方突厥民族。

《魏书》记载北魏中央机构设置专职狩猎的"游猎曹"（羽猎曹）和"鹰师曹"。从敦煌文献看，沙州归义军政权下也设有鹰使，负责养鹰狩猎及贡鹰事务。[1]《册府元龟》卷一六八《帝王部·却贡献》载长兴二年（931）九月辛亥敕："近日诸色人不禀诏条，频献鹰隼。……其五方见在鹰隼之类，并宜就山林解放，诸色人等并不得辄将进献。"可见地方多为贡献鹰隼而专门设有鹰使。此外，中原地区有不少猎户号称"猎郎"，弓马娴熟，供奉官府，秋冬之季捕禽捉兽，有时没有官衙命令不得归农耕田。张读《宣室志》卷八曰："唐林景玄者，京兆人，侨居雁门，以骑射畋猎为己任。郡守悦其能，因署为衙门将。曾与其徒数十辈，驰健马，执弓矢兵杖，臂隼牵犬，俱猎于田野间，得麋鹿狐兔甚多。"但是汉人猎户往往是挖设陷阱捕捉野兽，与胡人骑马狩猎方式大不相同，而且是父子狩猎代代相传，唐代"五坊色役户"就属于这类特殊专业人户，其社会身份与地位不高，但仰仗朝廷官府，不负担其他徭役。唐令之《赋役令》明确记载"采药师、猎师、宰手、太常寺音声人、

---

[1] 俄藏 Дx.06051 号，图版见《俄藏敦煌文献》第12册，上海古籍出版社、俄罗斯科学出版社东方文学部，2000 年，第333 页。

陵户……并免课役"[1]。

《旧唐书·王毛仲传》记载唐太宗贞观时期，选拔官户及"蕃口"少年骁勇者，着虎纹衣，跨豹纹鞯，每次游猎令持弓矢于御马前射生，跟随射猎禽兽，号称"百骑""千骑"，后来演变成为羽林禁军的一部分，"少年从猎出长杨，禁中新拜羽林郎"[2]。这种"蕃口"骁勇者或许就是胡人。

钱起《校猎曲》："长杨杀气连云飞，汉主秋畋正掩围。重门日晏红尘出，数骑胡人猎兽归。"[3]因此在我们看到的唐代狩猎队伍中，夹杂着几个满脸髯须的胡人，令人不由想到来自西域中亚的胡人训练鹰犬非常在行，"五年驯养始堪献，六译语言方得通"。也许他们就是向唐朝进贡助猎动物时被留下来的"猎师"。

二

在1991年西安金乡县主墓出土的彩绘俑中，八个狩猎俑中就有五个深目高鼻胡人形象者，两个骑马抱犬男胡俑，两个骑马架鹰男胡俑，一个骑马带豹男胡俑。还有一个骑马带猞猁的女俑虽不是胡女像，但更趋于北方民族

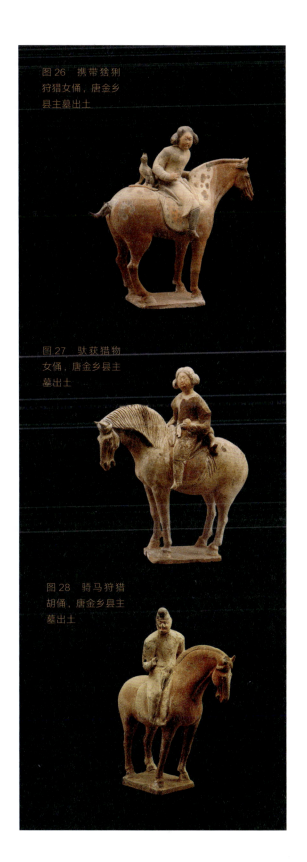

图26 携带猞猁狩猎女俑，唐金乡县主墓出土

图27 驮获猎物女俑，唐金乡县主墓出土

图28 骑马狩猎胡俑，唐金乡县主墓出土

---

[1]《天一阁藏明钞本天圣令校证（附唐令复原研究）》下册，卷二二《赋役令》校录本"不行唐令15"，中华书局，2006年，第272页。
[2] 张籍《少年行》，《全唐诗》卷三八二，第4286页。
[3] 钱起《校猎曲》，《全唐诗》卷二三九，第2689页。

图29 胡人狩猎携豹俑，唐金乡县主墓出土

图30 胡人架鹰狩猎俑,唐金乡县主墓出土

"蕃人"形象。[1]

1. 胡人骑马袒肩抱犬俑（见图23）。胡人高鼻深目，络腮浓髯，双眼圆瞪，张口露齿作呵斥状，袒裸粗壮左臂做有力握拳动作，他怀抱蜷卧的猎犬，而猎犬则机警地聆听着胡人的呐喊声，淋漓尽致地刻画了狩猎者粗犷剽悍的性格。

2. 胡人抱犬狩猎俑（见图24）。胡人髯须较短，但仍是满脸络腮，左手握举勒缰，右臂挢抻抚抱猎犬，高鼻深目，直视前方。

3. 胡人擎举鹰鹘俑（见图25）。这个胡人随从小臂上擎起一只鹰鹘，从这种鹰鹘体形来看，可以快速勇猛追击苍鹭、野鸭等猎物，在狩猎者手上时又乖顺服从，被誉为具有贵族风范。《朝野佥载》卷五说喜爱狩猎的唐太宗自己饲养的一只白鹘号为"将军"，经常让这只隼鹘在殿前驱杀燕雀。自古以来白羽毛的隼鹘就是最珍贵的猎鹰，刘禹锡《白鹰》："毛羽斒斓白纻裁，马前擎出不惊猜。轻抛一点入云去，喝杀三声掠地来。绿玉觜攒鸡脑破，玄金爪擘兔心开。都缘解搦生灵物，所以人人道俊哉。"[2]

4. 携带猞猁狩猎女俑（见图26）。这个女俑头梳倒垂双髻，弯眉朱唇，腰系长条粮袋，足蹬黑色高靴，身后花毡上蹲踞着一只双耳直竖猞猁，目视远方显得聪明伶俐，文静中透着机敏。猞猁也是狩猎不可或缺的助猎动物，比猎豹容易饲养与训

---

[1]《唐金乡县主墓彩绘陶俑——盛唐贵族生活场景的再现》图版77—96，陕西旅游出版社，1997年。《唐金乡县主墓》，图版72—84，文物出版社，2002年。
[2] 刘禹锡《白鹰》，《全唐诗》卷三六一，第4084页。

练,西亚波斯人一贯以善于调教猞猁而闻名。

5. 驮获猎物女俑(见图27)。女俑头梳垂髻,侧脸抬头露出自信神态,内穿半臂外着圆领窄袖袍,左手控缰,身后驮有猎物,究竟是死鹿还是野羊不好判断。

6. 骑马狩猎胡俑(见图28)。胡俑头戴黑色幞头,双目圆睁,身微前倾,低头直视前下方,右手前指,似乎机警地发现了猎物的动静。或许这个胡人是专门侦察、侍守的猎师,头顶骄阳,身临风险,经验异常丰富。

7. 胡人狩猎携豹俑(见图29)。胡人髭胡卷曲,目光炯炯,侧头远眺,右手后甩策马,左手前伸控缰。身后圆形垫毯上趴伏的猎豹,后腿弓起,耸尻敛肩,好似立刻要扑向猎物。这只猎豹外观高雅而匀称,肌肉发达,臀部中等,腿长有力,眼大警惕,显示出速度、力量和平衡性的和谐。

8. 胡人架鹰狩猎俑(见图30)。深目高鼻的胡人无髯须,头发中分梳绾成辫髻横盘脑后,右手架鹰注视前方,似乎正在寻找猎物准备放鹰,一脸紧张的神色。按照古代驯猎方法,猎鹰可分为冲出去、扑出去、放出去几种方式,所以专门有投鹰人、抛鹰人和放鹰人的区别。

这些狩猎俑表现的是正在出猎,他们连骑缓辔,停马驻立,似乎是在等待主人的指令。这些狩猎人都没有携弓、提弩、持刀,只是架鹰携鹞,带猞猁,载猎豹,说明他们都是些随从主人狩猎的扈从,属于主人侍陪类奴仆,而且各有分工,各司其职。真正的主人始终没有露面,仅从不到10个狩猎随从来看,不可能看到"围猎"那样盛大规模的狩猎场面,他们只是高度凝练了狩猎的典型场面而已。

我们分析他们不是打猎途中小憩,因为没有坐卧俯仰的人马,不像是刚从喧闹的狩猎场上歇息下来的样子,也不是狩猎之后满载而归、策马徐行的悠然自得的样子。或许他们正在寻找猎物,有几个人目光好像在登高望远,机警地做出狩猎前的预备。

应特别注意的是,狩猎群体中有两个女性骑马者,女骑手要保持或调节自己与马的平衡以及对马的控制、与坐骑的交流、对马反应能力的刺激等难度更大。这两尊女性骑马俑,不仅表现了女骑者的自信心,而且也显示了女骑者放松的神态。李白《幽州胡马客歌》:"妇女马上笑,颜如赪玉盘。翻飞射鸟兽,花月醉雕鞍。"[1]王建《宫词》:"新鹰初放兔犹肥,白日君王在内稀。薄暮千门临欲锁,红妆飞骑向前

---

[1] 李白《幽州胡马客歌》,《全唐诗》卷一六三,第1697页。

归。"[1] 韩偓《从猎》："猎犬谙斜路，宫嫔识认旗。马前双兔起，宣示羽林儿。""小镫狭鞭鞘，鞍轻妓细腰。有时齐走马，也学唱交交。"[2] 女性骑马狩猎在北朝就已经盛行，韩偓《北齐》："后主猎回初按乐，胡姬酒醒更新妆。"[3] 从考古发掘现场观察，一些骑马的女乐伎手弹箜篌、持拨琵琶、口吹觱篥、敲钹奏乐，与骑马狩猎俑摆放在一个壁龛里，似乎表现的是猎获凯旋的情景。有个朱唇微笑的双髻女俑的身后还横驮一只死鹿，这是后世狩猎图中没有描绘的情景。这些女性究竟是汉人女子或是唐诗中描述的"裹头蕃女"[4] 还难确定，唐文宗太和九年（835）五月辛酉"入朝回纥进太和公主所献马射女子七人，沙陀小儿二人"[5]。由此可见，当时专门进献的马射女子是回纥女性。杜甫《哀江头》："辇前才人带弓箭，白马嚼齿黄金勒。翻身向天仰射云，一箭正坠双飞翼。"当然宫苑里也有宫女内人用软弓学习射猎鸭鹅等水禽，王建《宫词》："射生宫女宿红妆，把得新弓各自张。"[6] 但她们只是为了陪同皇帝游玩，并不是真正狩猎。

王建《宫词》："粟金腰带象牙锥，散插红翎玉突枝。旋猎一边还引马，归来鸡兔绕鞍垂。"[7] 韦庄《观浙西府相畋游》："十里旌旗十万兵，等闲游猎出军城。紫袍日照金鹅斗，红旆风吹画虎狞。带箭彩禽云外落，避雕寒兔月中惊。归来一路笙歌满，更有仙娥载酒迎。"[8] 这种射禽逐兽大有收获后的凯旋，将野外宴会推向另一个欢聚高潮，众多随侍架火烤肉，大伙搬酒举杯，"欢呼拜舞自论功"，收获猎物不多时还要地方官员杀牛宰羊提供野宴所需。每次狩猎者收获都是很高兴的事，张祜诗云："残猎渭城东，萧萧西北风。雪花鹰背上，冰片马蹄中。臂挂捎荆兔，腰悬落箭鸿。归来逞余勇，儿子乱弯弓。"[9] 他把狩猎收获兴奋地记录在诗歌之中。

唐代狩猎之风影响极大，正统儒臣屡屡进谏并没有产生大的阻力或减弱这种娱

---

[1] 张籍《宫词》，《全唐诗》卷三八六，第4357页。
[2] 韩偓《从猎》，《全唐诗》卷六八〇，第7789页。
[3] 韩偓《北齐》，《全唐诗》卷六八二，第7821页。
[4] 花蕊夫人《宫词》："裹头蕃女帘前立，手把牙鞘竹弹弓。"《全唐诗》卷七九八，第8980页。
[5] 《册府元龟》卷九八〇《外臣部·通好》，又见《旧唐书》卷一七《文宗纪》，中华书局，1975年，第558页。
[6] 王建《宫词》，《全唐诗》卷三〇二，第3440页。
[7] 王建《宫词》，《全唐诗》卷三〇二，第3441页。
[8] 韦庄《观浙西府相畋游》，《全唐诗》卷六九七，第8019页。
[9] 张祜《猎》，《全唐诗》卷五一〇，第5797页。

猎活动，连诗人文士也经常以观猎为荣。李白《观猎》："太守耀清威，乘闲弄晚晖。江沙横猎骑，山火绕行围。箭逐云鸿落，鹰随月兔飞。不知白日暮，欢赏夜方归。"李白《秋猎孟诸夜归置酒单父东楼观妓》："骏发跨名驹，雕弓控鸣弦……邀遮相驰逐，遂出城东田。"王昌龄《观猎》："角鹰初下秋草稀，铁骢抛鞚去如飞。少年猎得平原兔，马后横捎意气归。"杨巨源《和裴舍人观田尚书出猎》："圣代司空比玉清，雄藩观猎见皇情。云禽已觉高无益，霜兔应知狡不成。飞鞚拥尘寒草尽，弯弓开月朔风生。"姚合《腊日猎》："健夫结束执旌旗，晓度长江自合围。野外狐狸搜得尽，天边鸿雁射来稀。苍鹰落日饥唯急，白马平川走似飞。蜡节畋游非为己，莫惊刺史夜深归。"张祜《颜郎中猎》："忽闻射猎出军城，人着戎衣马带缨。倒把角弓呈一箭，满川狐兔当头行。"杜牧《赠猎骑》："已落双雕血尚新，鸣鞭走马又翻身。凭君莫射南来雁，恐有家书寄远人。"张祜《观徐州李司空猎》："晓出郡城东，分围浅草中。红旗开向日，白马骤迎风。背手抽金镞，翻身控角弓。万人齐指处，一雁落寒空。"薛逢《观猎》："马缩寒毛鹰落膘，角弓初暖箭新调。平原踏尽无禽出，竟日翻身望碧霄。"韦庄《观猎》："苑墙东畔欲斜晖，傍苑穿花兔正肥。公子喜逢朝罢日，将军夸换战时衣。鹘翻锦翅云中落，犬带金铃草上飞。直待四郊高鸟尽，掉鞍齐向国门归。"特别是北方蕃地"看猎临胡帐，思乡见汉城"[1]，常常是胡汉飞骑相驰逐，臂鹰捧隼侍猎围，这是一个值得炫耀的场面。

那些能装备齐全副狩猎行头的贵族王公，是非常让人羡慕与钦佩的。《开元天宝遗事》卷下说："申王有高丽赤鹰，岐王有北山黄鹘，上甚爱之，每弋猎，必置之于驾前，帝目之为'决云儿'。"狩猎者骑着西域送来的骏马，带着中土百姓没有见过的猎豹，怀抱细长腰的波斯名犬，马背上配着中亚的圆毡毯，手擎的白锦毛胡鹰更为名贵，尤其是还跟随着高鼻深目的胡人"猎师"作为侍从，那是多么荣耀和显贵，引得文人雅士纷纷赞叹，撰赋写诗描述这种豪奢劲头。难怪张广达先生说唐代风靡一时的豹猎"可以断定是受到了西亚的影响"[2]。

驯化禽兽的胡人猎师，其来源一直不明。据《册府元龟》九七〇《外臣部·朝贡》记载，各国进贡的方物中，除了献良马外，还屡屡出现狮子、猎豹、名犬等。例如开元十年（722）"波斯国遣使献狮子"，"渤海献鹰"；开元十四年"安国

---

[1] 雍陶《送于中丞使北蕃》，《全唐诗》卷五一八，第5918页。
[2] 张广达《唐代的豹猎》，第36页。

遣使献豹雄雌各一"，"康国王遣使献豹及方物"；开元十五年"史国献胡旋女子及豹"。如此等等，不胜枚举。而从不记载凶禽猛兽这类助猎动物的调教驯护人员，这当然是一个很大的遗憾，但我们也认识到渤海、靺鞨等东北地区奉献鹰鹘，安、康、米、史等中亚粟特国家都进献猎豹名狗，而且天宝六载（747）波斯一次献豹四只、大食献豹六只。数量较多正反映了当时为满足皇家狩猎需要以及王公贵族的狩猎之风盛行。所以，笔者认为遣使朝贡的队伍里肯定应有助猎动物驯服者。不管是蕃人还是胡人，都熟悉犬豹鹰鹘等动物的习性，他们不仅善于饲养，而且嗅惯气味，否则因寒暑不适或处置不当会使笼中的动物羽脱爪坏、骨伤腿断，甚至在运输途中受惊死亡。

唐代皇宫禁中有五坊宫苑使，《唐会要》卷七八："五坊，谓雕、鹘、鹰、鹞、狗，共为五坊，宫苑旧以一使掌之。""开元十九年，金吾将军杨崇庆除五坊宫苑使。"[1] 其后朝廷重臣纷纷担任此职，争相为皇帝搜集行猎宠物以求受宠。大历十四年（779）五月诏："鹰、隼、豹、貀、猎犬，皆放之。"当时为了豢养这些狩猎动物，专门设有"五坊户"。尽管我们不知五坊户中是否有入籍的胡人，但训练狩猎禽兽要达到"下擢狐兔腾苍茫，爪毛吻血百鸟逝"[2]，大概少不了要有饲养专长和调教经验的胡人，如来自昭武九姓胡的安珍曾任内五坊使押衙。正像高适《营州歌》："营州少年爱原野，狐裘蒙茸猎城下。虏酒千钟不醉人，胡儿十岁能骑马。"[3] 李益《胡儿歌》："六州胡儿六蕃语，十岁骑羊逐沙鼠。沙头牧马孤雁飞，汉军游骑貂锦衣。"[4] 令狐楚《少年行》："少小边州惯放狂，骣骑蕃马射黄羊。"[5] 刘商《胡笳十八拍》："髯胡少年能走马，弯弓射飞无远近。"[6] 胡人从小耳濡目染，崇尚武艺，受到追逐动物的捕猎训练，这是毋庸质疑的。

我们知道，从秦汉以来，中国人就已经掌握了捕捉和训练凶禽猛兽的技艺，雏鹰幼兽从小就开始被进行圈养驯服[7]，但是比起草原上的游牧民族还是相差较远，

---

[1]《唐会要》卷七八"五坊宫苑使"，上海古籍出版社，1991年，第1682页。
[2] 柳宗元《笼鹰词》，《全唐诗》卷三五三，第3956页。
[3] 高适《营州歌》，《全唐诗》卷二一四，第2242页。
[4] 李益《胡儿歌》，《全唐诗》卷二八二，第3211页。
[5] 令狐楚《少年行》，《全唐诗》卷二四，第325页。
[6] 刘商《胡笳十八拍》，《全唐诗》卷三〇三，第3452页。
[7] 笔者2004年在黑龙江考察民族文物时，海东青的饲养传人介绍，驯鹰技术往往是祖传世家的秘技，鹰鹘对猎物的征服欲望需要一定适应时间，所以驯鹰把式也有一个低空飞行抓获猎物的耐心过程，平日放鹰时不能喂得过饱或过少，一个驯鹰人一生驯鹰一般不会超过五六十只。只有依靠游牧狩猎民族才熟悉擅长这些驯鹰技术。

31　　　　　　　　　　　32　　　　　　　　　　　　　　　33

图31　胡人首领狩猎俑，1998年佳士得拍卖图录刊出

图32　胡人抱犬狩猎俑，1998年佳士得拍卖图录刊出

图33　携带猎豹狩猎俑，1998年佳士得拍卖图录刊出

来自东北供鹰的渤海人和驯服禽兽的西域胡人显然更有经验，野生动物调教需要长年累月人畜之间的信赖，依靠外来的行家里手是北魏隋唐以来北方地区王公贵族狩猎的普遍做法。况且助猎猛兽凶禽绝大多数不是出自唐朝本土，而是来自遥远的边荒绝域，其他游牧民族显然比中土汉人有着更高一筹的训练苍鹰、猎犬的技艺，至少扑空率低、成功率高。所以孙机先生指出："我国在狩猎中使用猎豹和猞猁的做法大约曾受到西方的影响，懿德墓壁画之牵豹人与金乡县主墓狩猎俑中都有深目高鼻的胡人，可以作为旁证。"[1]

三

在1998年9月美国纽约佳士得拍卖会上，预展的唐代狩猎俑令人吃惊，被西方人认为是伟大的自然主义的杰作，它不仅造型生动，而且彩绘鲜艳，颇有王维《出塞》的意境，"居延城外猎天骄，白草连山野火烧。暮云空碛时驱马，秋日平原好射雕"。据说，其来源于20世纪90年代陕西省西安市长安区的盗掘物，属于偷运出境流失海外的彩绘陶俑。[2]

---

[1] 孙机先生认为"不晚于公元前2世纪上半叶，我国确已驯养猎豹"。见《孙机谈文物》"猎豹"，东大图书公司，2005年，第45页。

[2] 佳士得公布的拍卖价为35万—45万美元。遗憾的是，中国有关文物部门没有依据国际惯例提出追索的要求。

34

这是一群或者称为一组的骑马狩猎俑,共有8骑,其中有4骑胡人形象。[1]

1. 胡人首领狩猎俑(见图31)。为首的胡人身穿浅黄色翻领胡服长袍,腰系蹀躞带,足蹬斜边长靴,额头上系有黑布带束勒头发,颇像岑参《胡歌》里描写的"黑姓蕃王貂鼠裘,葡萄宫锦醉缠头"。他一手牵缰绳,另一手举至头上,似乎招呼狩猎同伴一起出发,淋漓尽致地表现了狩猎者首领的形象。他骑的马臀上蹲立着的一只长条虎纹小猎豹,很像是西亚经常使用的雪豹,可专门用来轰撵隐身在林薮中受惊吓的小禽兽,或是扒掘獾窝、豪猪窝。

2. 胡人抱犬狩猎俑(见图32)。两个胡人抱犬者,都是满脸须髯,均头戴唐朝黑色幞头,各自抱有一个细腰长条波斯犬,一个胡人浓眉深目直视前方,一个胡人脸部下倾微低,仿佛正等待一声令下即刻出发。其所抱波斯犬非常善于猎取麝鹿类小动物,是西域各国向中国皇帝进献的传统贡品。

3. 携带猎豹狩猎俑(见图33)。两个汉人相貌的"黄衣小儿"的坐骑背上均坐卧着一只小猎豹,但这两只小猎豹是圆斑点豹,与胡人为首者坐骑上的黑色虎纹"雪豹"似乎不同。

4. 带弓韬狩猎俑(见图34)。左边两个人腰挎藏弓的虎纹弓韬,可是没见箭袋。薛逢《猎骑》:"兵印长封入卫稀,碧空云尽早霜微。浐川桑落雕初下,渭曲禾

图34 带弓韬狩猎俑,1998佳士得拍卖图录刊出

---

[1] "Fine Chinese Ceramics and Works of Art", Christie's New York, 1998, p.315.

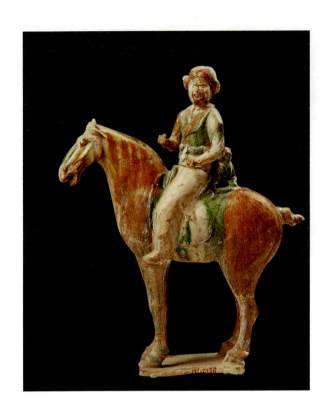

图35 胡人携豹俑,乾陵章怀太子墓出土

收兔正肥。陌上管弦清似语,草头弓马疾如飞。岂知万里黄云戍,血迸金疮卧铁衣。"[1]

值得注意的是,雕塑工匠可能有意识塑造了4匹白马和4匹棕红色骏马,7匹马剪鬃,只有1匹为披鬃,确实是独具匠心,不放过任何一个细节的表现。这8个狩猎俑不仅腰系蹀躞带,而且还有人戴着防冻耳套,与他们身着长袍也相匹配,说明他们是在深秋或初冬进行狩猎的,"日隐寒山猎未归,鸣弦落羽雪霏霏"(刘商《观猎》),与金乡县主墓出土的狩猎俑身着单衣甚至赤裸上身有所不同。唐广德二年(764)诏令"禁王公百官家及百姓,着皂衫及压耳帽子,异诸军官健也"[2]。这大概是安史之乱后的新禁令,以区别官军服饰。

令人疑惑的是,这组狩猎俑中没有架鹰擎隼的人物造型,或是因盗窃者没有全部卖出,或是墓室中原来就没有驯养苍鹰陶俑,而按照一般布局不应该缺少,因为狩猎时不会不带鹰隼。崔颢《雁门胡人歌》:"解放胡鹰逐塞鸟,能将代马猎秋田。"[3] 有名的猎手出猎时甚至双臂各擎举一只雕鹰。猎师所调教训练的鹰隼"纵令啄解丝绦结,未得人呼不敢飞"[4]。

---

[1] 薛逢《猎骑》,《全唐诗》卷五四八,第6326页。
[2] 《唐会要》卷七二"军杂录",上海古籍出版社,1991年,第1540页。
[3] 崔颢《雁门胡人歌》,《全唐诗》卷一三〇,第1326页。
[4] 章孝标《饥鹰词》,《全唐诗》卷五〇六,第5752页。章孝标另一首《鹰》:"穿云自怪身如电,煞兔谁知吻胜刀。可惜忍饥寒日暮,向人爪断碧丝绦",对鹰的调教描述得非常有趣。

近年山西太原隋代虞弘墓出土石椁浮雕"射猎图"[1]和陕西西安北周安伽墓出土的石榻浮雕"狩猎图"[2]，都描绘了人兽之间或兽兽之间激烈厮杀的场面，写实而传神的狩猎形象与西亚、中亚的射猎传说故事或许有关。然而，唐代雕塑表现的狩猎场景可能不同，唐代狩猎俑与西亚波斯银盘上表现的马驰弓绷欲射或是持枪奋力刺杀的形象不一样，不是

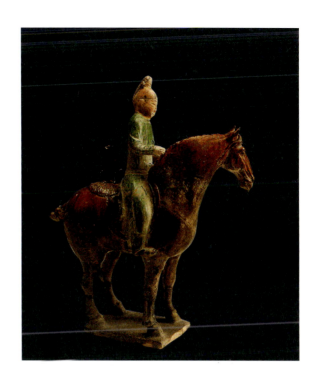

图 36 唐三彩骑马带犬狩猎俑，乾县永泰公主墓出土

与狮虎等动物拼杀搏斗，也不是追逐仓皇逃窜的猎物，更不是狩猎者狂奔飞驰、似光如电的速度。唐代陶俑凸显的是出门狩猎前静态或是狩猎后收获的情景，很少有持戈搏兽、徒手捕兽造型，似乎不愿表示血淋淋的搏斗屠杀场面，而是一种单纯享受作乐的活动。这可能就是雕塑与壁画的差别吧。

也许是雕塑的局限，狩猎陶俑出行场面中没有牵驼拉马的形象配合，一般来说，狩猎队伍应该携带穹庐、炊具等物品。狩猎后"玉马欣然返，明驼载以归"，乾陵章怀太子李贤墓壁画《狩猎出行图》中就有携带物品的骆驼跟着狩猎者一起奔跑的场景，一只骆驼背驮物品，一只携带帐篷。所以笔者怀疑在墓葬出土现场，考古人员忽视了狩猎陶俑的队伍摆放搭配，而把这些陶俑分开割裂，只留下单个狩猎俑，其他牵驼拉马者被认为与狩猎无关，甚至作为丝绸之路的商人牵驼俑，这很可能是一场误判。

---

[1]《太原隋虞弘墓》图版 30 椁壁浮雕第 3 幅，图版 33 椁壁浮雕第 4 幅，图版 43、44，图版 47 椁壁浮雕第 6 幅局部，图版 78、79、80、88、90 等等，都表现了胡人狩猎场景。文物出版社，2005 年。

[2]《西安北周安伽墓》（文物出版社，2003 年）图版 30 左侧屏风第 2 幅"狩猎图"，图版 49 正面屏风第 2 幅"射狮图"，图版 50 正面屏风第 2 幅"刺野猪图"，图版 67 右侧屏风第 1 幅"狩猎图"，均为胡人和突厥人狩猎追逐的情景。

四

王维《观猎》"风劲角弓鸣,将军猎渭城。草枯鹰眼疾,雪尽马蹄轻"作为千古名句被千年传诵,实际上唐代诗人描写狩猎过程诸如放鹰猎兔的诗歌还很多。例如白居易《放鹰》:

十月鹰出笼,草枯雉兔肥。下韝随指顾,百掷无一遗。鹰翅疾如风,鹰爪利如锥。本为鸟所设,今为人所资。孰能使之然,有术甚易知。取其向背性,制在饥饱时。不可使长饱,不可使长饥。饥则力不足,饱则背人飞。乘饥纵搏击,未饱须縶维。所以爪翅功,而人坐收之。圣明驭英雄,其术亦如斯。鄙语不可弃,吾闻诸猎师。[1]

"韝"指驯鹰放鹰者所戴的臂套。"縶"指用绳索拴住禽兽爪足。所以猎鹰腿爪装有皮、丝做的脚带,猎豹则佩戴有金属、皮革做的项圈。特别是作者讲的"鄙语不可弃,吾闻诸猎师"。这种"鄙语"指的是狩猎时的粗话、行话,源于对北方游猎民族的蔑称;而这个"猎师"可能就是专业猎户或驯猎者。贯休《村行遇猎》:"猎师纷纷走榛莽,女亦相随把弓矢。南北东西尽杀心,断烧残云在围里。鹘拂荒田兔成血,竿打黄茅雉惊起。"[2]说明"猎师"这一称呼比较普遍。猎豹、猎犬、猎鹰等兽性突发不听指挥,会使猎师在主人面前脸上无光,所以需要具有调教捕捉技艺的行家里手,其中自然有不少胡人。

李白《行行游且猎篇》:

边城儿,生年不读一字书,但知游猎夸轻趫。胡马秋肥宜白草,骑来蹋影何矜骄。金鞭拂云挥鸣鞘,半酣呼鹰出远郊。弓弯满月不虚发,双鸧迸落连飞髇。海边观者皆辟易,猛气英风振沙碛。儒生不及游侠人,白首下帷复何益。[3]

---

[1] 白居易《放鹰》,《全唐诗》卷四二四,第4665页。
[2] 贯休《村行遇猎》,《全唐诗》卷八二六,第9309页。
[3] 李白《行行游且猎篇》,《全唐诗》卷二五,第333页。

刘禹锡《连州腊日观莫徭猎西山》：

> 海天杀气薄，蛮军步伍罢。林红叶尽变，原黑草初烧。围合繁钲息，禽兴大旆摇。张罗依道口，嗾犬上山腰。猜鹰慮奋迅，惊鹿时踶跳。瘴云四面起，腊雪半空消。箭头涂鹄血，鞍旁见雉翘。日暮还城邑，金笳发丽谯。[1]

韩愈在徐州辅佐从猎时所作《雉带箭》：

> 原头火烧静兀兀，野雉畏鹰出复没。将军欲以巧伏人，盘马弯弓惜不发。地形渐窄观者多，雉惊弓满劲箭加。冲人决起百余尺，红翎白镞相倾斜。将军仰笑军吏贺，五色离披马前堕。[2]

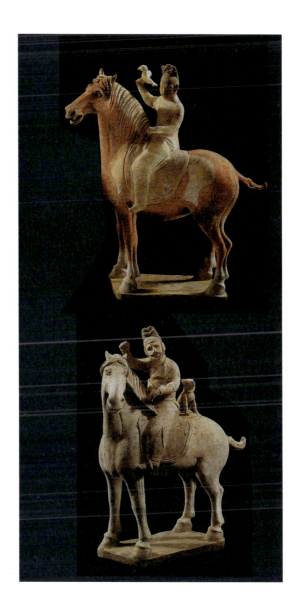

图37 手举猎鹰俑，陕西乾陵陪葬墓出土

图38 唐狩猎彩绘俑，陕西西安出土，《东方艺术》2004年10月号刊出

当时文人经常参加狩猎活动，他们将逐兔呼鹰的狩猎看作青春豪迈、自由奔放的象征，看作是不怕死的气质。骏马轻貂，雕弓短剑，秋风落日，驰骋平冈，既可以挥鞭意气，又可以目无坚壁，奔涌血脉，舒展筋骨，逐渐内化出一种生活态度，

---

[1] 刘禹锡《连州腊日观莫徭猎西山》，《全唐诗》卷三五四，第3972页。
[2] 韩愈《雉带箭》，《全唐诗》卷三三八，第3786页。

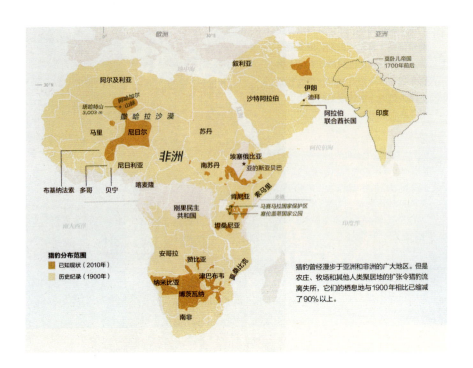

图39 世界猎豹分布图

一种精神风范。章孝标《少年行》:"平明小猎出中军,异国名香满袖熏。画槛倒悬鹦鹉嘴,花衫对舞凤凰文。手抬白马嘶春雪,臂捩青鹘入暮云。落日胡姬楼上饮,风吹箫管满楼闻。"[1]没有亲自参加过狩猎是不会写出如此生动的诗句的。如果众人狩猎时在助猎鹰鹘犬豹身上押注豪赌,就会在刺激之外更增加新的刺激。

胡人是主人的骁悍爪牙,狩猎时既要会侦察猎物踪迹,使用猎网、猎夹驱赶套陷动物,又要防止主人猝然发生意外,起到保护侍卫作用。当然,参加狩猎的胡人不全是随从。例如大历时诗人卢纶描写冬天浑瑊狩猎合围时,"前林有兽未识名,将军促骑无人声。潜形跧伏草不动,双雕旋转群鸦鸣"。特别是将军的部曲"娑勒"舍鞍解甲生擒豹子的故事非常有名[2],其中说道"阴方质子才三十,译语受词蕃语揖",可见除了娑勒为其他民族外,还有言语不通需要翻译的异国质子。还有一些跟随打猎的人是"败虏降羌",即战争中的俘虏,他们作为降服的奴仆部曲为主人效劳。

唐代狩猎往往采取追逐射猎、挖坑设陷、张网捕猎、焚烧搜猎等法,但主要还是采取围猎方式,而且不局限于禁苑之中。龙朔元年,唐高宗李治狩猎于陆浑县,在山

---

[1] 章孝标《少年行》,《全唐诗》卷五〇六,第5756页。
[2] 卢纶《腊月观咸宁王部曲娑勒擒豹歌》,《全唐诗》卷二七七,第3150页。傅璇琮认为"诗中所写擒虎壮士娑勒,当是浑瑊的部将白娑勒",见《唐代诗人丛考》,中华书局,1980年,第507页。

南布围，由于大顺府果毅王万兴没听统一指挥擅自促围，惊跑了猎物，面临治罪斩杀，被高宗特赦放免，并作《冬狩诗》记录。围猎规模经常很大，"六飞驰骋，万骑腾跃"，不仅因地设有数次围猎，而且需要"五日而合"的"长围"，为防止"断围"还派人"监围"。仅从史书记载来看，唐两京畿辅周边均是狩猎之地，长安周围的骊山、雍城、麟游、陈仓都曾是围猎之地，东都洛阳周边也是狩猎之地。所以唐代不像清代那样仅在木兰围场内狩猎，或是专门饲养禽兽供王公贵族打猎。围猎时为了表示君王的仁慈之心，往往在畋猎最后关头"开一面之罗，展三驱之礼"，"禽止三驱"，对那些幼小老弱或怀孕飞禽走兽不逮不射。在长安禁苑中还会"禁止多杀"。

唐代贵族百官狩猎完之后继续赏赐筵宴，但是否携带家眷，结伴游玩，史无明载。清代有些满洲贵族在京郊狩猎时喜爱携带家眷及戏班，狩猎后扎立帐篷，饮酒弹唱，全家聚餐，享受猎物。唐代骑马伎乐俑表现的有可能也是随主人狩猎凯旋进行演奏的乐人，金乡县主墓中那些骑马女伎人表现的阵势即是如此，以前仅仅把她们列为出行伎乐俑，可能理解过于狭隘。

当然冬狩围猎是很辛苦的，既要面对山冈悬崖仔细搜索，又要蹑手蹑脚潜行追踪，夜间朔风，不许出声；天降微雪，不能躲避；围猎士兵挨饿受冻，驱禽赶兽，遇到主子怜悯时才能放散，等待主人打到猎物时才能赏物。有时遭遇流矢乱射，有时碰到困兽穷搏，为了主人的喜好，不知有多少围兵要付出代价。早在北朝时期地方官府甚至将狩猎列入夫役杂徭之中，东魏冀州刺史尉景"发夫猎，死者三百人"[1]，可见发夫役出猎致死者很多，危险性极大。西魏河北郡（今山西平陆）郡守裴侠放免长期供官府役使的猎夫30名[2]，说明地方官府将狩猎作为夫役征发，类似唐代的杂徭了。

由于帝王纵猎冲散兽群，分别擒获，所以往往践踏庄稼，蹂躏农户，劳费民役修道供食，又极具冒险性、危险性，所以臣僚经常谏言罢猎。蕃将执失思力就进谏太宗"为四海父母"，万一坐骑颠簸闪失，得不偿失，太宗对蕃将说这样的话感到惊异，执意继续狩猎逐鹿，执失思力脱下头上巾带阻挡马前，才阻止了太宗打猎[3]，从而作为大事记录于史书。元和五年（810）十一月，宪宗"频出游畋"，吏

---

[1]《北齐书》卷一五《尉景传》，中华书局，1972年，第194页。
[2]《周书》卷三五《裴侠传》，中华书局，1971年，第619页。
[3]《新唐书》卷一一〇《执失思力传》，中华书局，1975年，第4116页。

部郎中柳公绰献《医箴》讽谏"畋游恣乐,流情荡志。驰骋劳形,叱咤伤气。惟天之重,从禽为累。不养其外,前修所忌"[1]。但这一时期的狩猎估计也就是在禁苑内外跑跑走走而已,晨去暮归,不像唐前期那么阔大不羁,国力减弱又兵师减少,不再有宏大的禁军陪侍围猎。长庆四年三月赦文:"鹰犬之流,本备蒐狩,委所司量留多少,其余并解放。仍勒州府更不得进来。"[2]此后逐渐取消了各地进贡苍鹰猎犬的惯例,野外狩猎日益减少。

但是唐后期,皇家饲养狩猎的飞禽已成为一项社会弊政。元和三年七月"朱超晏、王志忠皆品官,放纵鹰隼入长安富人家,旋旨其居,广有求取"。宦官借为皇帝收取"贡鹫""贡鹞"骚扰各地,"贞元末,五坊小儿张捕鸟雀罗于闾里者,皆为暴横,以取人钱物。至有张罗网于门,不许人出入者;或有张井上,使不得汲者"[3]。这些五坊使官借口不许惊吓皇家供奉鸟雀,在乡间田地、城镇酒肆到处欺殴百姓,索赔钱物,成为勒索民间的一大弊害。因此,唐廷臣僚一直言辞激烈地批评朝廷狩猎,痛斥饲养猎狗、猎豹、猞猁、鹰鹞等,他们曾屡屡指责狩猎的血腥场面,斥责这种特殊的娱乐消遣方式。连佛寺僧尼《上皇劝善断肉文》中也讲述戒杀功德、反对狩猎:"禀性虽千种,含灵物一般。从头皆觅悟,那个不求安。兔走缘防箭,禽飞怕弹丸。那堪鹰犬逐,更被网罗缦。"

唐代的狩猎之风无疑达到了高峰,继承了北魏以来胡人参与狩猎的传统[4],其中西域胡人又带来新的助猎方式。戎昱《塞上曲》:"胡风略地烧连山,碎叶孤城未下关。山头烽子声声叫,知是将军夜猎还。"[5]此后其他游牧民族建立的政权,都继承了这一遗风,辽、金、元、清都是如此。宋代苏轼还写有《江城子·密州出猎》描画了"老夫聊发少年狂。左牵黄,右擎苍。锦帽貂裘,千骑卷平冈"的狩猎场面。清朝经康熙皇帝的提倡,通过狩猎演练军队,定"秋狝"之制,即每年秋天打猎的制度,在木兰围场狩猎遂成定制。而入关后的行围出猎的军事演练和体育锻炼的双重意义显而易见。明清时期通过西域陆路自伊斯兰国家来的使节或商人的入

---

[1]《唐会要》卷二八"蒐狩",第617页。
[2]《唐会要》卷二八"蒐狩",第618页。
[3]《唐会要》卷七八"五坊宫苑使",第1682页。
[4]《魏书·安同传》附子原记载辽东胡人安原"太宗时为猎郎,出监云中军事"。北魏前期专门设有"猎郎"一职,选拔颇为严格,但猎郎多为鲜卑人。
[5] 戎昱《塞上曲》,《全唐诗》卷二七〇,第3023页。

境贡品中仍少不了狮子、猎豹、猞猁狲等助猎动物，而从中国带走的则有赏赐给他们的海东青等鹰隼。[1]

总之，狩猎享乐是古代上层贵族酷爱的风尚与爱好，其中的动物土贡经济与消除兽害因素另当别论[2]，并不是主流导向且极为有限。狩猎是一种杀戮刺激活动，满足的是一种消遣奢侈热情。正因如此，唐代狩猎活动才对艺术家有着强烈的吸引力，而那些雕塑工匠又善于从现实生活中汲取艺术灵感，他们表现贵族打猎主题，即使不见主人，也能用凶猛迅疾的细狗、矫健敏捷的猎豹、蹿跳入云的猞猁、冲天欲飞的鹰隼直接传达狩猎气势非凡的排场，而在塑造的各色胡人狩猎俑以剽悍的侍从的骑马姿态中，也可见胡人猎师的形象，展现出来的都是狩猎者惊心动魄的狩猎方式和贵族的狂热激动，再次为唐代崇尚胡风提供了一个有力的旁证和有趣的默证。

---

[1] 1419年《沙哈鲁遣使中国记》记载了明代皇帝放猎鹰追捕鹤之事，其中谈到皇家的驯鹰人，也涉及赏赐外国使者中国鹰的记载。作者还指出"商人们从中国进口鹰"。见《丝绸之路——中国波斯文化交流史》，第68—69、99—100页。

[2] 黎虎《北魏前期的狩猎经济》，《历史研究》1992年第1期。乜小红《略论唐代统治者的畋猎》，《武汉大学学报》2009年第3期。但对狩猎护田有效控制野猪、野兔等动物数量，防止其泛滥成灾很少叙述。

THE REALISTIC FEATURE OF BULLOCK-CART AND HU DRIVER FIGURINES FROM NORTHERN DYNASTY TO TANG DYNASTY

7

北朝隋唐引牛驾车胡俑写实现象

北朝隋唐引牛驾车胡俑写实现象

驾车出行是周秦汉唐以来中国美术的传统主题和常见的表现题材，但是北魏定都平城之后的墓葬中逐渐开始讲究表现墓主生前的奢华生活场面，陪葬陶俑和墓葬壁画愈来愈流行一种新的追慕内容，这就是驾车引缰之人往往要突出胡人的形象。我们一般常见的是牛车等候主人出门上车的情景：高轮车前站立着两个牵牛拉缰的奴仆，常常有一个甚至两个都是胡人容貌的侍立形象。本文拟对这一艺术写实现象进行初步探索。

一

北魏定都平城后，一方面模仿中原的长安、洛阳、邺城的规划建制，另一方面将大批百工伎巧从各地迁至都城，"舆辇衣冠，甚多迁怪"，"所造车服，多参胡制"[1]，因而被南朝人士看作"胡风国俗，杂相糅乱"[2]。在北魏墓葬习俗中，鲜卑人既采用中国传统典章制度形式的"古制""古式"，又部分保存了"烧葬""歌谣""鼓舞""杀牲"等固有的"胡俗"（东胡）。但这类"胡俗"也吸收了来自河西风物和西域文化的因子，凉州僧人与西域胡僧带来了新宗教的艺术，例如佛教美术、雕刻装饰等，并能够运用到世俗墓葬中去。

随着北魏太武帝太延年间控制了西北地区后，西域各国开始通过朝贡、贸易等形式与北魏密切来往，《魏书·世祖纪》记载太延元年（435）蠕蠕、焉耆、车

---

[1]《隋书》卷一二《礼仪志》七，中华书局，1973年，第254页。
[2]《南齐书》卷五七《魏虏传》，中华书局，1972年，第990页。

图1 牛车及牵车胡人陶俑,大英博物馆藏

师、鄯善、粟特诸国各遣使朝献,太延五年"是岁,鄯善、龟兹、疏勒、焉耆、高丽、粟特、渴盘陀、破洛那、悉居半等国并遣使朝贡"[1]。西域诸国派遣使者来到平城,带动了商人陆续沿着西北古道经河套抵达北魏境内,北魏也派出20多批使者远赴西域。平城成了各民族文化融合的舞台,从而使北魏平城时期的宗教、艺术、音乐、雕塑、绘画、饮食、服饰等多方面受到了西域文化的影响,大同北魏墓群中出土的具有西亚风格的金银器和玻璃器等随葬品就是东西文化交流的见证。墓葬中屡屡出土的胡人俑尤其引人注目[2],表明当时平城地区外来的胡人已经融入了当地生活。

北魏迁都洛阳后,原先平城时期墓葬画像中具有汉魏传统的车马出行、庖厨宴饮、骑马狩猎等题材逐渐减少,但是人物开始从平面转向立体,即平面的壁画被立体的陶俑所替代。汉魏时期墓壁上的车马出行图,渐渐改为墓室或壁龛里的陶塑牛车、鞍马对称的场面。牛车两侧有奴仆侍立,发展到北朝时已是固定模式,而侍立在牛车两侧的奴仆常常有一位是胡人形象。

从大英博物馆陈列的1925年入藏品胡人牵牛车俑来看,这件文物为深褐色釉,出土地点被标为北中国(North China),时间写作六朝(Six Dynasties, 6th

---

[1]《魏书》卷四上《世祖纪上》,中华书局,1974年,第84—90页。
[2] 刘俊喜主编《大同雁北师院北魏墓群》第六章《乐舞杂技》,彩版86—88,文物出版社,2008年,第169页。

century AD），高 42 厘米，长 54.5 厘米。[1] 其造型是两个胡人静立在牛车两侧，均着胡服，翻领窄袖，圆额丰颐，面目开朗，满脸髭须；一个环眼大睁，似乎扬手举鞭；一个浓眉圆眼，握手牵缰，形象各不相同。雕塑者采用了"以形写神"的艺术传统，注重表现胡人的神态，但同时又很注意生活细节，在牛身下还放有一个壶或罐。

我们观察到，胡人奴仆的造型是鬓发剪齐覆前额，双耳似蒲扇，眼睛直视前方，身体直立，是恭恭敬敬等候主人登车的形象。当时匈奴、乌丸等东胡常常髡头以为轻便，"人皆剪发而留其顶上，以为首饰，长过数寸则截短之"[2]。外来的西胡也是剪发，但是北朝政权也曾流行过辫发习俗，谓之"索头"。发型在北魏孝文帝革新鲜卑旧俗后一直反复变化，被人们认为是守旧势力与汉化运动之间的斗争标志之一。雕塑工匠有意将胡人奴仆刻画成齐发覆额的形象，而不是戴流行于世的鲜卑帽，就是要通过两人发髻造型的反差表现民族的不同。

这类胡人上身着圆领小襦袄子，下身穿裳，内有合袴，脚着短靴。当时胡人入华后多穿拓跋鲜卑民族服装，上衣下裤，与文献记载男性"裤褶"女性"裙襦"相同，具有北方游牧民族的特色。值得注意的是，胡人贱者虽可以穿皮衣御寒，但一般是不许戴皮帽的，即使在胡族内部也是等级分明，可戴白毡帽，不许戴貂皮锦绫等贵族帽冠。

胡人通常有"髯胡""髭胡"，虽是一副恭谨谦卑的样子，但更多的是脸上透出憨态。这与一般从骑侍卫昂首挺胸的紧张面容不同，也与奴婢低首趋步的小心拘谨形象不同。胡人这种传移摹写反映了当时雕塑工匠对他们的认识，符合"丑胡""愁胡""悲胡"的身份与地位。

胡人奴仆侍立牛车侧旁，不是以前的驾车驭手跪坐形式，更不是骑乘者，而是虚位以待，说明是在为主人出行做准备。雕塑工匠有意制造一个胡人、一个汉人分站侍两侧，大概是为了表示"胡汉比肩"——胡汉奴仆皆用，这是当时普遍情况的一个真实写照，是用胡人烘托出主人的气势。与此相似的是，在大同云冈石窟第六窟中心塔四周上佛龛周围有许多供养天和护法神，其中两两并肩的人物中，必有一

---

[1] 笔者注意到大英博物馆文物展示标签写作 Model of a bullock cart in ceramic with dark brown glaze，出版图书写作 Earthenware model of a cart with bullock and human figures，见 J.Rawson ed., *The British Museum book of chi*, The British Museum Press, 1992。
[2]《北史》卷九八《匈奴宇文莫槐传》，中华书局，1974 年，第 3267 页。

图 2　牛车出行壁画，陕西礼泉唐阿史那忠墓出土

个高鼻深目、须发卷曲的胡人，另一个则是地道的中原人形象，这种雕塑模式固然反映了佛法传播过程中胡僧西来的真实，但也反映了平城胡汉民族杂处聚居的实际踪迹。

我们认为雕塑工匠只是截取了王公贵族出行的一个场景片段，选择日常生活细节来铺叙，交代表现墓主人的背景。在"胡角横吹"的动态中，有着侍立胡俑的静态，动静对比的意境，从侧面看，只见胡奴或只见汉奴，并立不避；从后面看，牛车正敞开车门，等待主人登车。一般来说，男主人骑马，讲究马鞍装饰齐备；女主人坐车，追求牛车华丽舒适，形成出行以牛车和以鞍马为中心的左右对称场景。但实际上，鲜卑一些贵族高官也学习汉族豪贵门阀坐车，以显示出行的排场和仪仗的威风。

南朝人记载北魏的出行场面："其车服，有大小辇，皆五层，下施四轮，三二百人牵之，四施缅索，备倾倒。轺车建龙旗，尚黑。妃后则施杂彩幰，无幢络。太后出，则妇女着铠骑马近辇左右。虏主及后妃常行，乘银镂羊车，不施帷幔，皆偏坐垂脚辕中。"[1] 但是"所造车服，多参胡制"，说明引用汉晋舆服制度时仍保留着北方民族的胡制。

《旧唐书·舆服志》记载："魏晋以降，迄于隋代，朝士又驾牛车，历代经史，具有其事。"当时北方混乱，马匹减少，牛车代替马车成为一种交通工具。同时，贵族官僚由乘马车转为喜乘牛车，也与牛车较慢较安稳有关，牛车车身外部高大严密、长檐遮阳，内部可障帷设几、任意坐卧。牛车分为"通幰牛车"（从车顶到车

---

[1]《南齐书》卷五七《魏虏传》，第 985—986 页。

图3 牛车出行壁画，陕西礼泉唐李震墓出土

前后用大幔遮住）、"偏幰牛车"（大幔只遮车前半部）、"罩檐牛车"以及"敞篷牛车"等等，以显示等级地位。[1]墓葬壁画、雕塑中模仿真实牛车的比比皆是。[2]北魏到北齐还制定有专门的五辂车制，隋唐沿袭了这种制度并更加完备。尽管北魏之后文武骑马之风兴盛，甚至宫内嫔妃也多骑马，然而乘车作为一种"摆谱""排场"的手段还是被沿用着，因此牛车装饰尊贵与胡人奴仆地位低下是相辅相成的，就是为了"辨名品、表贵贱、彰尊卑"。

二

驾车出游是文人善于描写的汉魏古题，曹植《门有万里客》、陆机《门有车马客行》等五言诗都是当时的名作，有的借途中见到婚娶丧葬场景来抒发人生的感慨，有的借自己与门客对话寄托四处迁徙的悲感，还有的借驱车出行渲染乘车人的气宇轩昂。

郑岩教授曾指出，从汉代以来，胡人形象就常常出现在中原的艺术中，其中一类便是侍从门吏。与其将这些画面解释为对当时民族融合状况的记录，倒不如解释

---

[1] 拙著《中国古代等级社会》第三章《等级与车轿》，陕西人民出版社，1992年，第95—97页。
[2] 北齐娄睿墓、徐显秀墓的壁画以及隋唐墓中的陶俑、三彩俑均为常见表现题材。

◀ 图4 唐三彩牛车胡汉驾驭者俑，日本东京国立博物馆藏

▶ 图5 唐三彩胡人驾牛车俑，美国费城博物馆藏

为自古中原普遍流行的以外族异类来抬高自己身份的文化和血统的优越感。[1]

据笔者观察，汉代人注重地上、地下的陵墓建筑，但墓内陪葬俑制作或是艺术造型还比较朴拙粗糙。几个世纪后，北魏后期才开始注重陪葬俑本身制作质量的提高，这时的胡人形象就远比汉代（尤其是东汉）胡俑精良得多了。这不仅说明墓葬俑作坊已大大发展，而且证明胡人进入中国后在社会上已经引人注目了。雕塑工匠在艺术创作时，他们考虑到墓主生前驾车出行由奴仆侍候，就是为了显示自己是鼎食之家或豪贵高门，至少是大户人家。车辆代步，牛驾稳妥，说明此土富足，可安人生。

北朝之际，战乱频繁，朝代更替，生死无常，促进了人们在墓葬中"事死如事生，事亡如事存"的追求，无论是朝廷赏赐的"葬器"，还是作坊生产的"葬具"，或是墓主人生前提出的"葬仪"，都希望在死后的虚拟世界里继续有着理想的生活与想象的奢华。[2] 因而整个墓室里洋溢着浓郁的具象化生活气息，特别要突出墓主人生前生活的显赫场面，在出行仪仗俑群中，先行的"鞍马游骑"在前，跟随的"犍牛香车"在后，它们往往和门卫仪仗、军乐演奏组成一个前后呼应的盛大场面。

---

[1] 郑岩《汉代艺术中的胡人图像》，《艺术史研究》第1辑，中山大学出版社，1999年，第146—147页。最近作者《逝者的面具——再论康业墓石棺床画像》再次申述了此观点，见《中国古代墓葬美术研究国际学术讨论会》论文集，2009年。

[2] 与西方多有为生者塑像的传统不同，中国自古以来默守一种不成文的习惯：不为生者塑形立像（除非具有浓重政治色彩的情形）。所以墓葬中的雕塑多为追忆作品，对现世乐生的追求反映在执着于重死传统上，而异域胡人形象丑陋"人不生敬"，烘托出墓主人生前的身份与地位。

有些俑尽管制作得朴拙粗糙，形态憨厚，甚至失之简单，但为了衬托墓主高贵的仪态和身份，舍弃了传统的汉人面孔，选择外来的胡人形象，体现了墓主本人的意愿。工匠们的创作自然要以丧家的需求为根本，在丧家的允许下，胡人奴仆造型不时摆放于墓葬之中。

唐代将胡人奴仆侍立牛车旁边这一场景继续发展铺陈，细致地突出了墓主人的心理，出门官场应酬，驾车宦游寻访，亲友告别分手，春游登览徘徊等，都需要安稳坐车享受舒服，不像骑马那样颠簸，更重要的是要显示自己的门第等级，摆足贵族的威风，因此坐牛车多了一分构思的匠心，极大地开阔了陶俑雕塑与墓室壁画表现时空的容量。

美国西雅图艺术博物馆展出的初唐赶牛车釉陶俑[1]，高43.8厘米，一为胡人，一为汉人。仅从牵牛驾车陶俑的细节来看，胡人不是唯唯诺诺、步行随后的扈从，也不是缓行备骑、回首张望的武士，而是持缰沉思、两目凝视，没有炫耀的神采，更没有喧宾夺主的傲态，给人留下无限的想象空间。

日本东京国立博物馆展陈的唐三彩胡汉奴仆驾驭牛车俑[2]，高33.7厘米，胡奴满脸络腮髯须，圆眼直瞪，身穿上袄下裳的服饰，头戴黑色圆沓帽；汉奴身着胡服，也戴有黑色圆帽。两人均不戴唐人幞头，与一般胡人造型不同，很可能是史书记载的"后周之时，咸着突骑帽，如今胡帽，垂裙覆带，盖索发之遗像也"[3]。

西安寄宝斋藏唐三彩胡人牵牛车俑[4]，高40厘米。与其他牛车俑不同的是，这个牛车旁只有一个胡人，没有汉人奴仆。这个胡俑也是剪发，没有戴风帽或鲜卑流行的垂裙帽，大概表现的不是寒冬季节。但是他身着长袍圆领汉服，腰系蹀躞带，不是便于长途跋涉的短衣长靴，完全是驱牛赶车的家仆形象。

陕西礼泉唐代显庆五年（660）梓州刺史李震墓西壁牛车出行图中，一个牵缰拉牛的奴仆黑发剪齐，光腿赤脚，肯定是异族人形象。车后吊帘曳地，侍女男仆等跟随扛幔，似乎正陪侍主人出行。[5]

---

[1]《海外遗珍——陶瓷》（一），台北故宫博物院，1986年，第54页。
[2] "遣唐使と唐の美术"特别展图录，东京国立博物馆、朝日新闻社，2005年。又见"亚洲艺术——亚洲古代艺术展"图录，2008年。
[3]《隋书》卷一二《礼仪志》七，第266页。
[4] 齐跃进《寄宝斋藏海外回流文物珍品》图录，2008年。
[5] 张鸿修《中国唐墓壁画集》之《李震墓壁画》，岭南美术出版社，1995年，第38—40页。作者将牵缰拉牛人判断为"匈奴人"驭手，并说牛车来自唐代西北地区的高车部，这种解释恐怕有误。

◀ 图6 胡汉赶牛车俑，美国西雅图艺术博物馆藏

▶ 图7 初唐胡人驾牛车俑，美国西雅图艺术博物馆藏

唐昭陵陪葬阿史那忠墓东壁牛车出行图中[1]，牛车左右站立两个剪发异族人，其中一个手拉缰绳阻止犍牛前行，并回头张望等候着女主人上车；另一个则直视前方准备开道，两人躬身侍奉的奴仆形象表现出牛车出行前的恭候状。

或许有学者指出这类胡人不完全是家庭奴仆，可能是赋役杂徭中服劳役充当固定驾驭牛车的车夫，和那些门夫、轿夫、仓夫、库夫、墓夫、田夫、水夫、烽夫等各色被征发的充夫一样。如果胡人以及胡人后裔被征发杂徭，那就说明他们已经成为唐朝固定的"胡户"了，因为唐代西州就广征胡汉编户中的丁中、工匠和庄园中的部曲、奴等，满足官府对夫役劳动者的需要，而官府对"胡户"征发牛车时则连车夫一起征发[2]。不过，从贵族高官装饰豪华的牛车来看，显然不是一般运输车夫所能装备的，所以笔者认为拉车胡俑表现的还是专门的家用奴仆侍候着主人出行。

有趣的是，工匠们为了塑造犍牛、牲牛类的形象，有意使拉车的牛千姿百态。有的牛静止不动，两耳前倾，凝目垂视；有的牛挺胸昂首，张口嘶鸣，顶鬃竖起；还有的牛肥硕庞大，项鬃摆动，全身重心后蹲，滞步不前，造型简洁生动。

墓主人追求高位富豪的梦想，不甘于位卑名低、家世寂寞，车盖和乘马、童仆和婢女、甲第和朱门等均是豪华生活不可缺少的内容，朝出与暮归都是"近走有车

---

[1] 张鸿修《中国唐墓壁画集》之《阿史那忠墓壁画》，第75—77页。临摹者因墓主为突厥人，故将引牛拉车的驭手也解释为突厥人，实际上异族人剪发头饰与突厥人披发形象大不相同。

[2] 程喜霖《吐鲁番文书所见唐代杂徭》（下篇）附录《唐代夫役文书一览表》，见《吐鲁番学研究》2008年第1期，第51—55页。

驾，远行骑骏马"。《晋书·舆服志》记载："古之贵者不乘牛车，汉武帝推恩之末，诸侯寡弱，贫者至乘牛车，其后稍见贵之。自灵献以来，天子至士遂以为常乘。"魏晋以来牛车更为王公官僚广泛使用，并且漆画车厢或油漆车轮以显示等级规格。因此，墓葬中陶制牛车结合胡俑的造型，反映了墓主人不仅期盼有一个心灵休息之所，也需求一个个人安身立命之处。墓室就是理想家园的表现。

三

通过牛车旁侧侍立的胡奴形象，我们认识到当时中原高官贵族有喜好使用胡奴的风气，用胡奴显示自己的身份和地位。那么这些胡奴来源就成为我们需要继续关注的问题。

众所周知，在汉唐丝绸之路沿线许多城市都有"口马"交易市场，我们以具有特殊地域位置的高昌为例。高昌既处于中国通向中亚交通古道上的枢纽之地，同时又与多个民族居住地交界接壤，除了丝绸毛毡各种织物交易之外，牛马驼驴等大型牲口交易常年集中在这里，特别是胡奴、胡婢的买卖异常引人注目。

奴婢买卖是一种特殊的买卖。在古代，各国统治阶级、上层贵族都把奴婢当作一种会说话的工具，把他们当作一种可转让、可出卖的商品，往往把奴婢与牛马同列一起买卖，所以史书记载"口马行市"发达。唐代律文中就认定"奴婢贱人，律比畜产"。

然而，奴婢又不是普通的商品，尽管他们没有社会地位、身份卑贱，但他们毕竟是人，因而奴婢买卖交易必须有契约。契约既是对奴婢身份的证明，又是对拥有奴婢占有权的证明，具有双重作用。

1997年新疆吐鲁番洋海一号墓地出土一件文献《阚氏高昌永康十二年（477）闰月十四日张祖卖胡奴券》（97TSYM1:5）：

> 永康十二年闰十四日，张祖从康阿丑买胡奴益富一人，年卅，交与贾行緤百叁拾柒匹，价即毕，奴即付，奴若有人认名，仰丑了理，祖不能知。二主和合，共成券书之后，各不得返悔，悔者罚行緤贰百柒拾肆匹，入不悔者。民有私要，要行，沽各半。请宋忠书信时见：祖强、迦奴、

◀ 图8 北齐徐显秀墓室东壁出行图

▼ 图9 北齐徐显秀墓壁画驾车胡人头像

何养、苏高昌、唐胡。[1]

这份券契属于5世纪后期交易券约,被卖的胡奴"益富"使用了汉人的名字,而卖奴人康阿丑似乎也是昭武九姓"康姓"胡人。这是胡族同胞卖出的记录,买方却是汉人张祖,已经三十岁的胡奴被转手倒卖,证明十六国时期高昌地区奴婢买卖交易很活跃,胡奴使用在当时比较盛行,汉人家庭愿意使用胡奴。虽然我们不知道三十岁的胡奴被卖后从事什么劳作,但是为主人驱赶牛车,应该还是可以推测的。

当然,除了胡奴买卖外,胡人入华的渠道是多种多样的,有的是西域诸国遣使

---

[1] 柳方《吐鲁番新出的一件奴隶买卖文书》,载《吐鲁番学研究》2005年第1期,第122—126页。文书原件图版见荣新江、李肖、孟宪实主编《新获吐鲁番出土文献》(上),中华书局,2008年,第125页。

图 10 北齐东安王娄睿墓壁画

入华朝贡而来的随从,有的是随西域粟特胡商而来的运夫,有的是从河西辗转东渐的移民,还有的是作战被俘后的"胡虏",就连胡僧也流寓南北各地,如此等等,他们不愿"还蕃",很多人只能入籍州县成为"夷胡户",甚至沦落为奴,以便寻找生活下去的出路。河南方城出土的汉代守门画像石上就署有"胡奴门"三字。当时进入中原的胡人普遍从事守门、牵夫、屠夫等职业,地位十分低下。[1] 墓葬中发现

图 11 胡人陶俑,北齐娄睿墓出土

的随葬胡俑,大多数应该是在现实生活中沦为厮役奴婢的胡人,驾车驱牛的胡人俑也不例外。

---

[1] 刘玉生《浅谈"胡奴门"汉画像石》,载《汉代画像石研究》,文物出版社,1987年,第26—28页。

2000—2002年在太原发掘的北齐徐显秀墓中,墓室东壁彩绘牛车图中有胡人和穿着鲜卑服饰的人正在备车,准备出发。胡人全脸短须,高鼻瞪眼,发式卷披,身着翻领白袍,正在回头直望车内,似乎瞭望主人是否上车。而另一仆从手持牛车缰绳,生怕犍牛昂首奋蹄阔步走脱。这幅画以墓主夫人乘坐的牛车为中心,周围簇拥着众多侍从和仪仗人群。画家有意突出胡人侍从的形象,准确地反映了各色人物之间的社会关系,至少证明胡人奴仆地位不会高于其他人。[1]

早在1979—1981年发掘的太原北齐娄睿墓墓室西壁出行图上,亦有驾牛的赤轮华毂通幰安车,辕外左右各有胡人奴仆侍候(发掘者又称之为白奴)[2],正在紧勒缰绳制止牛前行。如果从整个墓葬壁画间的互相联系来看,驼运图中有浓眉深目的胡商,仪仗队伍中亦有高鼻浓须的胡人,出土陶俑也是胡人形象[3],表明当时胡人异常活跃,是北朝贵族生活中不可缺少的角色。有研究者将胡人说成是非洲黑奴或昆仑奴[4],恐怕是图像失真后的误判。

徐显秀墓、娄睿墓壁画均再次告诉我们,晋阳作为东魏北齐的"别都"或"霸府",达官显贵讲究豪华出车排场时,少不了要拉出一个胡人奴仆牵牛驾车作为陪衬。墓主人的起居生活、活动交往等是"殊等级、示轨仪",备车出行自然是贵贱有别的标志,是工匠塑造时要突出的尊卑上下的葬俗主题。

以上历史文献结合具体文物,使我们有了胡人跃然眼前的感觉,尽管胡奴形象不如胡人武士俑剽悍雄健,也不如骑驼胡商俑灵动传神,但是写实性极强,造型的细腻与洗练,仍然使我们神移目摇,这些有可能是在口马市场上被贩卖来的胡奴,充作贵族官宦人家的侍从,以显示主人具有使唤异族奴仆的优越感。

北朝时期的胡汉民族交融为盛唐出现做了准备。学术界长期以来讨论的鲜卑汉化和汉人胡化问题,实际上大多是北魏孝文帝之后上层社会的动向,作为下层社会,不管是鲜卑人、汉人、南人或是胡人等,"夷狄蛮戎"统统超越民族与地域而被纳入良奴制度范围内,成为隋唐良贱制的直接渊源。等级身份制是华夷不分的社

---

[1]《北齐徐显秀墓》,"备车图",文物出版社,2005年,第36—37页。太原市文物考古研究所常一民先生提示笔者注意1972年发现的日本奈良县明日香村出土的墓葬壁画出行图题材与徐显秀墓壁画非常相似,这是8世纪初期日本唯一描绘宫廷风俗的壁画古墓,可与中国北齐时代的壁画进行关联性探索。

[2]《北齐娄睿墓》,"出行仪仗图",第32页。

[3]《北齐东安王娄睿墓》(文物出版社,2006年)第72页墓葬壁画、第207页结论都说是车辕两侧各由一黑奴(昆仑奴)制止犍牛前行,又说昆仑奴高鼻邃目、浓眉瞪眼,蓄胡卷发,对人物判断显然有误。

[4]麦积山第123窟左壁西魏胡人侍者,齐发覆额,其形象与娄睿墓胡俑相似,证明北朝胡人侍者造型有着整体的一致性。见《中国石窟——天水麦积山》,文物出版社,1998年,第141、143页。

会中普遍存在的现象，陵墓丧葬制度中最本质的还是体现墓主身份的等级礼制。北魏孝文帝改胡姓、禁胡语、止胡服，都不如门阀姓族分定的影响深远，东魏北齐的鲜卑化和西魏北周的府兵部落化、赐胡姓等都不是历史主流，真正在历史演进中发挥作用的还是人的身份等级变化。墓葬中的陶俑、壁画所表现的胡人牵牛车，正是身份等级贵贱的写实。

唐代之后，胡人虽不在社会中活跃，但其形象有时还出现在墓葬中。我们在宋代墓葬中见到的胡人侍立牵马青白釉俑[1]，是 1970 年景德镇市郊洋湖出土的，头绾发髻深目高鼻的胡人正在勒缰牵马，只不过这种艺术造型变形很大，已失去北朝隋唐时代外来文化的那种时尚风采。

总之，引牛驾车辕旁胡人侍立俑是探索从北朝到隋唐雕塑艺术发展的一个环节，是极有价值的实物资料，它们既为研究当时胡人胡风习俗提供了细致的历史佐证，又为入华胡人多为社会下层役使对象提供了翔实的证据。这种艺术写实现象值得今后进一步关注。

图 12　唐绿釉驾车俑，汉中博物馆藏

图 13　宋代双胡人牵马俑，江西景德镇市郊出土

图 14　宋代双胡人牵马俑（侧面）

---

[1]《江西省博物馆文物精华》，图 35 "青白釉胡人牵马俑"，文物出版社，2006 年，第 52 页。

THE HU PEOPLE OF HOUSE MUSIC IN WALL PAINTINGS AND FIGURES OF TANG DYNASTY

8

壁画塑俑共现的唐代家乐中的胡人

壁画塑俑共现的唐代家乐中的胡人

一 唐代上层社会盛行的家乐之风

家乐是指王公贵族、达官显宦以满足家庭娱乐为主的私人蓄养的乐舞班子，这种家乐活动是中国古代社会一种特殊的文化现象，加入了音乐、诗歌、文学、杂戏等众多艺术表演活动，延伸了除宫廷大型雅乐之外的所有音乐形式，创作传播了许多脍炙人口的诗歌词曲，介入了品类繁多的歌舞杂戏活动。

家乐与宫廷之乐、民间之乐共同构成中国文艺演出的三大系统，从先秦至清代一直延绵不断，曾侯乙墓中出土的大型编钟就是诸侯蓄乐的明证，汉墓中出土的鸣钟吹管陶伎乐俑也是证明。北朝的"备设钟鼓、后列女乐"风习炽热，人们争相效慕，尤其是唐代家乐中出现了许多胡人乐工和其他外来民族的艺人，形成了胡（异族）、俗（民间）、雅（朝廷）三乐并立争胜的时代特征，对当时文化繁荣发展有着极大的影响。

一般来说，阶级社会奴仆制度是家乐存在的前提和基础，没有王公贵族和达官显宦的经济基础，没有上层士人文化欣赏的前提，就不可能蓄养家乐班子"以歌娱情""以乐侑觞"，就不会出现声浅音繁的"画弦素管""洞箫花笛"。

隋唐之世，沿袭北朝宴乐之风，朝廷赐乐现象仍很盛行，且养优蓄乐已得到官方认可。唐中宗神龙二年（706）九月，朝廷颁示了职官蓄乐敕令："三品已上，听有女乐一部；五品已上，女乐不过三人。"唐玄宗天宝十载（751）九月二日再度重申前令："五品已上正员清官、诸道节度使及太守等，并听当家畜（蓄）丝竹，

图1 西安唐韩休墓乐舞壁画之一

图2 西安唐韩休墓乐舞壁画之二

图3 西安唐韩休墓乐舞壁画之三

以展欢娱,行乐盛时,覃及中外。"[1]

上述记载证实了唐代官员蓄养家乐已为朝廷所准许,所不同的是中宗敕令对官员蓄乐规模有明确的规定,而玄宗诏令则无。事实证明,中宗敕令对官员蓄乐数目所做的限定不合时宜,导致逾制现象丛生。譬如李孝恭"性奢豪,重游宴,歌姬舞

[1]《唐会要》卷三四"杂录",上海古籍出版社,1991年,第733页。

女百有余人"[1]；李林甫"车马、衣服侈靡，尤好声伎，侍姬盈房，男女五十人"[2]；段文昌"出入将相，洎二十年，其服饰玩好、歌童妓女，苟悦于心，无所爱惜"[3]。唐代门荫富绅家中蓄乐者也不乏其人，经常女乐一部，乐工众多，如果酒盏相劝、逢景奏曲，宴会高潮时主人和宾客还会先后舞蹈。这种交际舞《朱子语类》卷九二记载为"唐人俗舞谓之打令"。朝廷对百官臣僚、蕃将功臣的蓄乐自娱采取积极的鼓励政策，时常奖赐女乐以示恩宠。

唐代家乐班子盛行也带动了歌诗之风。近人任半塘《唐声诗》一书，对唐代诗乐及唐人歌诗曾作过深入探讨，其中家乐歌诗表明士大夫主人是自作歌辞，供家妓乐工演唱。《本事诗》"事感第二"记载年老的白居易经常放情自娱，家中养有绰约多姿的歌姬樊素。白居易据《杨柳枝》旧曲新翻的歌辞，即由樊素歌唱。白居易在家中酩酊大醉后以《杨柳枝词》托意："六幺水调家家唱，白雪梅花处处吹。古歌旧曲君休听，听取新翻杨柳枝。"[4]"六幺"即"绿腰"，一直到唐宣宗时，朝廷国乐仍流传这种家乐中的歌辞数十章。

《南部新书》说"十宅诸王多解音声"，玄宗的兄弟邠王、薛王、岐王三家各有擅长胡音的艺户伎工，乐章也传播于王公之间。当时上层社会举办家宴时常常有家伎演唱讴歌宾客之诗篇，乐工则于酒筵间伴奏以助兴。唐玄宗时李泌被宁王、玉真公主等奉为座上贵客，每逢宴饮，他必赋诗，由家伎奏乐唱词。而中唐高官牛僧孺曾邀诗人李绅赴宴，命家伎歌李绅新翻曲辞以夜宴。李绅作《忆被牛相留醉州中，时无他宾，牛公夜出真珠辈数人》诗以记其事[5]。诗题中的"真珠"即牛僧孺家中有绝伦殊色的家伎真珠，她善于歌诗舞蹈，声名由此传播四方。李绅还曾利用家乐宴请与己不和的张又新，席间命乐工家伎歌唱张又新创作的诗歌，并以家伎赐赠对方。因此历代文献记载中的家乐唱曲与歌诗、唱词往往难以分辨。例如宫中演奏的《霓裳羽衣曲》《杨柳枝》等大曲、曲子，也在坊间家乐中由家童乐工调法合奏。

当时家乐班子"诗皆能歌""乐则能舞"，乐工们和歌伎们都希望获取名人诗作填曲入歌，而外来的乐曲也成为时髦风尚，"开元二十四年，升胡部于堂上"，胡音

---

[1]《旧唐书》卷六〇《河间王孝恭传》，中华书局，1975年，第2349页。
[2]《新唐书》卷二二三上《李林甫传》，中华书局，1975年，第6346页。
[3]《旧唐书》卷一六七《段文昌传》，第4369页。
[4] 白居易著，谢思炜校注《白居易诗集校注》卷三一，中华书局，2006年，第2415页。
[5] 李绅《忆被牛相留醉州中，时无他宾，牛公夜出真珠辈数人》，《全唐诗》卷四八一，第5471页。

夷乐成为一时之风。日本《仁智要录》收录有唐《酒胡子》："昨日东城饮,归来倒接罗。阿谁扶上马,不省下楼时。"这原是长安西域胡人流行的民歌,"倒接罗"是突厥语 Jalakh 的音译,形容饮酒过量醉得"东倒西歪、左右摇晃"之意。《弊契儿》曲名也是突厥语 Bikar 的音译,意为"悠闲的、徒劳的"。《乌夜啼》曲名乃是 7 世纪焉耆语 Uyat 的音译,意为"含羞"或"羞涩",李白将"乌夜啼"填作情歌,符合原意。《惜惜盐》曲名系龟兹语 Saissi 意译,意为"世俗的非宗教的","盐"Yakne 指歌曲,应译为"民歌"。《绿腰》又名《六幺》,突厥语 Lom-yol 的音译,意为"柔韧的歌舞"或"软舞"。[1] 像这类西域外来的乐舞在当时非常流行,甚至主人与宾客也会即兴表演,五代顾闳中《韩熙载夜宴图》就描绘了主人与乐工共奏"绿腰"的互动场景。

与宫廷御宴乐舞相比,贵族高官家乐唱曲起舞之风甚为自由,多种多样。宋王灼《碧鸡漫志》一书撰录有《霓裳羽衣曲》《凉州》《伊州》《甘州》《胡渭州》《六幺》《兰陵王》《安公子》《阿滥堆》《何满子》《凌波神》《念奴娇》《文溆子》《盐角儿》《喝驮子》《河转》等三十首源自西域的曲子,任半塘考证一望曲名就知为外国伎曲的有 35 首[2],它们均为公卿贵族家乐所歌,特别是流行传唱的边地胡曲,如开元时宁王李宪家乐中曾广泛演唱《伊州》,白居易《伊州》诗有云:"老去将何散老愁,新教小玉唱伊州。"[3] 温庭筠《弹筝人》诗云:"天宝年中事玉皇,曾将新曲教宁王。钿蝉金雁今零落,一曲《伊州》泪万行。"[4] 唐代大量的家乐唱曲散见于诗文笔记中,尤其是西域乐舞在《教坊记》《乐府杂录》中记载较多,从《胡旋舞》《胡腾舞》到《剑气浑脱》《柘枝》《拂菻》,不仅给人们留下乐舞想象的空间,并逐渐由"胡音"演变为"汉歌"。《新唐书·礼乐志》记载天宝十三载明令"道调法曲与胡部新声合作","胡乐"参合"清乐"轮番演奏成为唐代乐舞的一个标志。

---

[1] 关也维《唐代音乐史》,中央民族大学出版社,2006 年。
[2] 任半塘《教坊记笺订》中,有关大曲名记录有《西河师子》《胡相问》《胡醉子》《穆护子》《达摩支》《西国朝天》等,中华书局,2012 年,第 166 页。
[3] 白居易《伊州》,《全唐诗》卷四四八,第 5049 页。
[4] 温庭筠《弹筝人》,《全唐诗》卷五七九,第 6730 页。

二 出土文物再现唐代家乐中的胡人乐工形象

家乐演出大多是厅堂式的,或是庭院里面的,不是街坊场地式的,乐伎们凭借自己的身段舞蹈和美妙嗓音呈现技艺,而乐工们则运用各种乐器配合演出。在这样的演出空间里,皇亲贵族、达官勋臣一边享受着美味家宴,一边欣赏着乐舞,沉醉于一种忘却官场斗争、恍若隔世的感受,彰显着自己的文化品位和身份地位。这是让各级官员都羡慕的同僚之间聚首的尊贵盛宴,类似于后世的小剧场专场演出。

《旧唐书·音乐志》记载,京城教坊中音乐歌舞教练和表演时,每次数十人鱼贯而入,列队楼下,乐师笛笙,乐生琵琶,乐工击鼓,特别是训练乐队习艺演奏乐舞:

> 太常乐立部伎、坐部伎,依点鼓舞,间以胡夷之伎。

这明确指出不管是立部伎还是坐部伎,其间都安排有胡人或其他民族乐伎"依点鼓舞"。按常规,坐部伎技艺高,立部伎技艺低[1],但他们在官僚士族家中或室外庭院表演时,竞相沿袭宫中形式。唐玄宗时"太常乐工子弟三百人"按年考核,整个教坊依靠供奉廪食的梨园弟子虽有千人之多,但有严格等级区别。太常乐户有不少胡人凭技艺任职,皆番工,总号"音声人"。以理而论,太常礼乐之司的乐工限于男性,他们会按照乐师、乐生、乐工的等级分出高下,以示技艺的区别。

唐代武则天时期著名的胡人安金藏,为了证明太子不反,竟然剖腹献忠,从而载入史书。实际上,安金藏为太常工人,即唐朝太乐署主管下演奏音乐的太常寺供养的一批乐工。他们在庆典时擂鼓演出,齐奏声震寰宇,在宴会时演出轻松乐曲,雅致安闲飘逸。《新唐书·安金藏传》记载其是胡人后代。洛阳出土的安金藏之父《唐故陆(六)胡州大首领安君墓志铭》,追溯了安氏世系,尽管安氏家族入华后逐步汉化,但他们仍以熟悉的西域乐曲为特长,在朝廷国乐中担任重要演奏角色。

---

[1] 白居易《立部伎》诗云:"立部贱,坐部贵。坐部退为立部伎,击鼓吹笙和杂戏。立部又退何所任?始就乐悬操雅音。"讥讽无性识不可教的愚笨乐工才去搞雅乐。见《白居易诗集校注》,中华书局,2006年,第291页。

图4 乐舞图壁画，西安东郊苏思勖墓出土

图5 胡腾舞壁画，西安苏思勖墓出土

类似安金藏这样的胡人乐工还有许多，仅从北齐隋唐的著名胡人乐师来说，就有于阗尉迟青、尉迟璋，疏勒裴神符、裴兴奴，龟兹白明达，康国康昆仑、康洽，安国安马驹、安叱奴、安万善、安辔新，曹国曹妙达、曹保保、曹善才、曹刚、曹触兴、曹者素、曹供奉、曹叔度，米国米嘉荣、米禾稼、米万槌、米和等[1]，还有零散记载的安公子、曹大子、何满子、胡攒子等名乐工，可说在乐舞演奏中，胡人出身的乐工阵容十分强大。

《旧唐书·音乐志》记载，北周天和三年（568），周武帝迎娶突厥可汗之女阿史那氏为皇后，"于是龟兹、疏勒、安国、康国之乐，大聚长安。胡儿令羯人白智

---

[1] 毛水清《唐代乐人考述》（东方出版社，2006年）所列人物小传考释不确，例如何满子是西域降胡还是使府乐工，无法说清。

通为教习，颇杂以新声"。陪嫁来中原的西域诸国乐工和舞伎演奏的歌曲《戢殿农和正》和舞曲《贺兰钵鼻始》《末溪波地》《农惠钵鼻始》《前拔地惠地》等，都是耳目一新的音声，具有急转如风、鼓乐齐鸣的西域特点。

唐代音乐的繁荣是以外来音乐为基础的，"十部伎"中"高昌""龟兹""疏勒""康国""安国""西凉"以及"高丽""天竺"等外来音乐就占了八部，胡人擅长西域音乐的得天独厚条件，使得他们以胡人雅、以胡人俗、以俗入雅，担负起从皇家教坊到官僚家乐的重要角色。《唐才子传·康洽》记载说："（康）洽，酒泉人，黄须美丈夫也。盛时携琴剑来长安，谒当道，气度豪爽。工乐府诗篇，宫女梨园，皆写于声律。玄宗亦知名，尝叹美也。"康洽不仅以西域黄须美丈夫的形象和豪爽气度赢得了长安士人的喜爱，而且他以乐府诗歌入乐融合声律被梨园宫女传唱，连唐玄宗都知其名、叹其美。其他胡人乐工如白明达演奏的"龟兹乐"令唐高宗李治倾倒，旋律如悦耳的黄莺啭啼，名为《春莺啭》，后传入日本，成为日本最著名的左舞四大名曲之一。琵琶世家曹善才"紫髯供奉前屈膝，尽弹妙曲当春日"；其子曹刚更是善于用右手运拨风吼雷鸣之声，"拨拨弦弦意不同，胡啼番语两玲珑"。可见当时来自西域的胡人音乐家有很高的文化修养。

但是这些乐工大多在为皇家服务。皇家有宫廷乐部，人才收揽全，生活有保障，技艺能发挥。《唐国史补》记载："梨园弟子有胡雏者，善吹笛，尤承恩。"实际上，官僚贵族家中也蓄女伎养男伶，号为家乐，实为百戏。家乐是宫廷乐部的延伸和补充，有些乐工就是被宫廷淘汰遣散外放的，有着较高的乐舞修养。但是文献上只说养优蓄乐，很少记载胡人伎乐的具体事迹，只有唐代诗歌作了艺术描写，例如岑参《酒泉太守席上醉后作》咏叹："胡笳一曲断人肠，座上相看泪如雨。琵琶长笛曲相和，羌儿胡雏齐唱歌。"李颀《听安万善吹觱篥歌》："南山截竹为觱篥，此乐本是龟兹出。流传汉地曲转奇，凉州胡人为我吹。"岑参《梁州馆中与诸判官夜集》："梁州七里十万家，胡人半解弹琵琶。"诗人们面对夜宴上胡人擅长乐舞的特点，不由得不咏叹其在表演上的特长。

幸运的是，在出土的唐墓壁画与陶俑中，人们能清楚地看到胡人弟子的形象和影响，并通过当时皇亲贵族、达官贵人墓葬壁画以及出土文物得到印证。

1952年西安东郊苏思勖墓室东壁乐舞图，满脸胡须的胡人站立在中间圆毯上

图 6 陕西蒲城唐李宪惠陵乐师图

图 7 陕西蒲城唐惠陵李宪墓室乐队吹笙胡人图

图 8 唐李邕墓后室乐舞壁画全图

图 9 唐李邕墓乐舞壁画局部

6

7

8

9

跳跃起舞，旁边是九位乐工，手拿觱篥、排箫、箜篌、琵琶、拍板等正在伴奏。[1]白居易《柘枝伎》诗云："平铺一合锦筵开，连击三声画鼓催。"《乐府杂录》"舞工"条里记载，唐"开成末，有乐人崇胡子，能软舞，其腰肢不异女郎也。然舞容有大垂手，有小垂手，或象惊鸿，或如飞燕，婆娑舞态也"。这个崇胡子很可能是个胡人名字，他下腰姿柔，扭腰舒缓，跳的软舞轻盈飘逸，印证了元稹《西凉伎》中"胡腾醉舞筋骨柔"的诗句。

2005年西安长安区少陵原一带发现了唐韩休墓乐舞图。虽然这幅壁画中有的人物还未画完，看来是埋葬时等不及完工，就匆匆封闭了墓室，但这也原生态地保存了绘画的原样。家乐班子中有五个胡人乐工，有的弹拨箜篌，有的吹排箫，有的弹琵琶，有的指挥，形象栩栩如生。[2]李端《胡腾儿》诗中描述："扬眉动目

[1]《西安东郊唐苏思勖墓清理简报》，《考古》1960年第1期。壁画摹本见《丝路之都——长安瑰宝》，香港艺术馆编制，1993年，第263页。

[2] 感谢陕西历史博物馆文物征集处师小群处长提供新获唐人家乐壁画照片，其中改弃人物底稿的起稿线犹存于壁画之上。发表本文时，尚不知这是盛唐名相韩休的墓葬壁画，特此说明。

图10 陕棉十厂唐墓乐舞壁画

踏花毡，红汗交流朱帽偏。"刘言史《王中丞宅夜观舞胡腾》中"跳身转毂宝带鸣，弄脚缤纷锦靴软"的句子，都是很好的印证。

陕西蒲城唐惠陵李宪墓在抢救性发掘后发现，其墓室壁画中有由六位乐工组成的乐队，分前后两排跪坐于方形地毯上，其中络腮髯须的胡人乐工手持芦笙正在演奏，整幅画面表现了皇亲贵族举行家乐的奢华场面[1]，也印证了墓主李宪生前精通乐律歌舞的记载。

此外，2004年陕西富平发掘的开元十五年（727）唐嗣虢王李邕墓的壁画中也有家乐乐队图，虽然残缺较多，但仍能看出乐队前排坐部伎和后排站立式乐工，面

---

[1]《唐李宪墓发掘报告》，图版14，科学出版社，2005年，第150—152页。

对着立于长方形流苏装饰地毯上的舞伎奏乐。[1]1996年西安陕棉十厂唐墓出土的八人乐舞图,形象地表现了当时贵族私家乐舞的场面:六名乐工三坐三立,弹拨箜篌,拨奏琵琶,击钹拍板,其中吹觱篥的络腮胡须似胡人面相者神情专注,还有两名少年面庞者梳双髻站立伴唱。[2]

从《旧唐书·音乐志》等历史文献可知,西域乐舞都有较大的乐工队伍进行伴奏。例如《安国乐》乐工12人身穿白丝布裤,锦襟锦袖;舞伎2人着锦袖白袄,赤靴红带。《龟兹乐》乐工20人戴皂丝头巾,穿绯丝锦绣布袍;舞伎4人着绯袄,红抹额,白裤乌靴。《天竺乐》乐工12人着乌丝头巾白上衣,紫绫裤;舞伎2人辫发,穿朝霞袈裟、缠裹腿、碧麻鞋。《疏勒乐》乐工12人,穿白丝布裤,皂丝头巾,舞伎2人着白袄锦袖。类似《康国乐》《高昌乐》《西凉乐》等都有配套的乐工舞伎,《于阗佛曲》乐工高达28人。实际上,以上乐工着装都是正式演出场合的服饰,从出土文物中看家乐似乎也有着严格的要求,乐工编组、乐器类数、衣服装扮都有定制。

文献记载和壁画图像都告诉我们,乐工人数远远超过舞伎,乐工技艺的精湛程度要求高于舞伎,而且乐工地位也高于舞伎。史书记载了许多乐工人名与技艺,最受宠幸的乐工还被授以朱紫官爵,但舞伎很少正式入传,说明当时对乐工的重视。《明皇杂录》记载安史叛军进占长安后,"安禄山尤致意乐工,求访颇切,旬日获梨园弟子数百人"。大批乐工被搜索押送洛阳后,"乐工雷海清不胜悲愤,掷乐器于地,西向恸哭",因而惹恼了安禄山被肢解示众,留下了乐工不愿贪生献乐的千古英名。

三 唐代家乐中胡人的艺术影响

家乐有时带有很大民间的自娱自乐的性质,特别是胡人传至西域的朴拙民间艺术,有着严格的地域属性和草根属性,乐往悲来,欢歌谑语,不登丝竹雅乐的大雅之堂,因此官府史书从不记载。但是在唐诗中有所反映。

例如岑参《酒泉太守席上醉后作》:"酒泉太守能剑舞,高堂置酒夜击鼓。胡笳

---

[1]《唐嗣虢王李邕墓发掘报告》,图版24,科学出版社,2012年,第79—82页。
[2]《壁上丹青——陕西出土壁画集》(下),科学出版社,2008年,第387—390页。

一曲断人肠,座上相看泪如雨。琵琶长笛曲相和,羌儿胡雏齐唱歌。浑炙犁牛烹野驼,交河美酒金叵罗。"在太守置酒饮宴场面上,不仅有羌儿也有胡雏,配以胡琴、琵琶、羌笛协奏,充满了异乡情调。又例如《田使君美人如莲花舞北旋歌》:"高堂满地红氍毹,试舞一曲天下无。此曲胡人传入汉,诸客见之惊且叹。曼脸娇娥纤复秾,轻罗金缕花葱茏。回裾转袖若飞雪,左鋋右鋋生旋风。"胡人传入汉地的乐曲,带来了新鲜奇特之感,

▲ 图11 唐彩绘乐工六人俑,西安西郊俾失十囊墓出土

◀ 图12 唐代彩绘演奏俑,西安市西郊制药厂出土

令人陶醉。《玉门关盖将军歌》写道:"五千甲兵胆力粗,军中无事但欢娱。暖屋绣帘红地炉,织成壁衣花氍毹。灯前侍婢泻玉壶,金铛乱点野酡酥。"这些场景中的人物、乐舞、服饰、饮食等,均以西域新异感受和别样生活而炫人耳目。

值得注意的是,梨园乐人主体往往是男性乐工,我们从出土陶俑、壁画等文物中仔细观察,发现家乐中也是以男性为主。

1983年西安西郊唐代俾失十囊墓出土的六人乐工俑中,有两个胡人形象的乐工正在演奏,一个手拍羯鼓,一个手中乐器已损坏。他们虽有老胡容鬓沧桑的神色,但是可以看出这两个胡人处于乐队的主角地位。元稹《立部伎》说"胡部新声锦筵坐,中庭汉振高音播";而乐队吹奏、弹拨、敲击乐器的组合,正是史书记载

◀ 图13 黄釉乐舞瓷扁壶，表演者为西域胡人，河南安阳北齐范粹墓出土

图14 唐八棱金杯，西安何家村出土

▼ 图15 唐八棱金杯之二，西安何家村出土

的龟兹乐、西凉乐所用。六人小型乐队也是家乐中小规模演出的起码条件。

1966年西安西郊制药厂出土的唐墓的乐俑中，也有高鼻深目、满脸须髯的胡人。因为手中没有乐器，所以人们认为他们是说唱俑。从造型上看，他们具有歌者的特征。唐代乐舞歌唱人才中米嘉荣、安叱奴、裴神符、史从、史敬约等都是来自西域的胡人或是"土生胡"后裔。《新唐书·武平一传》曾记载，唐中宗时后宫宴会"酒酣，胡人袜子、何懿等唱'合生'，歌言浅秽"，因而引起武平一谏言："伏见胡乐施于声律，本备四夷之数，比来日益流宕，异曲新声，哀思淫溺，始自王公，稍及闾巷。妖伎胡人、街童市子，或言妃主情貌，或列王公名质，咏歌蹈舞，号曰'合生'。"虽然我们不知道"合生"歌咏的内容[1]，但是胡人演出的胡乐异曲竟能从宫闱进入闾巷，可见胡人乐工影响之广泛。

美国底特律美术馆收藏的一套五人胡人乐工俑，更是典型地

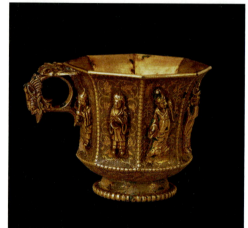

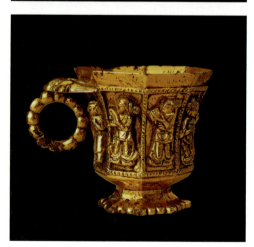

---

[1] 关于唐宋"合生"的学术讨论，见刘晓明《杂剧形成史》，中华书局，2007年，第140—147页。

反映了唐代家乐中胡人的形象。宋代沈作喆《寓简》卷十载"西域胡人自言其国山川险峻，或谓曰：'山高海深宛在其貌。'……明皇时又番胡人见，伶人讥其貌不能堪，相与泣诉于上前。"可见当时胡人的长相常常受到戏谑，正如《教坊记》中记载："有肥大年长者即呼为'屈突干阿姑'；貌稍胡者，即云'康太宾阿妹'。"胡人乐工的表演不是深目圆睛，就是滑稽戏谑，这种形象深深印在观众脑海中。

◀ 图16 唐三彩波斯长柄壶上舞蹈图，加拿大多伦多安大略博物馆藏

▼ 图17 唐三彩胡人舞蹈俑，加拿大多伦多安大略博物馆藏

从一系列出土文物来观察，家乐中胡人乐舞非常普及，早在北齐时就广为传播。例如河南安阳出土的黄釉扁壶上胡人乐工鼓乐齐鸣、翩翩起舞的形象栩栩如生。宁夏盐池1985年出土的武周时期何氏墓门上的胡旋舞浅浮雕亦是典型的家乐表演，清晰展现了舞者迎宾时的动态舞姿。[1]西安何家村出土的两件唐代伎乐纹八棱金杯和银杯，雕刻了16个深目高鼻的胡人乐工站立演奏的形象，他们手执的乐器各不相同[2]，粟特人物特点非常明确。

王建《凉州行》说"洛阳家家学胡乐"，实际上当时家乐往往呈现出胡汉互化、多元荟萃的特色。仅从出土演奏俑看，就既有胡人也有汉人，真正是胡汉之间共相容。他们跪地坐席，盘腿挺身，手拿乐器，前后错开，"形散而神聚"。有的弹琵琶，有的敲腰鼓，有的击节伴奏，有的怀抱箜篌，不拘泥于演出场地。众人演出时，一

---

[1]《宁夏盐池唐墓发掘简报》，《文物》1988年第9期。
[2]《花舞大唐春——何家村遗宝精粹》，文物出版社，2003年，第75—85页。

图18 唐代胡人奏乐俑，美国底特律美术馆

般由一个人主唱，到每段的最末一句，则众人齐唱以加强气氛，谓之"接后音"。更具特色的是，胡腾舞者演出前"帐前跪作本音语"，本音语即用粟特语演唱。乐工艺人们在酒筵歌席演出中边与听众交流，边即兴创作，并不为曲目原有内容所束缚。

胡人演奏者地位低下，"小面琵琶婢，苍头觱篥奴"[1]。他们多是处在社会下层的艺人，有时要表现悲苦生活和凄苦心灵的泪音（哭音），"胡雏吹笛上高台，寒雁惊飞去不回"[2]，"龟兹筚篥愁中听，碎叶琵琶夜深怨"[3]；有时要表现真挚自然、妙趣幽默的笑音（甜音），一切随着主人和听众喜好而变化。欣赏者每听到妙处往往短歌微吟，陶醉其中；反之瞋目瞠视，忤意斥责。杜牧《张好好诗》中描写的家乐场景是："繁弦迸关纽，塞管裂圆芦。众音不能逐，袅袅穿云衢。"薛逢《听曹刚弹琵琶》："禁曲新翻下玉都，四弦枨触五音殊。不知天上弹多少，金凤衔花尾半无。"技艺精湛、姿容俊朗的乐工才会受到恩泽宠爱。梨园弟子中善吹笛的胡雏者冒犯了洛阳令崔隐甫，连唐玄宗也无力袒护而被杖杀。[4]

当时长安、洛阳等地达官贵人家中豢养的乐班也有着激烈的竞争，必须拿出绝

---

[1] 白居易《宿杜曲花下》，《全唐诗》卷四四八，第5050页。
[2] 杜牧《边上闻笳》，《全唐诗》卷五二五，第6010页。
[3] 刘商《胡笳十八拍》，《全唐诗》卷二三，第301页。
[4] 李肇《唐国史补》卷上，上海古籍出版社，1979年，第17页。

活凭真本事吃饭。胡人乐工的传承方式也是师徒口传心授。李白《观胡人吹笛》："胡人吹玉笛，一半是秦声。"特别是家传艺术有着保守和封闭的一面，乐家吸收胡人加入是为了保持创新，胡人谋生也离不开乐班。他们大多是白居易《柘枝词》中说的："柳暗长廊合，花深小院开。苍头铺锦褥，皓腕捧银杯。绣帽珠稠缀，香衫袖窄裁。将军拄球杖，看按柘枝来。"[1] 有时他们会得到主人赏识赞叹，被赏赐"天马锦""水犀梳"以及金帛等物品。

随着"安史之乱"以及中唐之后国力衰退，宫廷屡

◀ 图19 伎乐俑群，安阳隋代弘盛墓出土

图20 唐彩绘描金伎乐俑，上海震旦博物馆藏

▼ 图21 陶伎乐女俑，湖北武昌何家垄唐墓出土

遭浩劫，"梨园弟子，半已奔亡，乐府歌章，咸皆丧坠"，达官贵人的家乐班子中的胡人乐伎也纷纷离去。唐文宗时，连《霓裳羽衣舞曲》的残谱都补充不了，乐工零星的记忆片段已无法还原全貌。戎昱《听杜山人弹胡笳》诗中记："当时海内求知音，嘱付胡笳入君手。""更闻出塞入塞声，穹庐毡帐难为情。胡天雨雪四时下，五月不曾芳草生。须臾促轸变宫徵，一声悲兮一声喜。""南看汉月双眼明，却顾胡儿寸心死。回鹘数年收洛阳，洛阳士女皆驱将。"作者诗中感慨"如今世上雅风衰，若个深知此声好"。虽然朝廷还想恢复《西凉乐》《龟兹乐》等胡风乐舞，可是规模压缩乐制衰弛，乐工流散元气大伤，难以再现盛唐辉煌。

---

[1] 白居易《柘枝词》，《全唐诗》卷四八，第5053页。

四　余论

家乐与宫乐、官乐、军乐不同，它们的活动环境和社会角色认知也不尽相同，在官僚士大夫的娱乐活动中，几乎都有家乐的参与；在招待宾客时，也每每以家乐歌舞娱宾。如果说，宫中乐工是为皇家朝廷歌舞遣兴，官伎歌舞是为地方官员佐酒娱乐，那么，贵族达官和士大夫以家乐为中介的娱乐消遣和社交活动，则体现了当时家乐兴盛的社会文化意义，这方面已有学者论述，不再赘述。[1]

胡人乐工作为家乐班子中的重要构成，其与音乐创作和文学传播有着天然的血脉交融，尤其是文人士大夫阶层对他们的欣赏，使得胡人乐工对盛唐音乐文学的繁荣发展起过极为重要的作用。《通典》卷一四二记载"自（北魏）宣武已后，始爱胡声"，"琵琶及当路，琴瑟殆绝音"。传统中正和平的琴瑟之音显然不敌琵琶胡声，新颖绝丽的胡音胡舞席卷几个世纪，胡人乐工妙绝音技的声名，深入到公卿贵族之家，浸淫于百僚文臣府邸。评量唐代西域乐舞的论著已有不少[2]，但令人惋惜的是对家乐关注都不够。

中唐后朝廷失控，地方幕府蓄养乐工自娱自乐蔚然成风，家乐主人出于自夸自炫，即兴创作以附风雅。白居易《残酌晚餐》"舞看新翻曲，歌听自作词"，就是指家乐为主人传播其作品提供了便利。宾客之间撰作也借家乐得以传唱，大凡名篇越传播久远，越多有家乐的参与。唐代有大量宴乐类诗作，往往是文人们观看家乐后回应主人或家伎乐工乞请而作。据宋朱

图22　宁夏盐池唐代何氏墓出土墓门及墓门图案线描图

---

[1] 刘水云《家乐盛衰演变的轨迹及其对中国音乐文学的重大影响》，《文艺研究》2007年第3期。
[2] 见沈冬《唐代乐舞新论》，北京大学出版社，2004年。宋博年、李强《西域音乐史》，新疆人民出版社，2006年。

弁《曲洧旧闻》卷五载："唐僧段和尚善弹琵琶，制道调《梁州》。国工康昆仑求之不得，后于元载子伯和处得女乐八人，以其半遗段，乃得之。"可知道调《梁州》的流传，也得益于伯和家乐的传播。

令人疑惑的是，虽然《新唐书·西域传》记载康国开元初贡胡旋舞女；《册府元龟》卷九七一记载开元十五年（727）史国献胡旋女及葡萄酒，开元十七年米国献胡旋女三人；元稹《胡旋女》也说"天宝中，西国来献"[1]；《乐府杂录》记载宫人胡二子和梨园骆供奉因唱《何满子》相遇之事[2]，胡二子作为宫廷女乐很可能是诗人们描写的胡女。但是迄今为止，我们还没有发现出土文物上有胡人女伎的形象与胡旋女造型，究竟是家乐中没有胡人女伎，还是艺术工匠有意识不表现，需要进一步等待出土的文物来证明。现在各地出土的女性演奏俑，如果按照教坊女伎的分法应分为"内人""宫人""搊弹家"。搊弹家就是以容色选入宫中的平民女子，教以琵琶、三弦、箜篌、筝的乐人[3]，她们基本上呈汉人面貌，眉清目秀。所以，出土的女伎乐俑大部分应该是家乐班子的造型，与宫中乐工并不一样。

最后需要指出的是，唐代画师和塑匠所展示的家乐中的胡人艺术形象，不仅是要显示外来的胡人职业身份，还要通过胡人的陪衬为唐人主家增色；也并不是胡人占据了什么重要位置，而是通过胡汉比较塑造出不同的演艺群体偶像。胡人乐工地位卑下，舞台上光鲜而背后艰辛，即使技艺高超、独步一时，仍是终生为奴或是轮番被解聘。但是家乐中的胡人乐舞自然地表现出了唐代文化的多样性，是一种卑微与超卓的回响。一种外来文化符号，使得胡汉艺术图像向世界传达着民族文化有力交融的图景。

---

[1] 元稹《胡旋女》，《全唐诗》卷四一九，第4618页。
[2] 段安节《乐府杂录》，中华书局，2012年，第154页。
[3] 崔令钦《教坊记》，中华书局，2012年，第12页。

THE PEACOCK HAT AND FOREIGN ART PATTERN IN TANG DYNASTY

9 唐代孔雀冠与外来造型艺术

唐代孔雀冠与外来造型艺术

1991年西安唐金乡县主墓出土的骑马戴孔雀冠拍鼓女俑[1],成为开元十二年（724）盛世时代妇女首冠的标志,前朝后代都很少出现这种孔雀冠帽的形象,故人们称其为罕见的传奇文物。但是,近年笔者又发现有新的类似唐代文物陆续面世,因而唐金乡县主墓的孔雀冠并不具有"唯一性"。那么为什么要用孔雀形象作为冠帽？其含义仅仅是孔雀形象鲜艳漂亮吗？究竟是什么人要戴孔雀冠？本文试做一专题分析。

一 孔雀冠的含义

房千里《南方异物志》记载唐人对孔雀观察的描述：

> 孔雀,交趾、雷、罗诸州甚多。生高山乔木之上。大如雁；高三四尺,不减于鹤。细颈隆背,头载三毛,长寸许。数十群飞,栖游冈陵,晨则鸣声相和,其声曰"都护"。雌者尾短,无金翠；雄者三年尾尚小,五年乃长二三尺。夏则脱毛,至春复生。自背至尾,有圆文,五色金翠,相绕如钱。自爱其尾,山栖必先择置尾之地。雨则尾重不能高飞,南人因往捕之,或暗伺其过,生断其尾,以为方物。若回顾,则金翠顿减矣。山人养其雏为媒,或探其卵,饲以猪肠生菜之属。闻人拍手歌舞则舞。其性妒,见采服者必啄之。

---
[1]《唐金乡县主墓彩绘陶俑》,陕西旅游出版社,1997年,第62—63页。

图1 金乡县主墓骑马伎乐女俑正面，西安东郊灞桥区新筑乡出土

图2. 金乡县主墓骑马伎乐女俑背面（局部）

这篇短文讲述了孔雀的产地、形状、鸣叫声、群居生活、习性特点、雌雄区别等等，虽然孔雀有炫耀自己羽毛的特性，但特别值得注意的是，孔雀有随着音乐起舞的癖性，"闻人拍手歌舞则舞"。

早在汉代时，中国人就传说孔雀来自遥远安息帝国的条枝。《太平御览》卷九二四引《晋书》说3世纪初年，有一只西域贡献的孔雀，善"解人语，弹指应声起舞"。近年来新疆地区出土的许多汉晋时代的纺织品中[1]，就有非常精美艳丽的孔雀图案，有的孔雀翩翩起舞、与人戏嬉，有的孔雀左右对称、成双成对，有的孔雀扬尾开屏、惟妙惟肖，这些出自西域或中亚工匠之手的作品，不仅是人们喜欢孔雀之类珍禽图案的表现，而且可能是内地汉人逐步了解孔雀来源的一条渠道。

随着佛教传入中原，汉文佛典中开始出现"孔雀冠"的记载。姚秦罽宾三藏佛陀耶舍等翻译的《四分律》说："时有孔雀冠婆罗门，至阿难所问讯已在一面坐……"[2]天台沙门释允堪述《四分律拾毗尼义钞辅要记》："孔雀即孔雀冠婆罗

---

[1] 感谢新疆考古所于志勇先生提供了多幅汉晋时代纺织品图片，其中三幅孔雀图案历历在目。
[2]《大正藏》之一《律部·四分律》卷五八（第四分之九）。

门也,问阿难汝世尊何故为诸比丘制增戒学……"[1]作为"孔雀冠"出现在佛经里,说明印度婆罗门出身的佛僧曾戴过这种冠帽。在1世纪中叶犍陀罗首都西尔卡普穹顶庙中就发现了戴孔雀冠的头像。[2]出产蓝孔雀非常有名的印度、斯里兰卡,一直通过佛教式贡品将孔雀、赤白鹦鹉等珍禽连同佛典、佛画、贝叶一起奉送给中国晋隋间各个王朝。[3]

与蓝孔雀有别的绿孔雀则出自我国云南和缅甸、孟加拉等地,据《后汉书·南蛮西南夷列传》记载,哀牢(今云南保山、德洪)物产有琥珀、水精、蚌珠、孔雀、翡翠等。《三国志·吴志》则载绿孔雀这时作为神奇禽鸟被吴国征调,永安五年(262)吴国遣使赴交趾征调三千只孔雀作为"土贡"。山西太原北齐徐显秀墓壁画出行仪仗图中,分别绘有男侍手举孔雀羽毛制作的大扇以及女侍手执的孔雀尾羽小扇[4],由此可知,此时孔雀尾羽进入中国内地被使用的情况已经很多了。

隋唐时期随着中原移民对岭南、交趾以及印度支那的了解熟悉,孔雀与鹦鹉、斑竹等珍禽一道作为年贡被源源不断送往长安。唐人称孔雀为"越鸟",李白《独漉篇》诗云"越鸟从南来,胡鹰亦北渡",形象地说明了当时对南北方珍禽的对比认识。唐诗中赞颂孔雀的作品也不断出现:"越鸟青春好颜色,晴轩入户看贴衣。一身金翠画不得,万里山川来者稀。丝竹惯听时独舞,楼台初上欲孤飞。刺桐花谢芳草歇,南国同巢应望归。"[5]这首诗讲到孔雀听到丝竹乐器演奏时会翩翩起舞。

孔雀不仅一身金翠、色艳尾大,而且头顶簇立羽冠、风度高耸,是"百鸟之

图3 孔雀纹银盒,西安何家村出土

图4 孔雀纹银盒线描图

---

[1]《大藏经》第44册《四分律拾毗尼义钞辅要记》卷三。
[2][巴基斯坦]穆罕默德·瓦利乌拉·汗著,陆水林译《犍陀罗艺术》,商务印书馆,1997年,第80页。
[3][日]河上麻由子《佛教与朝贡的关系——以南北朝时期为中心》,《传统中国研究集刊》第1辑,上海人民出版社,2006年。
[4]《北齐徐显秀墓》,"出行仪仗图",文物出版社,2005年,第36—37页。
[5]李郢《孔雀》,《全唐诗》卷五九〇,第6853页。

图 5 新疆吐鲁番孔雀联珠纹织锦

图 6 新疆尼雅孔雀、狮纹饰

图 7 新疆山普拉龙狮孔雀纹

5 6

7

王"华贵魅力的象征，在唐代经常被视为富丽珍禽的形象刻画在日常用品上，何家村出土的唐金银器中，孔雀图案的银方盒非常精美[1]，虽然是当时人日用使用的器物，但装饰纹线以左右对称的孔雀为主题，羽毛细腻，尾巴高扬，反映了唐人对孔雀的喜爱和欣赏。

由于孔雀五色尾羽金翠华美，唐朝举行国家朝会大典时配备孔雀大扇，取代了原先的野雉羽尾，所以尚辇局官员要求地方年年进贡。尤其是皇帝册封仪式时，"孔雀扇分香案出，衮龙衣动册函来"。这是薛逢描写宣政殿唐宪宗册封尊号盛礼的诗。传临摹唐张萱《武后行从图》上就画有侍从举孔雀扇的图形。孔雀羽尾的富丽堂皇似乎成为了皇家的表征。

种种迹象表明官府、民间都喜爱孔雀，因而孔雀有可能随着南客、越商或是印度商人以及胡商的携带转贩运进中原，从而成为流行一时的新奇喜好。波斯通过海路早就与南海诸国有着商贸联系，交易中珍珠、麝香、孔雀等都是贵货，滇缅印古道上天竺商人与波斯胡商来往频繁，完全可能将孔雀以及孔雀图案的织锦等产品传入西域以致流行中原。

但是孔雀冠出现在陶俑中，则是前代很少见的现象。为何在唐代突然出现，看

---

[1]《花舞大唐春——何家村遗宝精粹》之"孔雀纹银方盒"，文物出版社，2003年，第196页。

法不一。有人认为孔雀冠形象来自狩猎时捕获的孔雀等飞禽，有着迷惑猎物的伪装功能；也有人认为孔雀冠源自南方少数民族原始崇拜中对吉祥鸟的美化；还有人提出因为北方并无孔雀生息，长安京畿地区若有孔雀也是南方进贡之物。笔者认为，孔雀冠应是随着唐代疆域扩大和丝路贸易繁荣后，人们视野开阔，吸纳印度佛教文化或是西域文化后而出现的新冠饰。

不管何种原因，竖颈扬头的孔雀冠戴在伎乐人头上，"闻歌起舞"的含义应该是非常明确的。

二　孔雀冠造型

图8
新疆尼雅孔雀绢帽实物（现状）

图9
新疆尼雅孔雀绢帽复原品

孔雀中雄者展尾开屏，雌者长尾拖地，神气活现，炫耀羽毛，每逢春天不停地做出种种姿态优美的舞蹈动作，因而备受人们关注。唐诗云："动摇金翠尾，飞舞碧梧阴。"[1]雄孔雀有着形体高大、后尾金翠的特征，符合乐舞者的欣赏要求。唐人使用孔雀形象制作冠帽，确实别出心裁，既有"闻歌起舞"的象征意义又有吉禽精变的美化作用，既结合了中国传统鸟类神话故事的人格化色彩，又吸纳了外来文化中特别是佛教神话对孔雀善良、智慧的赞美。

我们从文物中可以分析：

1. 唐金乡县主墓中出土的骑马伎乐俑中，头戴孔雀冠的伎乐女俑，身穿圆领窄袖粉白色绘花长袍，袍衫前胸、后背、双肩及双腿分别绘有圆形团花，脚蹬黑皮短尖靴，双手持红色腰鼓作拍击状，端坐马背昂首前视。这件孔雀冠尾羽长披背后，孔雀伸颈翘首远眺，其长尾羽毛由天蓝、浅绿、红、黑诸色绘成，羽端大形眼斑十分醒目，描绘异常逼真。[2]

---

[1] 武元衡《四川使宅有韦令公时孔雀存焉暇日与诸公同玩座中兼故府宾伎兴嗟久之因赋此诗用广其意》，《全唐诗》卷三一六，第3550页。这首诗称孔雀为"越禽"，是"南国使"送来的礼物。
[2]《唐金乡县主墓》，图版59、60，文物出版社，2002年，第54—55页。

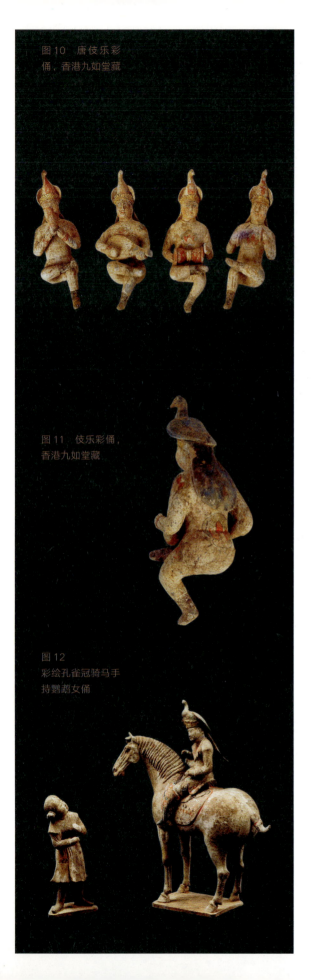

图10 唐伎乐彩俑，香港九如堂藏

图11 伎乐彩俑，香港九如堂藏

图12 彩绘孔雀冠骑马手持鹦鹉女俑

2. 台湾震旦博物馆收藏的一组唐彩绘女乐俑，2003年曾在台北进行展览。[1]这些奏乐女俑身着描金服饰屈腿而坐，有的弹琵琶，有的吹筚篥，有的抱琴，有的击钹，有的吹笙，其中一个女子头戴孔雀冠，手捧红色小腰鼓正在击打。[2]她们都穿着绣金边的圆领襕衫，估计是为了通过服饰华丽突出这批艺术演奏家的档次。

3. 香港《九如堂古陶瓷藏品》图集中，有四个唐代灰陶加彩伎女俑。[3]女俑全部头戴红蓝绿交间孔雀形冠，冠边涂施金彩，孔雀尾巴拖至后背。身上前胸、双臂侧、大腿两侧以及后腰都绘有红色圆形缠枝团花图案，说明伎乐人穿着非常艳丽，应是演出服装，而且她们均着女式小黑靴。在姿势表现上，她们均为跷腿坐姿，手持琵琶、笙、钹和腰鼓等乐器，面颊丰满，细眉秀目，朱唇施粉，神态自若。其中一个乐伎女俑背部为特写，清楚地显示了孔雀冠冠的全貌。这组四个伎乐俑全都戴孔雀冠，与单个戴孔雀冠者相比，似乎更为广泛地突出了孔雀形象造型。

4. 陕西唐三彩博物馆收藏的唐代陶俑中，亦有一个骑马戴孔雀冠的女俑。[4]骑马女俑身穿翻领胡服，足蹬黑色长靴，鞍鞯华丽。尤其是这个女俑头脸微偏，右手捧一只小鹦鹉，而不是腰鼓或其他乐器。或许反映的是乐伎出外游玩的状态，正在陪伴主人寻欢作乐，所以尽管头戴孔雀冠，但没

---

[1] 台北云中居"汉唐天音"展，《东方艺术》2003年第9期。
[2] 台北"聚英雅集"展，《亚洲艺术》2003年第5期。
[3] 《九如堂古陶瓷藏品·陶器篇》，人民美术出版社，2007年，第154—155页。
[4] 齐跃进《寄宝斋藏海外回流文物珍品》，2009年，第5页。

有携带腰鼓之类的乐器。

5. 台湾典藏杂志社编辑出版的《2004年中国文物拍卖大典》，封面刊登了头戴孔雀冠骑马伎乐俑，也是手抱鼙鼓，女伎脸庞圆润，孔雀冠高耸，身着灰白衣袍，足蹬黑靴。从马鬃为三花来看，似是初唐陶俑。[1] 尽管我们还不能确定这件骑马孔雀冠伎乐俑是否真品，其来源是否可靠，但可作为旁证说明可能普遍存在此类艺术造型。

将上述四例头戴孔雀冠的乐伎女俑与唐金乡县主墓出土的骑马戴孔雀冠女俑作一对比，可发现她们的冠帽基本一样，都是当时乐伎演奏中必戴的冠饰。虽然伎乐姿势动作不同，分为骑马行进与坐部两种，但都还是演奏的基本姿态。

为什么戴孔雀冠女伎手拍腰鼓？大概因为鼓是一种有力量的击打乐器，"钲鼓则古者振旅献捷之乐"，草原民族骑马驰骋时鼓声响起容易令人振奋。《旧唐书·音乐志》记载："腰鼓，大者瓦，小者木，皆广首而纤腹，本胡鼓也。"双手拍击腰鼓实属龟兹部胡乐，应是胡乐风俗的真实反映。

图13 唐彩绘描金乐俑，台北聚英雅集2003年展出，《亚洲艺术》2003年第5期刊出

图14 孔雀冠骑马伎乐俑，台湾典藏《2004年中国文物杂志社拍卖大典》刊出

一般来说，冠帽使用金属丝支撑硬胎，使人疑惑的是，唐代孔雀冠究竟是用什么材料制成的？是用硬挺厚实的毛毡或者坚韧皮子缝制的，还是用丝网或布绢缝制的？孔雀首昂然挺立，是否有藤竹桦木支撑和填充物固定？孔雀斑眼尾披后长拖至背，是否插嵌孔雀翎制作的？我们都不得而知，只期望有一天能发现考古实物。

可喜的是，1995年新疆尼雅遗址一号墓地五号棺内出土了一件暂定名为"凤

[1]《2004年中国文物拍卖大典》，台湾典藏杂志社，2004年。此戴孔雀冠伎乐俑做工粗糙，比例失调，特别是三花马躯体有裂纹，胎质疏松，令人怀疑。

头形"的绢帽实物,高 17.6 厘米、直径 18.8 厘米,绢帽上半部红绢所谓"凤头"的部分比较接近孔雀冠的造型,上有动物毛发及珠饰,证明早在汉晋时期西域精绝国可能就有孔雀冠帽使用。[1]这座墓的主人是位年轻女性,梳八根黄褐色长辫,头戴"凤头形"圆筒平顶绢帽,两边下垂淡绿色耳披。对帽顶前伸立体造型有"凤头""鸡头""鸟形绸冠"等不同判别之说,但笔者认为异国女子不会将汉俗"凤""鸡"运用到此帽上,根据新疆尉犁营盘、吐鲁番、山普拉、尼雅等地已发现的同时代许多"孔雀"图案的纺织品,结合头部棕红、蓝黑色彩和蜻蜓眼料珠串装饰来分析,应是当时流行的孔雀造型。

史书更清晰地记载了龟兹孔雀名闻四方的情况。《魏书·西域列传》说龟兹"土多孔雀,群飞山谷间,人取养而食之,孳乳如鸡鹜,其王家恒有千余只云"。《北史·西域传》也有类似记载。龟兹乐又是北朝隋唐间传入中原最著名的乐曲之一,龟兹人完全有可能将孔雀形象设计到音乐女伎的头饰冠帽中,以此作为独特的标志。若判断无误,这就使我们终于有了了解唐代孔雀冠造型渊源的途径——直接受西域的影响,还是与外来文化传播密切关联。

三 孔雀冠使用

唐代伎乐女俑出现佩戴孔雀冠现象,不仅说明当时在伎乐演奏中流行这种冠帽装饰,而且孔雀冠也成了伎乐女性的一个标志性符号。"衣毛为飞鸟,脱毛为妇人",在唐人的思维中,天上的飞鸟、地下的家禽都可以幻化成好音乐的女性出现在时人的视野中。从上述孔雀冠文物推测,这是盛唐之前伎乐俑中的一个普遍现象。

在金乡县主墓一组五件骑马演奏乐伎俑中,戴孔雀冠的女伎由于孔雀形象突出,非常引人注目,她应该是出行仪仗乐队行进中一个引导者。相比之下,工匠塑造这类坐部女俑时,不塑造花锦胡帽、翻檐胡帽,不雕刻倭堕髻、双垂髻,而是有意使昂首引颈的孔雀成为手持乐器的乐伎的帽饰,甚至不惜掩盖唐代妇女最盛行的

---

[1] 许辉、刘雅琴《民丰尼雅凤头形绢帽复原研究》,见《西域异服:丝绸之路出土古代服饰复原研究》,东华大学出版社,2007 年,第 95—99 页。修复者认为人戴上此帽后重心较难维持平衡,推断该帽不适用于日常穿戴,仅于祭祀、庆典、墓葬等特殊场合使用。笔者同意此说法,应是年轻女子歌舞表演时的穿戴。

插钗绾簪、步摇金翠的高髻，舍去了轻便的帷帽，其目的就是要用高傲耸立的孔雀象征，它比采用羽毛装饰更加丰富华丽。北朝以来，女性伎乐一直流行双耳高髻，假髻和假头套也都很流行，用纶巾裹头亦很时髦，杜甫《即事》："笑时花近眼，舞罢锦缠头。"在这冠帽巾帔百花齐放、富丽堂皇之中，女性孔雀冠一枝独放，姿容凸显，可谓是冠中之花。

观看这些戴孔雀冠伎乐俑时，我们注意到了冠帽与服装的搭配。当时表现人物时构思巧妙，所有的演奏乐伎都没有穿抹胸长裙、宽博外衫，或是折枝花朵、浓晕额翅；而是胡袍窄袖和圆领襕衫，下穿长裤，脚蹬软靴，一副英俊潇洒的打扮，表情生动活泼。这是盛唐流行的款式。《新唐书·车服志》说开元中"奴婢服襕衫，而士女衣胡服"，这与中晚唐追求丰腴的美人之态，或是簪花仕女的雍容华贵，绝不相同，打破了传统的"时世高梳髻，风流澹作妆。戴花红石竹，帔晕紫槟榔。鬓动悬蝉翼，钗垂小凤行"。这说明她们不是一般的歌姬舞女，而是颇带胡风的演奏乐伎，她们虽然同为艺人，但又有区别。

必须提到的是，这种孔雀冠伎乐俑不是一般墓葬里所能见的，除了金乡县主这类皇亲贵戚外，它们至少也是达官贵人家庭才能享有的丧葬待遇。《唐六典》卷二三《将作监》"甄官署"条明确规定陶俑烧制和使用有着身份等级的区别：三品九十事，五品六十事，九品四十事，"音声队与僮仆之属，威仪、服玩，各视生之品秩所有"。官府制作的明器精致色丽，造型构思奇特，非一般官员所能轻易得到，非民间作坊所能企及。因此，孔雀冠伎乐俑非常少见，可谓陶俑珍品，盛唐之后就更为罕见了。

孔雀冠伎乐俑严格上说，应该是"音声仆从"或"从驾乐人"，尽管打扮得光鲜艳丽，孔雀冠耸立，还有演技之长，实际上地位很低，是侍候主人的角色。出行时，她们与仪仗卤簿一样，是达官贵族的"室外行奏"配角；居家时，她们则是为主人服务的"堂上坐奏"伎乐。

美国学者谢弗在名著《唐代的外来文明》中指出，佛教文学，特别是孔雀王概念的出现，大大丰富了对孔雀的形象化描写。玄奘曾讲过如来就是孔雀王，啄泉注池，解救热渴之群体。真言密宗中最受欢迎的女神就是"大孔雀明王"，她不仅被列为密宗本尊之一，也是孔雀王退魔复活再生的典范。汉译佛教经典中皈依尊敬孔雀王的句子很多，像阎立本、吴道子等大画家也都创作过孔雀王的画像。骠国纪念神圣孔雀王的乐曲也通过献乐传入唐朝，甚至骠国乐工手执的乐器上也装饰孔雀

图 15　印度阿育王时代孔雀石刻

图 16　印度阿育王时代孔雀石刻

图 17　罗马墓葬中的孔雀台

15　　　　　　　　　　　　16　　　　　　　　　　　　17

形象。[1]

北京大学东方学研究院王邦维教授也提示笔者注意印度孔雀王朝（前317—前189）创始人旃陀罗·笈多的宗族就以孔雀为名，据说他的母亲名字就叫孔雀，孔雀王朝就是印度人自己的称呼，不是汉译的名字。佛教徒和印度教徒都认为孔雀是神话中凤凰的化身，象征着阴阳结合以及和谐的女性容貌。佛教还经常描述佛祖骑着开屏孔雀吞食害虫为人间消灾解难。佛经故事中佛母大孔雀明王的造型，形象优雅、和蔼可亲，甚至以具有诗意的孔雀为坐骑，因而印度文学用孔雀象征爱情非常普遍。孔雀覆羽作为女性的装饰物也异彩纷呈，有的孔雀彩女还是性爱隐喻。古代印度盛产孔雀，不仅有人崇拜孔雀，而且佛经中就有以孔雀为名的经典，例如义净翻译的《佛说大孔雀咒王经》等。[2]

令人惊异的是，希腊神话中天后赫拉（Hera）喜爱孔雀，最初萨摩斯人献给赫拉的祭品就是孔雀[3]，因而孔雀成了婚姻女神赫拉的圣鸟。罗马时代孔雀是早期基督教美术作品中常见的动物图案，例如4世纪后半叶罗马地下墓室建筑北壁祭台上就有一对孔雀装饰画。[4]当时欧洲基督教美术装饰正在起步发展，从教堂壁画、天井、长廊到墓葬石室、修道院石棺上，绘画、雕塑并举，在罗马市立博物馆8世纪的大理石石棺上布满葡萄叶纹，棺面中心十字架旁的雕画左右相称，孔雀口衔生命源泉杯沿，孔雀尾巴长长拖起成为最大图像。[5]如果说雕刻人物与临终祈祷文有密切关系，那么孔雀作为正面装饰图像象征着救世主耶稣复活，描绘了殉教者死后在天国乐园树荫花草中休憩，用孔雀赞美和平、丰饶、幸福的观念，或是用孔雀

---

[1]　[美] 谢弗著，吴玉贵译《唐代的外来文明》，中国社会科学出版社，1995年，第222页。
[2]　感谢王邦维教授的提示解答，使笔者愈加相信孔雀冠的来源与印度、西域的文化密切联系。
[3]　[德] 泽曼著，周惠译《希腊罗马神话》第二章《神祇》，上海人民出版社，2005年，第25页。
[4]　《世界美术大全集·西洋编》第7卷（西欧初期中世の美术），小学馆，1997年，第96页。
[5]　在西方希腊神话中，孔雀象征着赫拉女神；在东方中国、日本文化中，孔雀被视为优美和才华的体现。

象征受到基督恩宠的人类"复活"再生。尽管东西方孔雀造型艺术表达的主题有区别，但是早期基督徒教学拼花镶嵌中与服饰中都使用孔雀羽毛图案。初期基督教主题艺术无疑受到东方因素的影响。

让人难解的疑点是，唐代墓葬出土的天王俑中也有头戴类似孔雀翎尾冠的装束，例如西安出土的盛唐墓葬贴金镇墓天王陶俑，头戴侧翻翅盔，盔顶上饰尾翼高翘的孔雀尾翎[1]。洛阳唐墓出土的三彩镇墓天王俑，也是身穿紧身盔甲，头戴高耸的孔雀翎盔。[2] 此类头戴翻檐软盔顶上装饰孔雀翎造型者还有许多[3]，并且天王往往是高鼻深目、神态凶猛的胡人形象。那么究竟是武官鹖鸟冠，还是朱雀盔，或是鸾凤样，或是孔雀冠呢？其造型细部不一，孔雀尾翎和鹖鸟雉尾混杂难辨，研究者解释也众说纷纭。如果这类天王俑真是头戴孔雀冠，那么是否与佛教艺术有关呢？期望高明者进一步指出其造型的象征含义。

图18 新疆楼兰出土五星出东方织锦，右为孔雀图案

归纳上述，唐代是一个充满艺术活力的时代，女性帽冠也从世风中撷得无限生机，专门从事表演的伎乐人更是独领风骚，而孔雀冠形象的含义就是能闻歌起舞。如果说唐代伎乐俑中戴孔雀冠是当时生活的真实写照，那么这种孔雀冠帽也不是仅仅为了式样鲜艳好看，而是有着吸纳异族风情与外来造型艺术的文化含义。五代以后这种头上的装饰不再出现，文化审美的流变由此可见一斑。

---

[1] 《中国文物精华》，文物出版社，1997年，第136页。
[2] 《中国美术全集》卷26《雕塑编4·隋唐雕塑》，人民美术出版社，2006年，第187—189页。
[3] 《中国古代镇墓神物》，文物出版社，2004年，第212、215、218—227页。针对孔雀冠造型艺术，笔者曾专门请教我的老师孙机先生，承蒙先生指出应注意唐代镇墓天王俑中的孔雀特征，究竟是孔雀还是鸾凤的样式有待进一步推敲。

SIMILARITIES BETWEEN SCULPTURES AND MURALS, MUTUAL REFLECTIONS OF PAINTINGS AND FIGURES: AN ARTISTIC REVIEW OF HU HAN MA QIU TU

绘塑同风、画俑互映：唐『胡汉马球图』艺术审视

10

绘塑同风、画俑互映：
唐"胡汉马球图"艺术审视

唐代社会有着贵族尚武、官僚尚功的习尚，也有文人崇武、儒生慕侠的风尚，其中能体现刚烈果敢之性格者，就有从西域传来的马球竞赛，既是一种娱乐，又是一种强健身体和意志训练的生活方式。但在唐代众多打马球的艺术形象中，胡人打马球者多为人侧目而非正视，历史烟尘更是将真相涸化模糊，过去我们偶见胡人打马球陶俑或三彩俑，往往也因其流落于主流文化视野之外，很少对比分析，几被历史尘埃所湮没。本文试作补充。

一 马球传播的西域背景可以再延

马球，又称马上曲棍球，其英文Polo据说源于藏语Pulu的音译，意即"球"。马球起源有三种观点：波斯、吐蕃（西藏）和中国北方草原，但至今没有定论，甚至有质疑马球来自波斯的观点。[1]学术界一般认为波罗球起源波斯，向西传至小亚细亚，向东传至中亚，后传入突厥。唐代的波罗球戏又称为"打球"或"击鞠"。[2]然而，早在4世纪时，拂菻马球在拜占庭帝国皇室和贵族中就十分兴盛，狄奥多西二世（408—450）统治时期，曾在君士坦丁堡修建大型马球场，供其和皇室贵族使用。巴西尔一世（867—886年在位）也酷爱马球，并有较高超的

---

[1] 黄聪《对中原马球是从波斯传入的质疑》，《成都体育学院学报》2009年第2期。西方学术界一般认为大约2500年前波斯人最早开始打马球，目前马球运动最著名的国家有英国、美国、阿根廷等。
[2] 芮传明《中国与中亚文化交流志》第三章第四节"深受青睐的波罗球戏"，上海人民出版社，1998年，第101页。

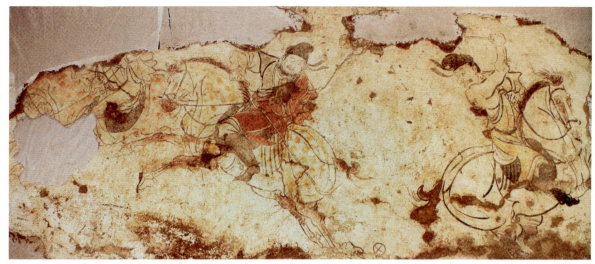

图1 唐李邕墓壁画
胡人骑马者形象

球技。[1]目前我国学术界对马球的渊源局限于在中国周边地区寻找,对马球运动从西方向东方传播的影响估计不足。

有人认为,早在3世纪曹魏时代曹植的《名都篇》里的两句诗"连翩击鞠壤,巧捷惟万端"中的"击鞠"就是对马球的一种记录,而且当时击鞠水平已经达到"巧捷惟万端"的境界。不过,魏晋时代的马球文物或图像至今还很罕见,不敢随意判定。蹴鞠、击鞠与马球的演变关系还需继续探讨。[2]

唐朝上层贵族膜拜西域胡风,特别是马球浸润了浓郁的西方风俗,很受他们喜爱。《封氏闻见记》卷六记载:

> 太宗常御安福门,谓侍臣曰:闻西番人好为打球,比亦令习,曾一度观之。昨升仙楼有群胡街里打球,欲令朕见。此胡疑朕爱此,骋为之。以此思量,帝王举动,岂宜容易?朕已焚此球以自诫。[3]

---

[1] 李重申、李金梅、夏阳著《中国马球史》,甘肃教育出版社,2009年,第45页。
[2] 王永平《游戏、竞技与娱乐——中古社会生活透视》,中华书局,2010年,第122—124页。
[3] 《封氏闻见记》卷六"打球",中华书局,2005年,第53页。

图2 陕西唐乾陵章怀太子墓马球图壁画之一

　　这段记载明确指出的"西番人"，概指西域胡人，说明唐初外来的"群胡"参与打球人数就不少，驰骋于城门下想以此讨得皇帝欢心。太宗所谓焚球自诫，不过是敷衍而已，唐朝皇帝参与马球者越来越多，直至唐末马球仍在流行。

　　然而马球又是容易堕落伤损的危险运动，甚至会肢体残废丧失生命。《唐语林》卷五："玄宗尝三殿打球，荣王堕马闷绝。""开元天宝中，上（玄宗）数御观打球为事，能者左萦右拂，盘旋宛转，殊有可观，然马或奔逸，时致伤毙。"唐昭宗时，朱全忠之子朱友伦击球坠马而死，他暴怒"杀会鞠者十余人"。所以有人上书指出，"打球，一则损人，二则损马"，不明为何选择这种娱乐方法。但"打球乃军州常戏"，并不能废除。为了减少伤亡，达官贵人愿意引进剽悍胡人作为随从侍候，而胡人从小习惯于马背上运动，掌握马术技能，入华后依附于达官贵族之家，个性张扬，有着舍我其谁的心态，显示其大胆无畏，所以马球比赛中常常出现胡人球手，他们从事这项冒险活动并不足奇。

　　从西域游牧文化看，胡人在调教新马、护理马匹、梳理洗澡、擦洗马具等方面，无疑有其特长。他们亲自试骑性情野烈的赛马，为主人做好训练赛马的种种准备，特别是每一个骑手都有摔马的经历，胡人所起的保护作用就更为重要。11世纪70年代，优素甫·哈斯·哈吉甫所撰阿拉伯文、回鹘文的《福乐智慧》中也曾提到打马球是疏勒贵族必须熟练掌握的技艺与应有的修养。

　　唐代杜环《经行记》记录他到达"拔汗那国"（Bahana）时看到，"国土有波罗林，林下有球场"。所谓的球场就是打波罗球的地方。"拔汗那国"原是汉人一直

图3 唐章怀太子墓马球图壁画（局部）

向往的出产汗血马的大宛国，秦汉以来有着悠久的骑马历史，这里的民族作为马背上的民族，流行波罗球，是顺理成章的事情。

当然，马球比赛并不一定全是贵族化或娱乐化的，重要的是可以通过马球比赛激发勇气和士气，所以唐朝军队利用打马球训练骑兵的基本动作，一直到晚唐时期各地藩镇仍建有马球场。

二 马球图中胡汉形象的艺术传达

近年来，随着丝绸之路和中西关系研究热点丛生，马球图中的胡人亦为我们关注。

从壁画上看，1971年唐乾陵章怀太子墓墓道西壁出土有唐中宗神龙二年（706）的"打马球图"，五个骑手抢球的紧张场面中，就有胡人面貌者驱马奔驰，簇拥人马中落伍的胡人球手正风驰电掣般奔赴野外球场，有的胡人则骑马伫立等待上场，因壁画漫漶残缺的二十余骑队列里胡人数目不详，但是胡汉共同参与宫廷或禁军中打马球的画面则历历在目。[1]

---

[1]《唐李贤墓壁画》，图版16—23，文物出版社，1974年。《章怀太子墓壁画》（文物出版社，2002年）第32—38页墓道西壁马球细部图褪色，效果较差。其他各种版本的《唐墓壁画珍品》打马球图均因色彩模糊不清看不出胡人形象。

图4 唐节愍太子墓道马球图壁画

　　2004年陕西富平唐献陵陪葬李邕墓中又出土了"胡汉争打马球图"的壁画。[1] 壁画中胡汉两名球手正在争打马球，胡人球手睁眼下视，勒马急停，挥杆击球，正面亮相非常勇猛；而汉人球手脸面凹陷、赤膊露臂，身着黄色袍服，形似宦者，反躬身体也在举杆抢球。两人左右对峙，抢球激烈，艺术感染力极强，再现了唐代胡人风貌与外来文化风潮。1995年富平节愍太子李重俊墓道中也出土"马球图"壁画，可惜残破严重，五位戴黑幞头着圆领袍的骑马者，短须稀朗，手持球杖，但无法辨认是否属于胡人形象。[2]

　　从雕塑上看，虽然历年发掘出土的打马球俑众多，但胡人球手较为少见。1957年陈万里先生编著的《陶俑》图录中有胡人球手与一宫女前后奔驰的造型，胡人骑马腾空、举杆后拉。[3] 1972年新疆吐鲁番阿斯塔那出土的唐代彩绘打马球泥俑，打球者头戴幞头，身着紧身黑衣，手持弯头球杖，正在骑马飞奔，两目关注地面，虽然骑者似为留八字胡的汉人，但打马球的形象栩栩如生。[4] 1998年纽约佳士得拍卖展览推出一组罕见的打马球胡人俑，四个胡人满脸虬髯，身着胡服，扭腰奔马，仿佛正在激烈对抗抢球。[5] 台北观想文物艺术收藏馆则展示有一个胡人球手，也是执杆前夺、奔突冲锋。西安博物院展出的胡人骑马腾空三彩俑，从持杆手势和

---

[1] 本图由陕西考古研究院总工程师杨军昌提供，特此致谢。见《汉唐墓葬壁画保护与修复》，三秦出版社，2010年，第15—16页。又见《壁上丹青——陕西出土壁画集》（下），"唐节愍太子墓"，科学出版社，2009年，第293页。

[2]《壁上丹青——陕西出土壁画集》（下），"唐节愍太子墓"，第293页。

[3] 陈万里《陶俑》，中国古典艺术出版社，1957年。

[4]《中国博物馆丛书》卷9《新疆博物馆》，图版130，文物出版社、讲谈社，1991年。

[5] "打球胡俑"，见1998年佳士得纽约亚洲艺术专场拍卖展览图录。

图5 唐彩绘胡人打马球俑，1998年纽约佳士得拍卖品

奔马腾空造型观察，其实也应是追击马球的场景。[1]

壁画宜于展示场景，平面线条流畅；陶俑则长于表现人物相貌，立体塑造生动。壁画与陶俑一静一动，图景叠合，可谓粉本互映互证、画模相得益彰。如果说"绘塑同风"是中国古代艺术中绘画与雕塑创作手法的基本特征，那么"画俑互映"就是本文利用壁画与陶俑对比分析的典型。

正是通过西域胡人马上打球的艺术形象，我们认识到在唐代掀起的经久不息的马球高潮是与胡人积极参与和独特传授分不开的。"百马攒蹄近相映，球惊杖奋合且离"，这项于动静间享受激情与活力的运动才能很快得到推广，不仅在京城皇家活动区域建起了专业球场，而且在禁军驻扎地也得到了提倡，军队中骑兵因此有条件将打球作为一项对抗性极强的运动。马球运动的高难度体现在对骑手体力和技能的要求上，更要有团队合作的精神。

三 胡汉马球写意艺术表现传神

马球在唐代风行甚广，特别受到王公显贵的喜爱，因为一般平民庶黎、白衣士子配备不起打马球的骏马宝驹，所以马球有着"贵族之术"的高贵与尊崇，历来都是宫廷贵族、达官显贵以及边将军人所从事的一项激烈竞技运动。《新唐书·艺文志三》记载唐代内库就收藏有《宁王调马打球图》，据说是玄宗时内廷供奉画家韩幹所画，并注明"大梁人，太府寺丞"，说明唐代对打马球绘画非常重视，皇室打马球的场景更是被写真绘图长久保存。

---

[1]《西安博物院》图录之"三彩"，世界图书出版公司，2007年，第246页。

图6 唐三彩腾空马球俑,西安西郊制药厂出土

从李邕墓葬出土的《胡汉争打马球图》主题来分析,应是他生前贵族娱乐生活的写照。李邕出身皇族世系、高官之家,有着显贵身份[1],虽然经历过两次宗室争权的政治磨难,但他攀龙附凤通过与韦皇后妹崇国夫人联姻曾风云一时,成为皇帝宠信的近臣,陪侍中宗、睿宗蹴鞠踢球或盘游玩乐,何况中宗本人就喜好击球,由是风俗相尚。李邕则作为皇族伴其一生,打球技艺高超。《封氏闻见记》卷六说:

> 景云中,吐蕃遣使迎金城公主,中宗于梨园亭子赐观打球。吐蕃赞咄奏言:"臣部曲有善球者,请与汉敌。"上令仗内试之,决数都,吐蕃皆胜。时玄宗为临淄王,中宗又令与嗣虢王(李)邕、驸马杨慎交、武秀等四人,敌吐蕃十人。玄宗东西驱突,风回电激,所向无前。吐蕃功不获施,其都满赞咄犹此仆射也,中宗甚悦,赐强明绢数百段,学士沈佺期、武平一等皆献诗。[2]

---

[1] 张蕴《唐嗣虢王李邕墓志考》,《唐研究》第12卷,北京大学出版社,2006年。
[2] 《封氏闻见记》卷六"打球"。

图 7 唐打马球奔驰俑，采自陈万里编《陶俑》

图 8 唐胡人男子与汉族女子打马球俑，采自陈万里编《陶俑》

可见李邕与玄宗等四人早就名扬朝廷内外，其墓葬绘有马球图符合其生平写照。

若从艺术上说，《胡汉争打马球图》画风意蕴深远，朴实刚健，以穿透性意象魅力给人以强烈的视觉震撼。壁画题材单纯，重视激烈跳跃的情景表达，有别于一般唐墓壁画的静物和人物作品，不仅写实气韵浓厚，连驰骋奔走离不开的马镫标志也一一入画，有着秉承"度物象而取其真"的特征，而且图像落影捕捉到背后的技艺，劲拔沉雄，笔痕墨迹淋漓洒脱。

通过章怀太子墓和李邕墓两幅马球图，我们可以看到唐墓壁画所描绘胡人骑马击球的雄姿。犹如全幅贴在墓室的画卷，胡人骑着纯种血统的坐骑，瞪眼抿嘴、满脸紧张地加入鏖战，神情中掺杂着异域的野性。打马球能锻炼参与者的齐心合力：在驰骋中分队对抗，在运动中人、马、杆默契合一，队友心神交融，勇猛机灵，为了集体荣誉而战，佼佼者肯定要受到众人的拥戴喝彩。正如唐代杨巨源曾在《观打球有作》中描述的：

> 亲扫球场如砥平，龙骧骧马晓光晴。入门百拜瞻雄势，动地三军唱好声。玉勒回时霑赤汗，花鬃分处拂红缨。欲令四海氛烟静，杖底纤尘不敢生。[1]

---

[1] 杨巨源《观打球有作》，《全唐诗》卷三三三，第 3726 页。

图9 唐彩绘打马球女俑,新加坡 Exotica Fine Art 展出

图10 唐骑马打球女俑,1998年佳士得拍卖品

图11 唐骑马击球彩绘陶俑,陕西西安出土

图12 唐彩陶男女打马球俑,选自美国《中国陶瓷艺术》

　　无论是打马球的壁画还是陶俑,都给了我们几点观察分析的启迪:

　　其一,赛马精良。优良马种非常重要,良马不仅要精心挑选,而且马匹必须经过长时间调教训练,与骑手默契配合,绝不是随意玩乐。李睿《松窗杂录》说玄宗:"上好马上击球,内厩所饲者意犹未甚适。"故玄宗欲得良马找寻熟悉《马经》者,成为滑稽演员黄幡绰嘲笑丞相的对象。当时进献宝马良驹成为风气,《册府元龟》卷九七一《外臣部·朝贡四》:开元五年(717)"于阗国遣使献打球马两匹"。《安禄山事迹》卷上天宝九载(750)安禄山向朝廷进贡"打球士生马三十匹"。大宛以及各地进献良马源源不断,其不求高大只求灵活,朝廷马厩中适合击球的"神骏"也最多。

图13 唐人打马球俑，采自陈万里编《陶俑》

其二，马术精湛。《唐语林》卷七记载："宣宗弧矢击鞠，皆尽其妙。所御马，衔勒之外，不加雕饰，而马尤矫捷，每持鞠杖，乘势奔跃，运鞠于空中，连击至数百，而马驰不止，迅若流电。二军老手，咸服其能。"[1] 球手并不讲究华服高靴，不追求璀璨夺目的配饰，即使女子骑手服饰也不争奇斗艳，重视的是在激战中身手不凡，因为马球比赛中马的奔驰、急停、转弯都需要驾驭的骑术能力。但同时，无论打球时多么激烈对抗，球路多么复杂多变，都要求骑手和赛马做到气定神闲、风度翩翩。这是骑士与马相结合的骑乘艺术的最高境界。

其三，球场宽阔。花蕊夫人《宫词》："朱雀门高花外开，球场空阔净尘埃。预排白兔兼苍狗，等候君王按鹘来。"韩愈也有诗云："筑场十步平如削，短垣三面缭逶迤。"[2] 大明宫曾经发现马球场的奠基石，但从章怀太子墓壁画看马球场主要是在宽广的野外。依据史书的记载，唐代的马球场并不要求有平整的草皮或铺上草坪，而是在踏实压平的黄土地上洒油以保持光平度，因此赛马奔跑时受伤的危险性大大增加，跌伤受损为平常事。[3]

过去我们只是一般性地描述唐人对马球的爱好，对马球技术细节很少论及。如果从艺术细节上看，壁画与陶俑的表现都有不足的部分。例如，唐代马球比赛时似乎对击球马匹保护不够。竞技前应对赛马做严格的保护措施：为马匹小腿缠上绷带护腿，防止被对手击中关节、踝骨；扎起编拧马尾，一折为二，防止马尾飞散影响挥杆；剪齐马鬃扎起三花，防止长鬃飘逸拖拉手臂；马蹄钉掌合格，不合格的钉蹄会毁灭一匹

---

[1] 王谠撰，周勋初校证《唐语林校证》卷七，中华书局，1987年，第636页。
[2] 韩愈《汴泗交流赠张仆射》，《全唐诗》卷三三八，第3786页。
[3] 从历史记载看，中国古代打球始终没有后世那样的绿茵场地。现代顶级马球球场要求马蹄冲踏地面所形成的印记深度，必须精准控制在两厘米左右。笔者曾在北京唐人马球俱乐部和天津环亚国际马球会雪地马球世界杯赛观看过现代马球场地。

优秀的赛马。如果人们买马只注重体态，平时忽视养护骏马的技术，在激烈的对抗下是保护不了马匹与骑手的安全的。可是绘画和陶塑都不表现对打球良马的保护，这也许是唐朝艺术工匠对细部的疏忽。

四　唐诗对马球的印证值得审视

唐诗中描写马球的诗篇不少，但专门写胡人击球的较罕见。《全唐诗续补遗》之十九收录有日本客使滋野贞主《奉和早春观打球》："蕃臣入觐逢初暖，初暖芳时戏打球。绣户争开鹎鹘馆，纱窗不避凤凰楼。"[1] 其中只是提到了"蕃臣"。观看过李邕、李隆基等皇族与吐蕃打球的沈佺期，写有《幸梨园亭观打球应制》"宛转萦香骑，飘飖拂画球。俯身迎未落，回辔逐傍流"[2]，形容球手在马上俯屈抢球、勒辔时球若流星闪过身旁的样子，但也只字未提外蕃。大概是在天子身边观赏马球，无人敢描述外蕃敌手。

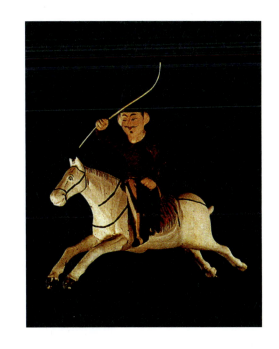

图14　彩绘泥塑打马球俑，新疆吐鲁番出土

不过，我们通过唐诗仍能感受到马球竞赛的氛围，张建封《酬韩校书愈打球歌》曾描述道：

> 军中伎痒骁智材，竞驰骏逸随我来。护军对引相向去，风呼月旋朋先开。俯身仰击复傍击，难于古人左右射。齐观百步透短门，谁美养由遥破的。儒生疑我新发狂，武夫爱我生雄光。杖移鬃底拂尾后，星从月下流中场。人不约，心自一。马不鞭，蹄自疾。[3]

类似的描写马球的唐诗还有一些，著名的诗句曾成为研究马球史的直接史

---

[1]《全唐诗续补遗》之十九，中华书局，1982年，第295页。
[2]沈佺期《幸梨园亭观打球应制》，《全唐诗》卷九六，第1030页。
[3]张建封《酬韩校书愈打球歌》，《全唐诗》卷二七五，第3117页。

图 15 唐女性打马球俑，法国吉美博物馆藏

图 16 唐打马球俑，《亚洲艺术》1998 年第 9、10 期刊出

图 17 唐打马球俑，陕西陇县博物馆藏

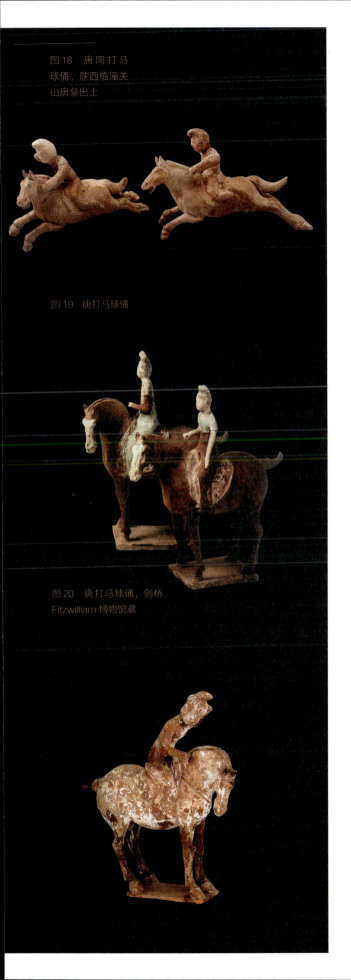

图18 唐陶打马球俑，陕西临潼关山唐墓出土

图19 唐打马球俑

图20 唐打马球俑，剑桥Fitzwilliam 博物馆藏

料。如王建："御马牵来亲自试，珠球到处玉蹄知。殿头宣赐连催上，未解红缨不敢骑。"[1]徐夤吟叹打球小骢"善价千金未可论，燕王新寄小龙孙。逐将白日驰青汉，衔得流星入画门。步骤最能随手转，性灵多恐会人言。"[2]杨太后《宫词》："牵缰绝尾施新巧，背打星球一点飞。"这类诗句，对球手、良马及打马球高超技艺不熟悉的人，是绝写不出来的。

唐代壁画中目前还没有发现女性打马球的形象，但在陶俑和唐三彩中出现较多。女性在马术运动中有天然优势，因为打马球不是一味猛冲猛打，强调人与

---

[1]王建《朝天词十首寄上魏博田侍中》，《全唐诗》三〇一，第3424页。
[2]徐夤《尚书打球小骢步骤最奇因有所赠》，《全唐诗》卷七〇八，第8153页。

马配合控制，需要骑手从打理马开始熟悉马性，女性耐心细致的交流以及与马朝夕相处的领悟，使马被抚摸依靠，更有利于对马匹的平衡掌控，适合与团体的配合，并在驰骋中激发出勇气。

五代蜀国花蕊夫人曾对晚唐以来女性打球有过详细的描写：

> 殿前宫女总纤腰，初学乘骑怯又娇。上得马来才欲走，几回抛鞚抱鞍桥。
> 自教宫娥学打球，玉鞍初跨柳腰柔。上棚知是官家认，遍遍长赢第一筹。
> 小球场近曲池头，宣唤勋臣试打球。先向画楼排御幄，管弦声动立浮油。
> 西球场里打球回，御宴先于苑内开。宣索教坊诸伎乐，旁池催唤入船来。[1]

笔者认为，马球在唐代的盛行除了众所周知的原因外，还有三个特别原因：

1. 马球不单是中亚西域胡人喜欢的一种快速竞技运动，更是当时达官贵人及其贵族子弟的一种炫耀式运动。如果说草原民族给唐人注入了勇者的基因，那么建立功业或封侯授爵必备的表现就是敢于骑马击球。打马球是勇敢的潇洒姿势，凝聚了速度、驾驭技术、打球战略、团队配合以及人马身心默契的沟通。

2. 马球既是一种令人兴奋的体育娱乐运动，又是一种高级的社交礼仪活动，作为嘉宾被邀请参加马球比赛，呈现着上流社会的社交盛会风貌。唐代马球也因不同场合而有所区别。贵族比赛一般应是小型规模，观众不会太多。只有在寒食、清明、中秋等节日举办的大型比赛或军队集训，皇帝才会亲自观赏，人们才会盛装观看比赛，形成一种盛大的氛围。

3. 马球比赛不仅是激烈对抗的运动，还是贵族高官的炫富表现，这是一种财富和权势的展示。纯种赛马本身就很难选择，且一般赛马只有5年黄金时间，所以达官贵族才能拥有良好的马匹、具备赛马的条件，诸如护理马匹、比赛球场、马厩库舍、马具配备、饲料庄园，等等。

狂热的马球运动背后需要经济实力的支撑。

总之，马球本身是一项属于少数人的高端的休闲运动，被称为贵族运动。它在唐代虽然兴盛，但不会在全国范围内流行，可能只在京畿和州府等地得到发展，因为马球需要经济能力、专业场地、骏马挑选、马匹装备、上等球杆等，除了贵族高

---

[1] 花蕊夫人《宫词》，《全唐诗》卷七九八，第8972、8975页。

官、禁军军队外，真正有实力能将马球运动坚持下去的人寥寥无几，平民百姓是无缘参与的，这也是只有在有品位的墓葬中才有马球壁画、马球俑出现的原因。而胡人作为来自马背民族的骑手，马球技艺显然要比汉人精湛，贵族王公家里豢养胡人球手也在情理之中。

壁画与雕塑为人们提供了文字记录之外的另一条审视历史与社会风俗的途径，遗憾的是，唐以后，胡汉共打马球图这样的壁画艺术作品不再出现，其原因复杂多样[1]，但唐代马球图和马球俑所折射的唐代外来风貌却留下了深深的印记，以致今天还有人醉心于奥运马球比赛起源于中国唐代说，可惜他们不了解其中的历史渊源。[2] 为了不再误入历史杂像，故本文又做补充以便审视。

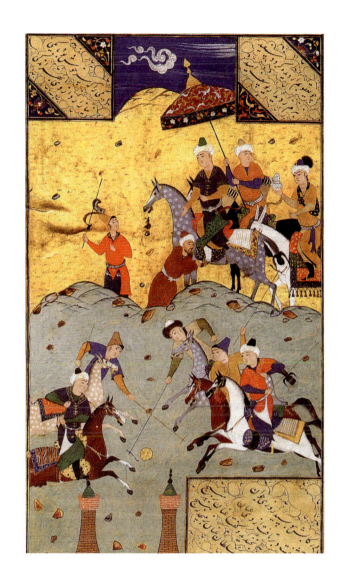

图21 波斯打马球图，1522年绘画作品

---

[1] 刘子健《南宋中叶马球衰落和文化的变迁》,《历史研究》1980年第2期。又见陈高华《宋元和明初的马球》,《历史研究》1984年第4期。
[2] 现代马球运动是在19世纪50年代由英国人从印度引入欧洲加以改造完善的。当代欧美社交生活中，打马球、赛马等马术被公认为第一贵族运动，优雅的社交礼仪和对狂野骏马的征服，使得那些有身份的人非常热衷，甚至是家族式的文化传承。马球的魅力吸引着社交圈子内的宾客，使其成为体育休闲赏玩的项目。

ARTISTIC FEATURES OF FIGURINES OF HU PEOPLE OF TANG DYNASTY IN HUNAN PROVINCE

11 湖湘地域出土唐代胡俑的特色

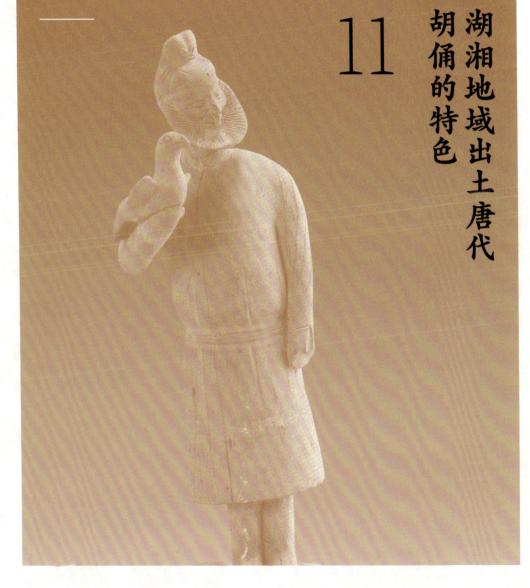

湖湘地域出土唐代胡俑的特色[*]

唐代胡人在湖湘地域的活动,史书记载往往缺失,在中古外来文明的链条中缺少了一环。这一方面是因为湖湘地区的胡人数量不如北方多,另一方面是因为在传统偏见下胡人的存在与活动并不记入史册。但是湖湘地区出土的胡俑却自成体系、风格独特,迥异于北方的胡人俑,有着鲜明的地域特色。自中唐起,湖湘各个窑口的产品外销于南亚和西亚各国,其独树一帜的胡风艺术以及陶瓷上独有的外来装饰手法,充分体现了中古外来文化的兼容并蓄特点。

一

早在汉代,湖湘汉墓中就有胡人奴婢俑的出土,尽管数量不多,但造型令人瞩目。例如湖南衡阳县道子坪东汉墓出土有两个牵马俑,从"俑的形象和装束来看都是胡人"[1]。长沙马王堆三号汉墓遣策记载:"胡骑二匹匹一人""胡人一人操弓矢",说明墓主人拥有三个胡人。

1958年长沙金盆岭出土西晋永宁二年(121)胡人对坐奏乐俑,两人跪坐毡

图1 东汉墓胡人俑,湖南衡阳县道子坪出土

---

[*] 本文为2017年5月16日湖南大学岳麓书院与湖南省博物馆联合主办的"岳麓书院讲坛"上的演讲。
[1]《湖南衡阳县道子坪东汉墓发掘简报》,《文物》1981年第12期。

图2 西晋永宁二年胡人对坐奏乐俑，长沙金盆岭出土

毯上，皆头戴西域传统的高尖帽，一个抚筝弹拨，另一个口吹筚篥状乐器，说明当时胡人演伎乐已经在豪门大族家中演出。

进入中国的胡人一般会保持自己的信仰，湖湘地区出现过有关胡人祆教流行的遗痕，见于唐代笔记小说《柳毅传》。这篇传奇为贞元年间（785—805）所撰，其中有记载洞庭湖主"与太阳道士讲火经"的故事。陈寅恪先生非常敏感地抓住了这一线索，他在阅读《柳毅传》时批注了"火祆教"三字[1]，而祆教恰恰是波斯以及西域胡人崇拜的宗教。胡商们做生意四处游走，无论是从北方陆路南下或是从广州海路北上，都有条件到达岳阳至长沙一线或者延伸到江西洪州一带。长沙是南北商贸交汇地域，是胡商趋之若鹜的地区。胡人信奉的"三夷教"中的拜火教即火祆教，是中唐以后流行的一大宗教，"火之传异，神之传形"，很有可能祆教神职人员"穆护"以"讲火经"之名曾在湖湘地区传播火祆教经典。

蔡鸿生先生根据唐大历三年（768）杜甫入湘《清明》诗中"胡童结束还难有，楚女腰肢亦可怜"句，指出胡童在当地玩耍，离不开父母抚养，说明当地有胡人聚落存在，这有助于证明火祆教在湖湘地区的传播。[2]

殷尧藩《潭州席上赠舞柘枝妓》：

> 姑苏太守青娥女，流落长沙舞柘枝。坐满绣衣皆不识，可怜红脸泪双垂。[3]

诗中跳柘枝舞的女子非常引人注目，任二北先生曾考证《长沙女引》为《柘枝引》，何昌林先生也在《唐代舞曲"屈柘枝"——敦煌曲谱"长沙女引"考辨》一

---

[1] 陈寅恪《读书札记二集》，生活·读书·新知三联书店，2001年，第232页。
[2] 蔡鸿生《学境》，博士苑出版社，2001年，第97—98页。
[3] 殷尧藩《潭州席上赠舞柘枝伎》，《全唐诗》卷四九二，中华书局，1960年，第5577页。

◀ 图3 唐三彩胡俑，江西永修县军山垦殖场出土

▼ 图4 着幞头胡人瓷俑，唐长沙窑出土

文中指出，《长沙女引》的音调与我们所听到的花鼓、花灯的音调十分接近，此曲实即流播巴蜀湘沅的《柘枝曲》的音调[1]。由此可证明，敦煌曲谱中记录的"长沙女"很有可能就是流落在长沙的胡人女子，而长沙地区出土的貌似胡人女子的艺术形象，绝非一般随意制作。

唐代湖南籍诗人李群玉《长沙九日登东楼观舞》：

> 南国有佳人，轻盈绿腰舞。华筵九秋暮，飞袂拂云雨。翩如兰苕翠，婉如游龙举。越艳罢前溪，吴姬停白纻。[2]

"绿腰"就是"六幺""录要"，原为西域传入中原的一种祭神胡风舞蹈。这种羽衣蹁跹的异域舞蹈竟然使得越女"前溪舞"、吴姬"白纻舞"均败下场来，可见其流播之广，不仅风靡大江南北，甚至深入了长沙的闾里市井。

《全唐文》卷七六八卢肇《湖南观双柘枝舞赋》：

> 潇湘二姬，桃花玉姿。献柘枝之妙舞，佐清宴于良时。……则有拂菻妖姿，西河别部。

当时文人描述她们跳柘枝舞有拂菻妖姿，拂菻

---

[1]《敦煌学辑刊》第7期，1985年。
[2] 李群玉《长沙九日登东楼观舞》，《全唐诗》卷五六八，第6579页。李群玉，湖南澧州人，约生于唐宪宗元和三年（808），卒于唐懿宗咸通三年（862）。

图 5　长沙窑贴人物纹瓷壶

图 6　长沙窑贴人物纹瓷壶

图 7　长沙窑贴花胡人吹筚篥壶（局部）

图 8　长沙窑贴花舞蹈人物纹壶（局部）

图 9　长沙窑贴花舞蹈人物纹壶，湖南衡阳市司前门出土

图 10　长沙窑贴人物纹瓷壶

图 11　胡人奏乐纹壶，长沙市考古研究所藏

图 12　长沙窑贴花舞蹈人物纹壶（局部）

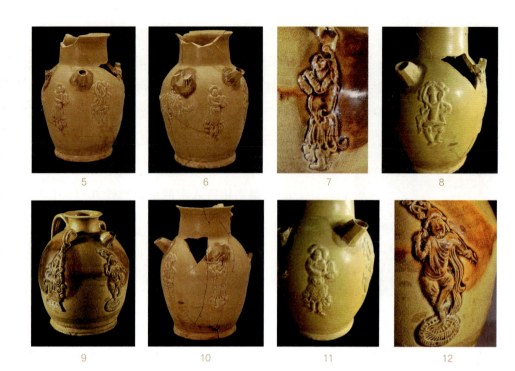

本身就是东罗马（拜占庭）的称呼，可见其深受外来文化之影响。西河别部统指河西走廊武威、酒泉、敦煌异族"别部"聚集地，这里流行的舞蹈仍是其他民族的特色。

从地理上看，波斯、大食商人活动的舞台基本上都位于长安、洛阳以南运河沿岸城市以及沿海大都市，如果说广州、泉州、扬州等城市是胡商登陆之处或是贸易买卖之处，那么长沙、洪州、武昌则分别是胡商过路之处或是瓷器窑口订货之处，所以胡商在长沙可能只是流动性聚集，而没有滞留形成聚落殖民，留下像广州那样"蕃坊"的史料记载和较多的墓葬文物遗迹。

特别是 8 世纪盛唐以后，波斯、大食商人与西域粟特胡人分别主导着南北方不同地区的贸易。北方主要是粟特"胡商"的势力范围，他们是陆路"驼马贩运"的主力，南方则是波斯、大食"胡商"的活动范围，他们是"南海蕃舶"的主力。但是南方蕃商来源广泛，宗教信仰亦多样，《中国印度见闻录》记载晚唐黄巢攻破广州后，杀死寄居在城内的外国商人，不管是高达十二万人之多或是二万人之多，其中都包括伊斯兰教徒、犹太教徒、基督教徒、拜火教徒等，这说明广州是胡商蕃客的贸易据点。他们聚居在广州，以岭南为中心，北上深入到长沙、洪州、武昌一线进行贸易。长沙也是中唐以后商贸中心，唐诗描写道："金园宝刹半长沙，烧劫旁

延一万家。楼殿纵随烟焰去，火中何处出莲花。"[1]

长沙窑的唐代瓷器被大量运往南海的商路，证明波斯、印度等地订购了长沙窑产品。长沙窑为了适应海外订户，在瓷器上增添了许多胡腾舞、胡旋舞的艺术形象，著名的"黑石号"沉船装载的外销瓷器中就有"湖南道草市石渚盂子有明樊家记"的题记碗。"石渚"是唐代长沙一个繁荣的草市，按照唐代诗人李群玉《石潴》一诗，即指长沙铜官窑生产地："古岸陶为器，高林尽一焚。焰红湘浦口，烟浊洞庭云。迥野煤飞乱，遥空爆响闻。地形穿凿势，恐到祝融坟。"[2]目前长沙望城区石渚考古发掘的窑业遗物也证明了这一点。[3]

长沙窑兴起的三个重要原因：安史之乱后唐朝经济发达地区由北方转移到南方，丝绸之路被吐蕃、回鹘等控制迫使唐人开拓海上交通的国际贸易，大规模长途贩运陶瓷利用水路可降低成本。

与唐代陶瓷"南青北白"相比，北方的邢窑白瓷和南方的越窑青瓷备受青睐，长沙窑瓷器本名不见经传，但唐后期却异军突起，与前两者共同形成对外贸易的三分天下局面。

长沙窑主要是外销中东阿拉伯地区，即唐代称为黑衣大食、白衣大食的国家，以及印度等国家和地区，中唐德宗贞元年间出使黑衣大食的宦官杨良瑶被称为"中国最早航海下西洋的外交使节"[4]。1984年在陕西泾阳发现的《杨良瑶神道碑》记载其"充聘国使于黑衣大食，备判官、内傔、受国信、诏书"，充分证明了唐朝使团出使黑衣大食的"通海夷道"。当时为了共同对付吐蕃在西域的进攻，唐朝确定了与大食联合的策略，因而从广州前往黑衣大食首都巴格达的海路变得活跃便捷起来，经济也随着政治关系而繁荣起来，至少海路上没有过多敌对国家的劫掠堵阻。

所以为了适应外销的需要，长沙窑等吸收了大量伊斯兰艺术和印度艺术元素，开发出许多北方唐三彩所没有的艺术新产品。例如长沙铜官窑发明了釉下彩绘，有花鸟画、动物画、人物画、山水景物画、写意画等，有些壶瓶上直接写有经艺术变形的阿拉伯文字。这些新品题材丰富、生动简洁、色彩绚丽，是当时瓷绘艺术的奇葩。又例如长沙窑最早开创了模印贴花技术，在伊斯兰陶器的影响下，在陶泥上模

---

[1] 张谓《长沙失火后戏题莲花寺》，《全唐诗》卷一九七，第2022页。
[2] 李群玉《石潴》，《全唐诗》卷五六九，第6585页。
[3] 湖南考古研究所张兴国陪同笔者考察了石渚考古出土的铜官窑陶瓷器，其中诸种器皿与"黑石号"沉船出土的长沙窑碗碟相同。特此致谢。
[4] 张世民《中国古代最早下西洋的外交使节杨良瑶》，《唐史论丛》第7辑，陕西师范大学出版社，1998年。

图 13 唐胡人骑马俑,长沙南郊烂泥冲出土

印出各种图案与花纹后，粘贴在瓷壶的系纽或流下，再施以彩釉。

长沙窑这种新颖的陶瓷，后来居上，一跃成为外销瓷中的领先者。波斯湾西拉夫（即尸拉夫）港口发现了大量约为9世纪中期的长沙窑外销瓷，伊拉克萨玛拉、阿曼苏哈尔以及埃及开罗附近的福斯塔特等地也都发现了长沙窑外销瓷器及瓷片。这证明当时需求量非常大，长沙窑的外销瓷成了风靡一时的畅销产品。

但是，长沙窑也有着致命的缺陷，就是质量问题。大规模的生产顾不上精雕细磨，许多胡人俑造型粗糙，人脸不清只有轮廓，尤其是长沙窑外销瓷介乎陶与瓷之间，胎质疏松，瓷化不高，远不如长安、洛阳等地的陶俑、三彩俑等造型细腻，也无法与邢窑、越窑等精美瓷器相比。况且中唐以后湖南相当大的区域内也出现人口逃亡状况，主要是因为赋税与徭役重，为了避税许多人流动迁徙，这对烧制陶瓷的工匠自然也有影响。社会动荡中人心也浮动不安，不利于制造技术的积累提高。所以长沙窑仅靠低廉的价格并不能长久取胜，进入北宋后就淡出了人们的视线，直至停滞衰落，逐渐沉寂。

二

湖南制陶业早在汉代就已经有了长足的发展，西汉黄褐色釉陶和东汉绿釉陶器都是精美无比的代表。1958年长沙金盆岭出土了西晋永宁二年（302）的一批陶俑，有持兵器骑俑、对坐俑、奏乐俑等，造型生动，惟妙惟肖。[1] 特别是湖南岳州窑（湘阴窑）、长沙窑等古窑址出土的瓷器有着自己的独特风格，虽名不见经传，可精品屡现，无论是青色釉、褐色釉或青黄釉，均鲜艳美观，有些器皿釉下还绘有深褐、深蓝或绿色花纹，成为湖南陶瓷标志性的文化符号。

笔者2009年、2011年分数次考察了长沙窑、湘阴窑、醴陵窑等窑址以及湖南省博物馆、岳阳博物馆、湖南省考古研究所、长沙市考古研究所等机构入藏的胡人俑。[2] 近距离观察的收获令人感叹，它们不仅提供了特别的研究视角，而且改变了笔者对湖湘地区文化圈的认识。

以下是胡人俑带给我们的启示：

---

[1] 见湖南省博物馆编《湖南省文物图录》图版112—121，湖南人民出版社，1964年。
[2] 几年来，在长沙市文物局局长曹凛、长沙市文物考古所所长何旭红、岳阳楼管委会副主任李建平以及湖南省博物馆、湘阴窑博物馆、岳阳博物馆等诸位馆长陆续带领下，考察圆满结束，特此感谢。

◀ 图 14　唐架鹰胡人俑，长沙咸嘉湖出土

▶ 图 15　招手胡人俑，湖南湘阴县出土

◀ 图 16　侍卫老胡俑，湘阴窑出土

▶ 图 17　唐拱手胡人俑，长沙烂泥冲出土，长沙市博物馆藏

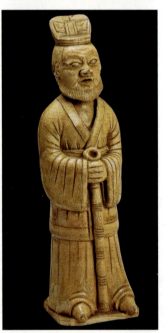

1. 胡人骑马俑（见图13）。1983年湖南长沙南郊烂泥冲出土，长沙市博物馆藏。[1]

2. 架鹰胡人俑（见图14）。1976年湖南长沙咸嘉湖唐墓出土，湖南省博物馆藏。[2]

这个立俑头戴幞头，浓眉凸眼，高鼻，满脸络腮胡须。头部偏右，面带微笑，着唐人常穿的圆领直裾长袍，腰中系带，背后系结，右手自然下垂，左手微举，上架一鹰，脚穿履靴。该胡俑的穿着打扮与西安地区出土的胡人狩猎俑非常相似，应是墓主人生前狩猎活动中调教猎鹰的胡人猎师。北方架鹰狩猎活动很普遍，南方是否也是如此呢？

胡人端坐马背，头微向左侧，卧眉豹眼，直视前方，连鬓胡须，头戴幞头，身

---

[1] 见湖南省博物馆编《湖南省文物图录》，湖南人民出版社，1964年，第142页图版。
[2]《长沙馆藏文物精华》，"唐胡人俑"，湖南美术出版社，2007年，第78—79页。

着长袍，束系腰带，左手下垂，右手抬至腰上作牵马状。胡人长相威猛凝重，面带笑容，神态却不温和，给人惊异之感。剪鬃马通体施青釉，从马具装饰来看不是一般平民装备，至少是达官贵人家中所有。这个胡人应该是进入湖湘地区后服侍主人的扈从，作为出行仪仗前导，震吓路人。这在北方非常普遍，但在南方比较少见。

3. 招手胡人俑（见图15）。湖南湘阴县唐墓出土，湖南省博物馆藏。

胡人侍立，头戴幞头，突眼高鼻，全脸胡须直竖，给人勇猛威武的感觉。左手置前似握物，右手平举向上，手心向前为招手状，面部表情传神，仿佛正在与人打招呼。雕塑者手法细腻，胡人身上服装线条刻画简洁，脚穿短靴，与汉人穿履着鞋不同。

4. 侍卫老胡俑（见图16）。湖南长沙烂泥冲唐墓出土，长沙市博物馆藏。

胡人双目圆睁，下颌胡须稀疏，嘴巴微张，一副饱经沧桑的老态毕现。尽管老胡头戴冠顶，身穿袍服，有着唐代官吏的装束，但其双手抱剑拱于腹前，或是双手握圆鞘长剑置于胸前，剑鞘顶尖立于两足之间，似乎在为高官贵族守家护院。

5. 拱手胡人俑（见图17）。1958年湖南长沙赤岗冲唐墓出土，湖南省博物馆藏。

这个老年胡人俑头戴进贤冠，粗眉凸眼，高鼻，张嘴露齿，上唇八字胡，下颌络腮胡。上身穿交领宽袖短襦，腰系宽带，下着束腿裤，赤脚穿草鞋，双手拱礼置于胸前，一副忠心耿耿的老臣形象[1]。

---

[1]《唐会要》卷七二"诸监马印"，上海古籍出版社，1991年，第1546页。

图18 胡人牵驼俑

图19 胡人牵驼俑，湘阴窑出土

图20 胡人牵驼俑

图21 胡人牵驼俑

22　　　　23　　　　24　　　　25　　　　26　　　　27　　　　　28　　　　　29　　　30

图22　唐持杖胡人老年俑，长沙赤岗冲出土

图23　胡人俑，湖南岳阳唐墓出土

图24　唐墓胡人俑，湖南岳阳出土

图25　胡人俑，湖南岳阳唐墓出土

图26　唐代胡人武士俑，湖南岳阳出土

图27　胡俑，长沙考古所出土

图28　胡人俑，铜官窑出土

图29　胡人蹲跪俑，湘阴窑出土

图30　湖南出土胡人俑，《文物》2006年第11期刊出

6. 胡人牵驼俑（见图18—21）。湖南省博物馆藏。

这类牵驼俑在1956—1958年出土的湘阴窑、长沙窑陶俑中屡见，虽然陶俑与骆驼俑比例不当、造型比较粗糙，但是形象生动，胡人满头鬈发，耳戴大环，双手作拉驼状，骆驼回首张望。这是反映北方墓葬中的牵驼俑，还是反映南方使用骆驼运输的真实状况，需要进一步探讨。

7. 胡人侍立卫士俑（见图22—26）。岳阳桃花山唐墓及其他地区皆有出土，应为岳州窑、长沙窑等出品。[1]站立的胡人皆浓眉大眼，络腮胡，虽穿着不尽相同，但均头戴唐人幞头，多叉手，视为敬礼状。也有武士持武器状，似乎保卫着主人。

8. 胡人蹲跪俑（见图27—29）。长沙市考古研究所藏、铜官窑博物馆藏。

这类胡人俑残破不全，胡人直瞪双眼，两腮胡须，浓眉仰脖，半蹲半跪的"胡跪"形象栩栩如生，同类胡俑中出现这种艺术形象者很少。另一件断臂胡人俑也是蹲跪姿势，因残破无法过多推测。

9 胡人儿童俑（见图31—39）。出土单位与博物馆收藏较多，不再一一列举。

唐代南北方都有童子俑制作，长安等地均有出土，这可能是工匠们为了适应家庭对儿童启蒙的需要制作的儿童瓷塑玩具，但是只有湖湘地区出土了大量充满稚气的胡人童子俑，有的戴帽，有的露顶，脸谱多彩多姿，手艺独具一格。

为什么制作这些胡人儿童俑，内销还是外销，还需要进一步探讨。

10. 胡人牵马俑（见图40—41）。长沙郊区出土。胡人深目高鼻，满脸髭须，头束长巾，穿短服长靴，左臂裸露，双手作牵马状。另一个牵马俑肩背包袱，作远

---

[1]《岳阳唐宋墓》，"胡人俑"，上海古籍出版社，2016年，第21页。

31　　　32　　　33　　　34　　　35　　　36　　　37　　　38　　　39

行状态。马后臀还印有"大吉"二字，符合唐代养马制度中"诸王公公主家马印文，宜各取本号"的马印规定[1]，这反映了墓主拥有骏马的状况及用马匹俑陪葬的心态。

长沙已发现的隋唐五代墓有500多座。1952年长沙出土的唐文宗太和六年（832）的纪年墓中，出土了墓主王清的墓志铭，记述其祖籍太原，从汝南寓居长沙的简单事迹[2]，这不仅有助于了解湖湘地区的唐人迁徙活动，而且对了解北方人习惯于胡风胡俗带来的文化影响的过程提供了材料。

另外，长沙市考古研究所收藏的出土滑石印模（见图42），也有圆毯胡人"胡腾舞"的精美造型。滑石是湖南本地特产，胡人吹笛、跳舞的形象印模究竟是制作时有外国订购者参与设计，还是海外专门定做的摹本模式呢？

有学者认为长沙窑有四大技术贡献：一是发明了釉下彩绘工艺，二是成功地创烧了以铜为着色剂的铜红釉色，三是开创了釉下彩绘装饰花鸟、诗词、俚语等瓷绘的先河，四是开创了模印贴花。[3]笔者更倾向它的贡献在于对人物陶俑的造型模仿与创造。湖湘胡人俑既有自己的特色，比如墓葬中屡屡出现老胡持剑俑、胡人俑均穿戴唐人服饰而无翻领胡服、窑址中发现很多天真可爱的胡人儿童俑，但又有很多缺失，比如北方胡人俑中常见的背囊持壶的胡商俑、手足舞蹈的昆仑奴俑、风尘仆仆的胡人骑驼俑等造型，均不见于湖湘胡人俑之中。如果丧葬品脱

图31　胡童俑

图32　青釉抱尖底器瓷俑，唐长沙窑出土

图33　小胡俑，湖南省博物馆藏

图34　胡俑，湖南省博物馆藏

图35　青釉褐彩盘坐瓷俑，唐长沙窑出土

图36　裸体俑座陶灯，唐长沙窑出土

图37　青釉胡人瓷坐俑，唐长沙窑出土

图38　青釉褐彩着高帽瓷俑，唐长沙窑出土

图39　青釉绿彩胡人瓷俑，唐长沙窑出土

---

[1] 湖南省博物馆《湖南长沙咸嘉湖唐墓发掘简报》，《考古》1980年第6期。
[2] 《湖南古墓与古窑址》，"长沙隋唐墓"，岳麓书社，2004年，第149、361—362页。
[3] 林梅村《丝绸之路考古十五讲》，北京大学出版社，2006年，第234页。

◀ 图 40 胡人牵马俑，长沙窑出土

▶ 图 41 胡人牵马俑，长沙窑出土

离了特定的区域就会失去自身的含义，订购者选择丧葬品时是否专门需要这类奇异器物？

三

以前由于史料缺乏，学术界对"蛮荒旧楚"的南方胡俑并不关注。安史之乱后，南方由于没有直接受到战争的破坏，经济损失并不显著，特别是湖南物产较为丰饶富裕，成为京畿长安的供应地。《旧唐书·刘晏传》记载"潭、衡、桂阳必多积谷……漕引潇、湘、洞庭，万里几日，沧波挂席，西指长安。三秦之人，待此而饱；六军之众，待此而强。"可见湖湘地区物质生产不仅是首都的保障，也是中唐军队的后盾。

但是从长安、洛阳、扬州、广州的交通史料来看，这几处都有大量胡商活动，或是由贩易形成移民聚落。洪州（南昌）作为大庾岭沿赣江进入长江流域的必经之地，就有不少胡人。

唐人赵璘《因话录》卷六记载：

> 洪州优胡曹赞者，长近八尺，知书而多慧。凡诸谐戏，曲尽其能。又善为水嬉，百尺樯上不解衣，投身而下，正坐水面，若在茵席。又于水上靴而浮。或令人以囊盛之，系其囊口，浮于江上，自解其系。至于回旋出没，变易千状，见者目骇神竦，莫能测之。恐有他术致之，不而真轻生也。[1]

---

[1]《因话录》卷六，上海古籍出版社，1979年，第111页。

图42 滑石胡人印模，长沙市考古研究所藏

洪州为当时南方胡人杂居之地，与湖南毗邻，这个名为曹赞的"优胡"无疑是昭武九姓粟特人，他不仅知书聪慧，而且身高近八尺，表演的杂技使人惊叹不已。"优胡"巡游四方以奇技谋生，应是当时的著名人物。江西省博物馆藏有出土的唐代胡人俑，对此有真实的反映。

王国维在其名篇《西胡考》中曾指出："《北梦琐言》卷七载蔡押衙诗云：'可怜洞庭湖，却到三冬无髭须。'以其不成湖也。是唐人以谓须为胡，岂知此语之源，本出于西域胡人之状貌乎？"[1]因而推测隋唐以来"深目多须"或"鼻高眼深"者均被识别为西域胡人。

如果说中唐后沿海路而来的波斯、大食商人主导着中国南方的贸易，那么西域粟特胡商则在北方长安、洛阳等地占据着优势。波斯和阿拉伯人喜好的陶瓷必定印着自己的文化痕迹。在湖南长沙窑中出土的"胡人女子"图像陶器（储钱罐）残片，令人惊奇，实属罕见。绘图上仅残留的胡人女子金发卷披，脸庞圆润，右手执竿搭在肩上，被誉为"桫椤卷发女郎"。从"黑石"号沉船上打捞出的圆盘上有卷发胡人形象，说明当时的外销瓷文化选择上有着特殊要求。还有湖南省考古研究所藏有的异国情侣图案陶瓷残片，描绘有一对男女面对面相视，男子为须髯卷翘的胡人，女子为高髻簪花、脸颊施绯的美人。李建毛先生认为这是一桩唐代涉外婚姻画面，说明当时跨国婚姻比较普遍[2]。

《唐律疏议》规定中国人禁止与"化外人"私下通婚，但实际上胡人蕃客娶汉人女子为妻妾者很多，只是禁止将汉人妇女带回外国。胡蕃女子嫁给汉人没有法律禁止，但是胡妇蕃女嫁给汉人的实例史书记录很少。《旧唐书》卷一七七记载卢钧

---

[1] 王国维《观堂集林》卷一三《西胡考》（下），河北教育出版社，2003年，第313页。
[2] 李建毛《湖湘陶瓷·长沙窑卷》，湖南美术出版社，2009年，第216页。

▶ 图43 胡女绘画俑残片,湖南省博物馆藏

图44 长沙窑胡人像,"黑石"号打捞出水

▼ 图45 长沙窑址出土胡人男女情侣绘画残片,湖南省考古研究所藏

为广州刺史时禁止蕃人与中国人通婚,以避免引起矛盾纠纷。那么陶瓷器皿上绘有的胡人女子头像,究竟是对外贸易销售需要艺术装饰呢,还是有针对性地取悦外国消费者呢?或是给中国人欣赏呢?这些问题的答案尚不得而知,但是胡人女子绘像提示我们可能有胡女在长沙生活,工匠将她们的形象绘画于瓷碗上,是为了展示胡女的外来风采。

《太平广记》卷二五六引《云溪友议》载唐陆岩梦《桂州筵上赠胡女诗》:"自道风流不可攀,那堪蹙额更频颜。眼睛深却湘江水,鼻孔高于华岳山。"用湘江水调侃胡女的眼睛,莫不是"以胡入湘"的注脚?王仁裕《荆南席上咏胡琴妓》:"红妆齐抱紫檀槽,一抹朱弦四十条。湘水凌波惭鼓瑟,秦楼明月罢吹箫。"此外,还有咏叹"洞庭琵琶女"的诗句,这都表明湖湘地区"以胡入

湘"的现象不足为奇。

但是为什么史书没有记载湖湘地区的胡人活动呢？出土的唐代墓志碑铭文物也很少。"况长沙大郡也，江山亘千里，道途控百越，有主人焉，有大宾焉，浑浑四来，击楫摩轩。"[11] 长沙"跨南楚之富沃"，历来是南北通衢、集贸大市，如此便捷的商贸线上的胡人却寥寥无几，商胡势力弱小得令人百思不解，有待新的出土文物揭秘。

湖湘地区胡人俑有以下几个明显特点：

1. 从类型上说，有成人俑与儿童俑之区别。儿童俑大量出现，这是北方胡俑中较少见到的。儿童俑有的谦恭献媚，有的神态伤心，在异国情调中显现出小孩的憨态可掬，胡人儿童的机灵、天真一览无余。

2. 从造型上说，有精细与粗糙之区别。湖湘胡人俑往往制作较为粗糙，不像长安、洛阳陶俑那样刻画细致、造型逼真，胡人没有喜怒哀乐的明显容貌，筋骨分明。

3. 从时间上说，虽有湘阴窑与长沙窑的前后区别，但是许多有"开元三年"至"咸通八年""乾宁五年"等纪年文字，表明工匠们时间观念非常强，唐朝制品的证据无可争议。胡人俑即使无文字刻画，也不影响它的断代和价值判断。

4. 从地域上说，有北方俑与南方俑区别。北方胡俑雕塑风格追求动感神韵，湖湘地区出土的胡俑大多略显简单。

5. 从釉色上说，长沙窑没有彩绘胡俑，大都是灰青色素色胎，单一纯色陶俑较多。与北方彩绘陶俑或三彩胡俑相比，湖湘地区工匠制作的胡俑不够细腻，虽然釉下彩绘突破了过去单色釉传统，但是在胡人俑身上很少看到彩绘技法的使用。

6. 从装饰手法上说，长沙窑有釉下彩、模印贴花、刻画花几种，直接借用阿拉伯、印度的生活元素加以艺术化，特别是贴花胡人艺术形象带有异域宗教气息，并配有椰枣树、桫椤树、联珠纹等造型，这是北方胡人俑所没有的装饰。

7. 从服饰上说，湖湘胡人俑大都是头戴幞头身着唐服的胡人形象，不像北方胡人俑经常头戴高尖帽、身穿翻领胡服，这表明湖湘地区胡人经过"汉化"，已融入当地生活之中，不再保持本民族的服饰了。

8. 从设计理念上说，湖湘地区陶俑有着平民意识，不像是为贵族王公单独定做的，高度和规模都远远不如北方一些达官贵人墓葬中出土的胡人俑。

整个湖湘陶瓷为适应外销获取更多经济利益，装饰艺术趋向均与外来文化元素

---

[11] 符载《长沙东池记》，《全唐文》卷六八九。

图46 胡人驯狮香炉,"黑石"号打捞出水

图47 阿拉伯文瓷罐

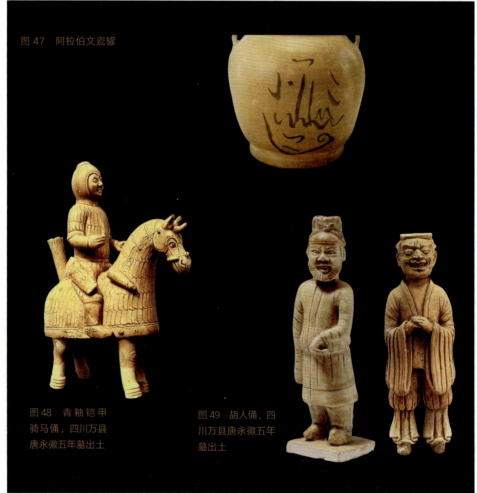

图48 青釉铠甲骑马俑,四川万县唐永徽五年墓出土

图49 胡人俑,四川万县唐永徽五年墓出土

兼容，阿拉伯文题款直接丰富了中外文化的内涵，并被淋漓尽致地发挥。

长沙窑瓷器的外销以前总被认为是五代宋以后的事，实际上在唐代海路畅通情况下，已有大量外销。1998年在印尼勿里洞岛海域打捞的"黑石"号沉船中发现的约6万件瓷器，长沙窑制品占八成之多，其中既有"宝历二年七月十六日"的字样，又有"真主的仆人"等阿拉伯文字和异域风情的瓷器，真实地反映了长沙窑瓷器在晚唐时畅销西亚的事实，见证了湖湘地区与9世纪海上丝绸之路的贸易状况。[1]值得注意的是，"黑石号"上还有"胡人驯狮"香炉和胡人伎乐八棱金杯，胡人形象夸张，颇有戏谑意味。

在唐代外销瓷中，与河北邢窑、河南巩县窑、陕西耀州窑相比，湖南长沙窑除了常见的碗、盘、壶、罐、盂、枕、托盏、文具等外，最鲜明的就是有人和动物的雕塑，而胡人造型更是突出，或许是为了对外销售，或许是应外商订货需要，因为长沙窑产品远销至伊朗、伊拉克、埃及等地，如果为投其所好，制作这些胡人俑也就不奇怪了。事实上，胡人儿童俑可能是外销的，成年胡人俑造型则有可能是供国内丧葬订货使用。

湖湘地区陶俑艺术不仅出现在湖南一省，在四川、湖北、江苏等地也发现有类似风格的陶俑，与北方诸地出土的胡人俑有明显差别，形成了一个湖湘陶俑文化圈。1979年万县驸马坟唐墓出土的胡人俑、骆驼俑等，与长沙的唐俑几乎相同。[2]湖北武昌也有类似的胡人俑出土。[3]可见，我们不能局限于在湖湘地区考察胡俑，而应扩大范围，从整个中国南方地区来研究湖湘诸窑的胡人俑。

唐宋时期在南海贸易中活跃的阿拉伯人、波斯人一直有着很大的影响力，他们对闽粤、湖湘的直接或间接影响都是值得研究的。我们研究海上丝绸之路不能只见物不见人，运输贩卖的商品从造型到装饰固然要研究，但更重要的是通过出土文物来认识人，"透物见人、以器喻人"，这就是我们重视湖湘地区胡人俑的原因。

汉代陆路丝绸之路的开辟，为东西方互相了解交流打开了通道；中唐后海上陶瓷之路则为世界了解中国铺设了沟通的新线路。在这个世界文化大循环的商品流通中，没有外来异质文化对湖湘地区陶瓷器皿的渗透融入，中国长沙窑要想成为丝瓷之路的代表是绝对不可能的。文化交流一定是双向的、相辅相成的，所以我们说"湖湘文化，丝路一环"。

---

[1] 谢明良《记黑石号（Batu Hitam）沉船中的中国陶瓷器》，见《台湾大学美术史研究集刊》第13期，2002年，第1—59页。其他关于"黑石号"沉船中长沙窑异域胡风瓷塑的文章较多，大同小异，不再摘引。

[2]《天府藏珍——四川馆藏文物精华》，四川科学技术出版社，2009年，第176页。《全国出土文物珍品选1976—1984》，图374、375，文物出版社，1987年。

[3] 权奎山《武昌郊区隋唐墓出土陶俑的分期》，见《庆祝宿白先生九十华诞文集》，科学出版社，2012年。

RESEARCH ON THE IMAGES OF THE HU PEOPLE IN MONGOL-YUAN PERIOD

12 蒙元时代『胡人』形象俑研究

蒙元时代"胡人"形象俑研究

元代"胡人"就是色目人,泛指来自西域中亚、波斯、阿拉伯以及欧洲的族群人种。终元一代,他们既是族群政治的受惠者,又是蒙元民族矛盾的牺牲品。学术界近年来关于色目人的研究成果不断推出[1],但都是从文本文献到传统典籍,很少结合出土文物研究,更少对陆续发现的元代"胡人"形象陶俑进行仔细分析,本文试从"文物补史""图像证史"层面上做一填补,为学术界提供不可缺少的证据。

一

"色目"一词从初唐以来在文献中屡屡出现,意思是"各色名目",当时是将"色目"作为形容词使用的[2]。到了宋代,"色目人"已成为一个专有名词,指姓氏生僻的所谓杂姓人物。元代忽必烈时期,"色目人"所指已从初期西域人、中亚人延及欧洲人在内的各类外族的专名,并且运用极为普遍,陶宗仪《辍耕录》列有31种色目人[3],但在汉人眼中他们都是异类"胡人"。

"色目人"的称呼是汉族人认知当时世界和外来人种的产物,是汉族概念和汉

---

[1] 《近十年来国内学者对元代色目人研究综述》,《宁夏社会科学》2002年第5期。
[2] 《唐律疏义》卷一三《户婚律》,第十三条出现"色目"二字。《南部新书》丙卷记载"大中以来,礼部放榜,岁取三二人姓氏稀僻者,谓之'色目人'",实指入唐应试的外国人。
[3] 陶宗仪《辍耕录》卷一《氏族》所列元代色目人31种中有5种是重复的,应为蒙古人的有2种,不见文献记载的有6种,漏落斡罗思、拂菻、尼波罗等。

图1 胡人牵驼俑，西安长安区元代刘元振墓出土

语范围内的词汇，但是也有不同看法[1]，认为在族群划分时"色目"与蒙古语"合里·亦儿坚"（qari irgen）所涵盖的意思一致，即蒙古人对其他种族的称呼后缀均带有"合里"一词，证明汉语"色目人"就是蒙古语"合里"的译语。不过，"合里"作为广义的"色目"，目前还没有直接的蒙汉对译史料。

我们从元代历史文献中可知，蒙古人为区别外族部落在名称上缀加"色目"一词时往往还加有"回回"名称，如《元典章·兵部》："行省、行院、行台的路里达

---

[1] 胡小鹏《元代"色目人"与二等人制》，《西北师大学报》2013年第6期。

图 2 元胡人黑陶俑，西安出土

鲁花赤、畏吾尔、回回色目官人……"，《宪台通纪》也记载"回回诸色目人"。"回回"最早出现在北宋时期，指西域回纥人，但在元代基本是对西域伊斯兰教信徒的通称，这对我们理解"色目人"的范畴很有借鉴意义。

元代统治者将其治理的人民分为蒙古人、色目人、汉人、南人四等，并根据这四个等级分别做出入仕晋官、禁令刑罚、赋役纳税等规定。利用民族差异进行有效统治是元朝统治者的基本思路，蒙古人、色目人常常被列为一个品级，汉人、南人则被划为另一个等级。由于蒙古军队征服西域在先，故视色目人为"国人"；占领中原于后，而视汉人、南人为"非国人"；另外，忽必烈旧臣中阿里海牙、叶仙鼎、孟速思等畏儿儿战将和擅长理财的西域人，形成一个集团，所以色目人地位高于汉人。然而随着蒙古部族内部的融合和元朝逐步对大蒙古国的扩展，蒙古人之外的等级界限不时出现模糊，属于第二等级的色目人，如果没有世袭特权的"根脚"，不少人也会有坠落至下层之变化。

图3 胡人下层胥吏俑，陕西历史博物馆藏

图4 胡人持卷文吏俑，山东省博物馆藏

色目人不是都有着尊贵的地位，他们来自西域、中亚的各个国家与部落，虽有部分人属于上层阶级，能跻身蒙古的第二等级，可是由于职业、身份等境遇不同，也有很多"色目人"随军进入中原后沦落为低下阶层，其中担任万户府达鲁花赤地方军政长官下属的很多，低级县尉中色目人年少者充任的也很多[1]，甚至有为奴为仆者。如果色目人再犯有奸盗、诈伪、驱良等罪行，照样判处刑罚被人鄙视。特别是西域中亚地区奴隶买卖盛行，1953年新疆吐鲁番出土的元代回鹘文契约文书中，记录了当时名为忽都鲁的畏兀儿女人被卖给帖式灭里兄弟为奴和另一个名叫斌通的畏兀儿人被转卖给汉名"大圣都通"的人为养子，从几份奴婢买卖文契看，他们多从事家内劳动，是新主人家可以转卖的依附人口。[2]

忽必烈建立元朝后，蒙古贵族逐渐从草原向中原汉地转移，附和与效忠蒙元朝廷的北方汉人"贰臣"官僚也得以升迁晋级，一些新贵家庭中开始使用色目人为属吏或奴仆，特别是为蒙元帝国立下军功的汉族官僚家庭，许多原本就是燕赵齐鲁豪绅地主[3]，家中奴仆成群，上下等级森严，出现了使用色目奴婢的现象，社会等级取代了族群藩篱。反映在墓葬中的"胡人"形象俑，就是借展示当时色目人形象的视觉艺术造型，来突出族群等级制度下的身份高低。

[1] 蒙思明《元代社会阶级制度》，中华书局，1980年，第45页。
[2] 冯家昇《回鹘文契约二种》，《文物》1960年第6期。耿世民重新考释译文见《中央民族学院学报》1978年第2期。
[3] 到何之《关于金末元初的汉人地主武装问题》，《内蒙古大学学报》1978年第1期。

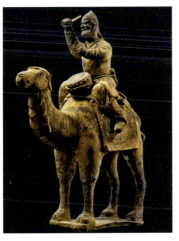

图5 元灰陶胡人骑驼击鼓俑，陕西户县贺氏墓出土

二

我们根据陕西、山东、河南等地元代墓葬中出土的"胡人"造型陶俑，在不完全统计的情况下，举出一部分事例来供学术界关注与讨论：

第一，胡人蹙眉站立俑（见图2）。

由西安文物稽查队追缴的元代黑陶俑共10件，六件人俑四件马俑，最吸引人的是两个站立的"胡人"形象者，一个似持武器武士俑或侍卫俑，是双腿叉开站姿，另一个戴文吏交角方帽，小交领内衣外罩方口长袍，束带曳袍，双手握拳。两个胡人都是深目直鼻，蹙眉睁眼，嘴角紧抿，满脸胡须，一副凶横神色。[1]雕塑匠可能继承了对胡人面相"眉深若蹙、状若悲秋"的传统印象，与其他恭顺温和侍候俑对比，有意凸显出鲜明的族群特征。

第二，胡人下层胥吏俑（见图3）。

这个高25厘米的元代黑陶胡人俑，深目高鼻，头发向后梳理成辫，满脸长髯，身着交领右衽长袍，足蹬靴子，双手交错放于胸前，有人判断可能是牵曳马或牵骆驼的侍从。[2]但这是沿着唐代胡人牵马俑形象的思路做延伸，实际上这个胡人俑更趋向于典型的侍从形象，应是个下层胥吏的造型。

第三，胡人持卷文吏俑（见图4）。

1955年山东济南祝甸出土的元代胡人陶俑，高29.2厘米，现由山东博物馆收藏。这个胡人全脸有着浓密的络腮须髯，高鼻深目，头缠的长巾为典型的西域"裹头"，身着长袍，手拿文卷，摆臂前行，仿佛正在急急赶路为主人呈报文本，整个雕塑造

---

[1]《众志成城 雷霆出击——2010年全国重点地区打击文物犯罪成果精粹》，文物出版社，2011年，第223、224、226页。

[2]《陕西历史博物馆新入藏文物精粹》，三秦出版社，2011年，第134页。

图 6　胡人牵缰驭马俑，陕西历史博物馆藏

图 7　胡人持礼侍立俑，白云鄂博博物馆藏

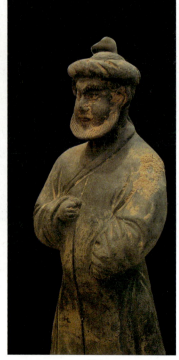

型动感极强，是元代黑陶俑中较为突出的艺术作品。[1]

第四，胡人骑驼击鼓俑（见图5）。

这件胡人骑驼击鼓黑陶俑，1978年发掘出土于陕西户县元泰定四年（1327）贺氏墓，墓中共出土60多件牵驼、牵马俑等，其中胡人骑驼击鼓俑最为引人注目，胡人头戴尖顶帽，深目高鼻，满脸须髯，骑在骆驼上手持鼓槌，扬举击鼓，应是为主人出行开路的仪仗队的成员。元代色目人乐工演奏的"回回音乐"，从宫廷到王公贵族之家曾经流行一时，尤其是熟悉音律的畏兀儿

图 8　色目人牵驼俑，元刘元振墓出土

人表演出类拔萃，受到达官贵人的赞赏。所以，这件"胡人俑"生动地再现了当时西域色

---

[1] 1955年山东济南祝甸出土的元代黑陶胡人俑，为山东博物馆展陈中提供。

图9 元代黑陶胡人俑

目人入华后所从事的职业。[1]

第五，胡人牵缰驭马俑（见图6）。

陕西历史博物馆收藏的这件"胡人"牵缰驭马俑，胡人深目鹰钩鼻，秃顶脖长，胡须较少，一只手扬起抓住缰绳，另一只手紧拉不松，做出牵马的动作。[2]胡人身穿长袍，前胸下摆系有皮类围裙，腰缠粗带，脚蹬系带皮靴，似乎是一个兢兢业业的熟练马夫。

第六，胡人执礼侍立俑（见图7）。

内蒙古呼和浩特白云鄂博博物馆收藏。在一群侍立俑中，有的牵马，有的牵狗，有的抬轿，但是众多侍立者都是规规整整的形象，其中这个"胡人"侍立者手放胸前执礼等候主人出行[3]。令人瞩目的是，"胡人"头缠典型的阿拉伯长带，扎紧绕顶一圈。胡人脸庞留有修齐过的胡须，眉毛浓厚，头后留有浓粗的大长辫，究竟是阿拉伯人还是西域其他民族人种，不好判定，但是双眼炯炯有神，是一个年轻人的形象。

---

[1]《陕西户县贺氏墓出土大量元代俑》，《文物》1979年第4期，图版6：2。这件胡人骑驼击鼓俑在西安博物院建馆开幕式陈列展出，此图片为笔者现场拍摄，分为正面和侧面。

[2] 陕西历史博物馆保管部藏元代色目人俑，1950年长安韦曲元代泰定三年（1326）耶律世昌墓出土。

[3] 胡人俑照片系内蒙古呼和浩特白云鄂博博物馆收购的这批元墓黑陶俑展出时，笔者现场考察拍摄。

第七，双胡人牵双驼俑（见图1）。

2009年8月西安市长安区韦曲夏殿村元代刘黑马家族墓地出土的元代"胡人"俑，是发掘元大德六年（1302）刘元振及妻郝柔合葬墓时发现的。[1]在众多陶俑中，有两个戴大檐圆顶"钹笠帽"的"胡人"，曳缰绳牵着两匹骆驼，昂首站立。这两个胡人深目高鼻，全脸胡须，留有长辫椎髻，他们身着右衽长袍，神态自若，一副桀骜不驯的样子，而他们所牵的骆驼也披有花毡类鞍鞯，非同一般商贸所用，两胡人应是为生前墓主人服务的近侍。

第八，缠头胡人牵驼俑（见图9）。

2002年西安曲江乡孟村基建清理一座元墓时，发现前室陶骆驼旁有"胡人"牵驼俑一件，胡人头缠长巾，浓眉外凸，深眼高鼻，阔嘴须髯，身穿交领紧袖长袍，腰束布带打结，右手握拳抬臂至胸前，作拉缰牵驼状，似为一个年龄较大的西域色目人。[2]

此外，1956年西安曲江池至元三年（1266）段继荣及夫人刘氏墓出土有元代胡人俑，1964年西安沙坡元墓出土胡人骑驼俑。[3]1973年焦作出土一批元代陶俑中有胡人俑。[4]1987年延安虎头峁元墓出土戴圆帽鹰鼻卷须胡人俑。[5]河北元墓出土的零星陶俑中亦有胡人形象者。平凉崆峒山景区还发现有元代胡人石像。虽然"胡人"俑都按照蒙古人辫发、椎髻习俗梳妆，并穿戴元代流行的由"胡帽"改进的大檐圆顶"鞑帽"、长袍服，但与脸庞圆胖的蒙古人面相显然区别较大，从雕塑的形象来看地位和身份都不高，为了再现主人亡灵的哀荣，陪葬主人也许是他们最终的归宿。

元墓出土的"胡人"俑，无论是造型艺术还是精致程度，相比隋唐时期的胡人

---

[1] 2009年笔者在陕西省考古研究院李举纲主任带领下，前往长安夏殿村元代刘黑马家族墓考古工地考察，现场拍摄了这组照片。该墓简报及所公布牵驼胡人俑图片，见《2009年中国重要考古发现》，文物出版社，2010年，第179页。

[2] 陕西省考古研究所《西安市曲江乡孟村元墓清理简报》，《考古与文物》2006年第2期。

[3] 1964年西安东郊沙坡出土元墓色目人骑驼俑，现藏陕西历史博物馆。见杨洁《陕西地区出土蒙元陶俑类型分析》，《文博》2013年第5期。李举纲、杨洁《陕西地区蒙元墓葬的发现与研究》，《陕西历史博物馆馆刊》第18辑，三秦出版社，2011年。

[4] 见新加坡文物馆编《宋元明历史文物精粹展》图录，2008年，第53页。《河南古代陶塑艺术》收录焦作西冯封村元乐舞俑，惜未见公布有胡人俑。大象出版社，2005年，第326—328页。

[5] 延安文管会《延安虎头峁元代墓葬清理简报》，《文博》1990年第2期。

图10 元墓陶俑，西安市文物保护考古研究院藏

俑显然逊色很多，但是继承了隋唐陶俑一些塑造方法，简练写实、比例准确。虽然蒙古族以马背游牧文化为特征，可在汉族世侯官僚墓葬中仍采用了中原墓俑方式，特别是"胡人"俑的出现促使我们进一步思考当时社会中色目人的不同际遇以及族群等级制度中的变化。

蒙古人占领中原后，色目人协同驻守在各地营所，他们追随蒙军行猎，践踏庄稼桑枣，随意拘民为奴，强行求索酒食，特别是挟蒙古人之势力，大显威风。但散居在各地的色目人并不构成群体社区，加之中上层与下层分化很大，色目人与汉族通婚日渐增多[1]，尤其是一些色目人入华后"爱慕华风"，将名字改为汉名，连丧葬也仿效华俗。

色目人移民众多，内部的阶级分野严重，有"根脚"的特权者与一般劳动者差别很大。据《元史》记载，有1050户斡端（于阗）、可失合儿（喀什噶尔）工匠在甘肃、陕西屯田，乞儿吉思（吉尔吉斯）700户在合思合屯田，畏兀儿人在南阳屯田，合剌鲁军士在襄阳屯田，以及钦察、康里、斡罗思等色目人在中原从事农业生产。手工业、商业、矿业的色目人工匠也很多，从事的职业可说是五花八门，工奴、家仆、乐人、艺人、卜人等不少[2]，特别是有"西域国手"承担雕工塑匠。像刘黑马、刘元振的曾祖是蒙元时期的汉人世侯刘伯林，刘黑马又是元太宗窝阔台所立汉军三万户之首，所以元代"胡人"形象俑的出现，不是偶然的，而是对当时社

---

[1] 萧启庆《元代多族士人网络中的婚姻关系》，见《蒙元史暨民族史论集》，社会科学文献出版社，2006年。
[2] 匡裕彻《元代色目人对中国经济和文化的贡献》，见《元史论集》，人民出版社，1984年，第536—551页。

会的历史背景和贵族丧葬等级的反映。

三

为什么中原地区元代墓葬中会出现造型各异的"胡人"黑陶俑？这些胡人俑的身份标识是官府胥吏、译人通事、衙署随从，还是豢养艺人、家庭奴仆？在多元民族国家的背景下，追溯历史深处的族群生态，无疑是极为复杂的共栖问题，需要继续思考。

我们知道经过唐末大战乱，又遭遇宋金战争和蒙古大军践踏，从河北、河南到陕西关中地区屡屡遭到破坏，宋元之际已"城郭萧条、不见人迹"。1229年窝阔台即汗位后，发民为卒，编为汉军，立汉军三万户，后增至七万户。投附蒙古的汉官转化成"世侯"，大同刘黑马、太原梁瑛、济南张荣、真定史天泽、东平严实、保定张柔、大名王珍、中山邸顺等一批显赫世侯在当时非常著名，不仅有着"分民专土"的特权，而且其内部"爵人命官，生杀予夺"，"都邑长吏，皆其皂隶僮使"，"奴视部下"。[1]

忽必烈受蒙哥汗命令治理北方后，在河北、河南、山东、陕西等地恢复汉法，使各地重新获得安定。为与宋军交战，他确定河南为蒙军进攻襄樊一带的根据地，关中则为进攻四川的大本营。蒙古大汗周围的汉臣们起着运筹帷幄的作用。[2]

1259年蒙古伐宋之役，几乎全用汉军，以河北满城张柔的军队为主力，其实就是北方汉人进攻南方汉人。手握重兵的汉人军将们得胜立功后，封官赐地，赏奴占婢，尽享尊荣，引得不少汉人、南人采用蒙古名，想冒充蒙古人求官谋职，也想使用下层色目人服侍自己以光耀厅堂。

过去一些学者不太注意，蒙军班师东徙带回不少西域、中亚、西亚及东欧的各族移民，包括钦察、康里、阿速、斡罗思、大食、波斯等的"色目人"。清赵翼曾指出，元代蒙古、色目人散居各地，与汉人相混，并无限制，因而在中原、江南分布甚广。[3] 陈垣《元西域人华化考》曾考证来自西域的132名色目人注明有部族，大多

---

[1]《元史》卷一四八《严忠济传》，卷一四七《史辑传》，卷一二六《廉希宪传》，卷一五九《宋子贞传》等都有汉人世侯的特权记载。
[2] 萧启庆《内北国而外中国——蒙元史研究》，（上册），中华书局，2007年，第134页。
[3] 赵翼《蒙古、色目人随便居住》，《陔余丛考》，河北人民出版社，1992年，第291页。

图11 元胡人浴马图,故宫博物院藏

应是中下层的色目人,他们形成劳作群体,利用特长谋生。[1]

值得注意的是,色目人中经商者众多,被称为"斡脱"。早在大蒙古国时代,这些来自西域中亚的色目商人就聚集在蒙古汗廷和各级王公门下,为主人搜罗金银珠宝,管理财物,襄理商业,以羊羔儿息或以官钱的营利手段在很短时间内赢得蒙古贵族赏识,双方形成了特殊的政治、经济关系,被人们视为把持政柄的"党羽"。入元以后,西域胡商的贸易特长继续发挥着重要作用,元朝甚至特设"斡脱总管府"和"泉府司",由这些商人负责出纳金银之事。有些权贵高官家中拥有自己专职的西域商贩(斡脱),让他们从事营利活动。[2]《元史》与《元典章》中多次提到"贾胡"向元廷"进珍异及宝带、西域马",当时由南宋入元的"贾胡"沙不丁,专职采买珍奇货物。泉州丁鹤作为著名胡商贩运于苏州、泉州之间,为元朝统治集团中高级官僚提供西方奢侈品。[3]不过汉族对色目商人的普遍印象是狡诈贪婪、嗜财盗国,在当时必然会形成一些胡、汉对立的刻板印象。

笔者认为,元墓中出现"胡人"形象的陶俑,是现实主义的写照,它反映了元

---

[1] 陈垣《元西域人华化考》,上海古籍出版社,2000年,第131页。
[2] 修晓波《元代色目商人的分布》,《元史论丛》第6辑,中国社会科学出版社,1997年。
[3] 庄为玑《宋元明泉州中外交通史迹的价值》,《厦门大学学报》1956年第1期。

◀ 图12 元色目人俑，束带左悬方形腰牌，右佩囊袋，国家博物馆藏，传1956年西安曲江池西村出土

图13 胡人俑，白云鄂博博物馆藏

▼ 图14 元童子俑，海外追索回归文物展陈列

代贵族和投降蒙元的高级汉官要彰显自己权贵者的身份。墓中"胡人"陶俑同其他造型俑一样，都在相应的"位"摆放，被置于车前出行或仪仗排场之中，在阴间仍率先侍从主人，而且其造型不是简单重复或是随意塑造，而是有着特殊的时代视觉文化意义。

蒙元时代中国版图之大一度超过隋唐时代，当时各族迁徙与混居非常普遍，有学者分析徙居中原之色目人大约亦有三四十万。[1]"胡人有妇能汉音，汉女亦解调胡琴。"[2]但是色目人作为汉人眼中传统的"胡人"，除了留下包括伊斯兰文化、基督教文化等遗产外，还在中原墓葬中保留了"胡人"形象的黑陶艺术俑，外来族群血肉之躯化为汉族丧葬习俗之作，以独有的文物图像为我们留下了清晰证史的介质，不仅说明了西域色目人被"华化"的表征，也证明了"胡人"对中原地区社会生活产生过不小的精神影响。

---

[1] 萧启庆《内北国而外中国——蒙元史研究》（下册），中华书局，2007年，第465页。
[2] 见《元诗选二集》，戴良《九灵山房集》，中华书局，1987年。

图15 元胡人俑，内蒙古博物院藏

ON THE ORIGIN OF THE FACIAL IMAGE OF THE JAPANESE MASKS: COMMENT ON THE NEW ACADEMIC ACHIEVEMENT ON KUCHA MUSIC AND DANCE

13

日本胡人假面形象溯源
——评与龟兹乐舞有关的学术考释新收获

日本胡人假面形象溯源
——评与龟兹乐舞有关的学术考释新收获

一种面具样式里往往隐藏着一个民族的秘史,因为面具将神话传说、宗教功能、造型艺术融为一体,不仅在祭祖、狩猎、战争等活动中发挥着威吓功能,而且有着沟通天地鬼神的象征作用,扮演着特殊的角色。中国隋唐时期保留下来的面具几乎看不到了,那种暴突眼珠,外垂舌头,附加鸟兽纹装饰的假面具很难见到实物。但是日本法隆寺的"拨头"假面具仍被完好保留下来,而且是深目高鼻的胡人形象。为什么?这是我们长期关注的问题。现在经过北京大学葛晓音和日本东京大学户仓英美两位学者的诠释[1],终于使我们知道日本唐乐中的"拨头"就是来自中国唐朝的"拨头",它原是以"拨头"甩发为主的龟兹乐舞表演形式。

一

唐代记载"拨头"的历史文献不少,有时也记录为"钵头"。按突厥语系维吾尔语和蒙古语为 Batur,皆为勇士或英雄之意,拨头作为唐代戏剧起源的重要证据一直受到戏剧史专家学者的重视。

杜佑《通典》卷一四六"散乐"条:"拨头出西域。胡人为猛兽所噬,其子求兽杀之,为此舞以象也。"[2]《旧唐书·音乐志二》:"歌舞戏,有大面、拨头、踏摇娘、窟礌子等戏。玄宗以其非正声,置教坊于禁中以处之。"[3]慧琳《一切经音义》卷四一

---

[1] 葛晓音、户仓英美《"拨头"考》,《中华文史论丛》2013年第1期。
[2] 《通典》,中华书局,1988年,第3729页。
[3] 《旧唐书》卷二九《音乐志》二,中华书局,1975年,第1073页。

"苏莫遮冒"条:"此戏本出西龟兹国,至今犹有此曲。此国浑脱、大面、拨头之类也。"[1] 从这些记载来看,"拨头"不仅是一种曲目,还是一种表演形式,演出特点是以西域胡人为主角,原始情节是胡人被猛兽吞噬后,其子与猛兽格斗,表现为父亲复仇的情景。

段安节《乐府杂录》"鼓架部"记载:"钵头,昔有人父为虎所伤,遂上山寻其父尸,山有八折,故曲八叠。戏者披发素衣,面作啼,盖遭丧之状也。"[2] 这条记载与以上《通典》记载的故事基本同源,但是二者相距近一百年,有了较大差异,可能是晚唐段氏所见"钵头"与《通典》记载盛唐时"拨头"有了汉化改变,将胡人改成"昔人",与猛兽搏斗改成了素衣服丧。华夷之辨在中唐之后非常明显。

图1 太孤父伎乐面,日本正仓院藏

"拨头"大概在唐玄宗时期传入日本后,被写成了"拔头",但日本人将其西域源流说成来自"天竺乐",随着南海婆罗门沙门僧来到日本,所以后世认为是"林邑乐",并置于唐招提寺等[3]。由此"拨头"被演绎成了中南半岛的乐舞,属于佛教艺术的创作。以讹传讹,沧桑嬗变,日本《左舞之谱》画有舞姿图,雅乐中也有"拨头",但是"拨头"乐舞的来源被搞得越来越混淆不清,考证也离历史事实越来越远。

不过,"拨头"始终是胡人形象的脸谱,日本表演者借由脸谱化面具将自己转化为剧中角色,面具的突出特点是加长其大鼻子和细长的眼睛,以此给人留下深刻的印象。这与新疆各地墓葬中出土的面具大不相同。昭苏县波马镶宝石金质面具、尉犁县营盘墓地贴金麻质面具、和田木质面具、新源石质面具等,都是保护死者面部真容的物件,起着驱鬼制邪、

---

[1]《正续一切经音义》(二),上海古籍出版社,1986年,第1673页。
[2]《羯鼓录·乐府杂录·碧鸡漫志》,上海古籍出版社,1988年,第24页。
[3] 转引自〔日〕安倍季尚《乐家录》(成书于1690年),日本古典全集刊行会,1936年,第993页。

安息灵魂的作用，而不是乐舞时佩戴的民俗假面。

二

日本现存最古老的"拔头"假面为奈良法隆寺天养元年（1144）十月的铭记者[1]，"假面"面具为高鼻胡人，怒目圆睁，双眉直竖，嘴角下撇，眉眼疏离，头颅下倾，具象后有的表情似乎是非常痛恨和复仇的情绪，有的则是丑角于诙谐中显出的一副淡定平静的样子。

一般来说，日本传统假面具强调浓墨重彩，通过色调的不同来渲染人物表情，或是利用眼尾、嘴角勾勒方式的差异来刻画人物的表情甚至性格，夸张之势显著。但是胡人长鼻子脸谱"假面"是将其喜怒哀乐全表现在一瞬间的乐舞演技上，如果时间长则要适应群众舞蹈的特色，不调换面具造型恐不足以持续吸引观众。这种"假面"符合日本审美需要，与他们吸纳外来文化心态有关。

在日本雅乐中，西域系统的乐舞自成一系，历来被称为"化石文化"，基本保留了平安朝古传原貌，比如"胡饮酒""兰陵王""拔头""倍胪""还城乐"等以及舞人身上穿缘毛裲裆是其共同特征。扮演动物的人则披上兽皮表演动物形态。日本平安初期编

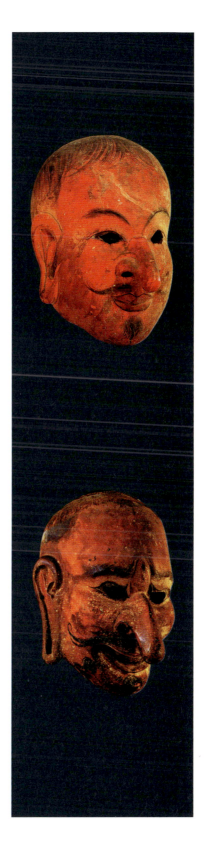

◀ 图2 醉胡从伎乐面，日本正仓院藏

▼ 图3 醉胡从伎乐面，日本正仓院藏

---

[1]〔日〕河间清六《日本假面史》，艺文书院，第126页。

▶ 图4 醉胡王伎乐面,日本正仓院藏

▼ 图5 胡人力士伎乐面,日本正仓院藏

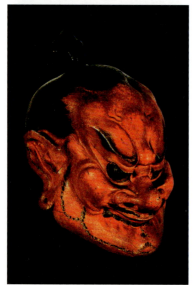

绘的《信西古乐图》是关于唐乐舞的古图,其中"苏莫者"穿金色毛皮,像猴的样子。"苏芳菲"则是人披兽皮模仿一头直立猛兽的样子。[1]"拨头"舞人突出的是胡人形象,表演时穿着赤地红色锦衣,日本学者认为这是因为雅乐于12—13世纪在日本传承的过程中与其他胡人舞混在一起后使服装变成了红袍。高野辰之在《日本演剧史》第二章"乐舞剧"中列举雅乐时,认为"拨头"是"胡人装,多为表示西域地方的服装"。[2]

葛晓音和户仓英美的考释是细致的,论据也是充分的,她们认为"拨头"与"兰陵王""踏摇娘"等同类的唐代歌舞戏,能在玄宗千秋节上演,可能与开元年间关注猛兽的对策有关。这个推测尽管还可再坐实,但她们推定日本的"拨头"源自西域胡乐,与盛唐时代的"拨头"相同,符合慧琳所说的出自"西龟兹国"的"浑脱大面"这一类戏乐。

笔者认为文献考释的成果如果能再加上文物的证明就更有说服力。从日本正仓院所藏的"醉胡王面"观察[3],胡人"长鼻"造型被明显夸张到无以复加的地步,远远超出了从汉代画像石到隋唐壁画、陶俑的胡人高鼻传统形象。对艺术工匠而言,面具的轮廓、表情、色彩都和幽默、风趣、诙谐密切相连,"高鼻"是映现的写实,具有"贵种"强悍容貌的气概;"长鼻"则是虚构的艺术,

---

[1] 日本《信古古乐图》大约作于奈良末、平安初,现存本有宝德元年(1449)摹绘本、宝历五年(1755)摹写本,东京大学图书馆藏。
[2] [日]高野辰之《日本演剧史》,东京堂,1947年,第54页。
[3] 东京博物馆编《正仓院宝物特别展》,1981年,第125页。韩昪《正仓院》,上海人民出版社,2007年,第73页,此面具年代为8世纪。

充满了"人种"滑稽取笑的意蕴。日本"拔头"假面凸出长鼻的特征，究竟源自西域胡乐的本来面目，还是隐喻不同种族体质的民族类型？恐怕更多的还是形式化的艺术夸张。

三

笔者在2005年初曾到日本奈良开会，除到博物馆参访外，在奈良文物保护研究所同行的带领下专门去法隆寺看"拔头"假面实物，而且买了"假面"的画册。

笔者回国后一直琢磨：为什么要在表演时戴上长鼻胡人假面的面具呢？苦于资料不足，未能得出定论。这次读了葛晓音和户仓英美大作后，细详"拔头"，发现假面为全头套，脸部漆为正红色，双眉倒竖，眉头紧锁，两目怒睁，眉眼之间几乎没有距离，特别是鼻子很长，夸张得令人吃惊好笑，与我们在三彩陶俑、墓葬壁画中常见的深目高鼻的胡人形象有些差别。日本胡人假面的头顶和后脑有许多小孔，穿过一缕缕与脖颈相齐的假发，直帘式假发倒垂甚至可以遮住面部，乐舞者晃动头部时可以灵活地将假发甩向一边，表现出激烈的感情，也许这就是当时人们装扮后的直观感受。细察到假面可以自由地拨动头部甩发，笔者认为这应当是"拔头"一名的由来。

实际上，唐代立部伎《安乐》中乐舞伎皆戴木制假面具，也是以垂线作假发，头戴皮帽，舞蹈姿态作羌胡状。《旧唐书·西戎传》有关西域风俗的记述中简介龟兹国人"男女皆剪发，垂与项齐，唯王不剪发"。实际上龟兹周边诸国都是剪发的，对照日本"拔头"的假面头发正是剪发下垂与项齐的状态，剪发作为一个证据也印证了"拔头"与龟兹乐舞文化息息相关。

这里，笔者再补充一个证据，即著名的"龟兹舍利盒乐舞图"。1903年在新疆库车东北苏巴什地方铜厂河岸雀离大寺遗址出土了一件7世纪的胎大舍利盒[1]，盒身周壁装饰乐舞图像，描绘的是龟兹假面舞"苏幕遮"演出的场面，手法写实，栩栩如生。乐舞图像中共有8个人脸戴假面具，其中有4人戴尖耳嘴吐舌的野兽面具，另有4人戴高鼻嬉笑或长鼻哭丧形象的假面具，他们拉手拽带跳跃起舞，并有11人乐队跟随演奏，最前面达有两个长相端庄的胡人持节引导，应是一个完整的西域乐舞画面。另外，1973年

---

[1] 见霍旭初《龟兹舍利盒乐舞图》，《丝绸之路造型艺术》，新疆人民出版社，1985年。本文线描图采自孙机《仰观集——古文物的欣赏与鉴别》，文物出版社，2012年，第335页。

◀ 图6 7世纪初舍利盒，新疆库车出土，木造布贴，东京国立博物馆藏

▼ 图7 舍利盒戴面具乐舞图，新疆库车出土

吐鲁番阿斯塔那唐代古墓群中也发现有戴动物面具的舞蹈俑和被称为"大面"的胡人武士俑。这类假面貌似胡人，狮鼻凶煞，黑须竖起，与龟兹舍利盒乐舞图中的形象交相辉映。不难想见，唐代西域乐舞中戴假面非常流行，但此假面的细节刻画如此逼真，实为难得的实例。

日本《乐舞解说》一书认为日本四人舞《春庭花》是由桓武天皇时留学生久礼真藏从中国带回去的《长寿乐》，《天授乐》是来源自武则天时期的《三台盐（急）》，《万岁乐》是唐人的《鸟歌万岁乐》。20世纪30年代已有少数日本学者对"拔头"作过一些考证，可惜都没有最终点破。葛晓音

和户仓英美对由唐代的"拨头"到日本的"拨头"表演的考释,对我们理解《通典》的简单记载不无裨益,更重要的是我们清楚了日本胡人假面形象的渊源,盛唐龟兹—西域文化的传播绝不是一件虚幻的事情,而是有切切真实的证明的。

葛晓音和户仓英美在《日本唐乐舞"罗陵王"出自北齐"兰陵王"辨》一文中,曾考辨"兰陵王"保留的胡人歌词,证明其是用龟兹乐和大面形式改编于《兰陵王入阵曲》的产物,指出北齐的龟兹乐人改编"兰陵王"乐舞传入日本的原貌。[1] 我们期待着她们《苏莫者新考》的发表,为破解西域文化传播提供更多的新成果。

图8 唐彩绘戴面具舞蹈俑,吐鲁番阿斯塔那出土

最后要说明的是,胡人假面作为一种有着悠久历史的面具艺术,虽想象恣肆,但基本面相并不是畸形鬼脸,没有妖魔化,是现实人物的夸张化,在"拨头"胡人真实形象背后有着生与死、善与恶的悲悯情怀,是人神勇斗野兽的象征符号,有着驱邪纳福、珍爱生命的表意性质。

---

[1]《唐研究》第6卷,北京大学出版社,2000年,第87—108页。

THE SILK ROAD AND CERAMIC FIGURINES OF FOREIGNERS IN TANG DYNASTY

14

丝路古道与唐代胡俑

丝路古道与唐代胡俑

乾陵博物馆举办的"丝路胡俑外来风"展览，无疑是它在海内外第一次集中专题式的人物造型展览，而且这类人物主角是唐诗中描写的"琉璃宝眼紫髯须""肌肤如玉鼻如锥"的高鼻深目、卷发长须的胡人。展览的一个鲜明主题就是丝绸之路与外来民族的交流影响，即通过胡俑外化形态揭示异域文明的传入，通过造型艺术直观地解读胡人入华的史料，通过对历史遗产的回顾更加开放地思考未来社会。

近年来全国各地北朝和隋唐墓的发掘中胡俑的不断出土，虽不是俯拾皆是、蔚为大观，但也是层出不穷，每每引起人们的关注与社会反响，胡俑的形象由此逐渐深入人心，大家对此耳熟能详。可惜的是，没有什么博物馆愿意抓住机遇主动承办胡人专题展，只有乾陵博物馆借申报丝绸之路为世界遗产之春风，举办了这样一个颇有中外交流意义的文物展览。尽管展览的胡俑是以乾陵出土收藏的为主，借调了西安周边地区一些文博单位的文物，但是100多件胡人俑汇聚一堂，图像整合的典型性已经足够了，展览规模和艺术风格也凸显了，确实令人耳目一新，赞叹不已。

众所周知，乾陵是初唐走向盛唐时期皇家陵寝文化的代表，已发掘的陪葬墓群中有160多件文物与丝绸之路息息相关，其中不仅有《客使图》《狩猎出行图》《打马球图》等国宝级罕见壁画，还有列入一级文物的彩绘陶俑、三彩俑70余件，其中胡人俑就有30多件。重要的是，流釉晕染、分外艳丽的三彩俑这次出现在地下世界。例如章怀太子墓中就有6件三彩胡人牵马俑，永泰公主墓出土了一批特征非常令人诧异吃惊的三彩胡人俑，而懿德太子墓中的胡人骑马狩猎俑也独具特色，最高的唐三彩文武官俑和大体量骆驼俑都接近1米之高，给人的视觉冲击巨大，确实是摄人魂魄、撼人心灵，它们不仅是史诗般的经典力作，而且展现出盛唐时代海纳百川的胸怀。

图1 胡俑头部，唐金乡县主墓出土

图2 长髯胡人俑，唐金乡县主墓出土

图3 胡人俑，懿德太子墓出土

图4 胡人俑，懿德太子墓出土

一

　　千年前的雕塑工匠们在胡俑身上倾注自己的创作力量，赋予陶土材料以生动的灵魂，赋予静态的造型以传神的外来面貌。这不仅是艺术表现力的展现，更是当时历史生活的折射展现。《旧唐书·西戎传》记载胡人"多嗜酒，好歌舞于道路。生子必以石蜜纳口中，明胶置掌内，欲其成长口常甘言，掌持钱如胶之黏物。俗习胡书。善商贾，争分铢之利。男子年二十，即远之旁国，来适中夏，利之所在，无所不到"。胡人从中亚绿洲的一个个据点，扩散到西域周边，又经过河西走廊，来往于汉地中原各个城镇，除了唐代两京长安和洛阳人数众多外，流动足迹在北方远涉山西、河北、北京和辽宁朝阳，在南方则在长沙、武昌、桂林、广州、成都等地屡屡出现，这是一条无限延长的商贸之路。近年研究表明，胡人的职业是丰富多彩的，身份亦是多元的，不仅仅是从事贩运的胡客商贾。他们中既有从事畜牧的牵驼养马者，也有耕田扶犁的务农者；既有酿酒酤卖的酒家胡，也有变幻百戏的卖艺者；既有侍候主人的家奴，还有进入中原后为朝廷效力的文臣武将。

　　至于胡汉血缘融合的通婚嫁娶更是普遍，侨民后裔或者二代、三代的"土生胡"，使那种在东方人看来像西方人、在西方人看来又像东方人的中亚人种，逐渐地形成了新的胡容胡貌。特别是胡人作为中亚地区最古老的印欧人种，当时与蒙古人种的突厥人持续地进行着强迫或自愿的婚姻，形成了一个民族大熔炉，仅从一个人的容貌上很难辨别族属，判定一个民族的族源更是件纠缠不清的事。这个令人费解的人类学之谜使现代学者枉费了许多功夫。有人声称这个俑是粟特人，那个俑是波斯人；也有人推测这个俑是突厥人，那个俑是回纥人；结果只能是一本令人生疑的糊涂账。胡人俑无疑为我们找到了认识西域以及其他民族的一面镜子，但是汉人眼中的"胡"与胡人眼中的"汉"有时真假难辨，界限模糊，鼻高须多的"类胡"者还常常遭到戏谑嘲讽，依靠胡人俑去鉴别古代国家种族很可能带来极大的误会。

　　值得注意的是，胡人俑也分不同等级，有的胡俑身为蕃将文臣，属于特殊阶层，但大多数属于卫士随从；有的则身为奴婢马夫，明显属于下层社会，但他们却表情温雅、衣着华丽；还有许多歌舞音乐的杂耍表演伎形象俑则属于另类等级，是取悦主人的仆人角色。身份等级不同者，其神态禀性是绝对不同的。大多数胡俑的身份属于社会下层，他们被摆放在墓葬里就是要在阴间继续侍奉故去的主人，如果说他们是"弱势人群"恐也不为过。尽管千年之后我们已无法详解这些胡俑的内心

▶ 图5 唐彩绘骑马女俑,《东方艺术》2003年第4期刊出

◀ 图6 唐三彩骑马女俑,法国巴黎中国考古文物展展出

感情、追求愿望和生活处境,但从墓中掺杂摆放的位置可以感受到他们的困顿无奈与底层命运。

胡人俑既不像陵墓外大体量的石刻雕像那样巍然屹立,又不像棺椁内晶莹的玉石雕刻那样小巧玲珑,而是在墓葬中壁龛或者墓室里摆放的真人替代品,表现的是"人"的"面"和"体",每一个俑都从属于为死者建立的特殊象征空间里,它的形象是"活的"。尽管每个胡人俑似乎表现的是单独个体,实际上胡人俑都融在群体之中,有些甚至成为"程式化"表现的一部分。在那些违礼越制、推崇厚葬的墓室里,成百上千的陶俑作为送葬明器陈列于墓所,"偶人象马,雕饰如生","炫耀路人,破产倾资"。还有人要赢得"孝"名以利于今后入仕做官,也大量到明器铺去定做随葬俑。从北朝到隋唐,一般小型墓葬中就有100多个俑,河北磁县北齐湾漳墓中多达1800多个俑。仅从乾陵陪葬墓来看,永泰公主墓出土陶俑878个,懿德太子墓出土陶俑1065个,章怀太子墓出土陶俑700多个。这些陶俑不仅数量多,而且尺寸大,显示了皇家成员的显赫地位,其制作也最为精美。只不过每个墓葬中胡人形象俑的数量较少。

令人感到饶有兴味的是,虽然所有的陶俑都是把写实和想象结合成凝固的视觉形式,但各自又有着题材组合的变化,从而形成了由几组俑所构成的一个大场面。这些俑还被缩小比例便于呈现集体面貌,其中既有规模可观的乐舞队伍,又有杂技表演团体;既有分立几列的显达文武勋官,又有持盾抚剑的仪仗军阵;既有女仆杂役和马夫驼手,又有架鹰携犬的出猎马队。每个场面队伍中都夹杂着各种胡人角色,比如吹

奏乐师、牵马驭手、骑驼商客、持笏臣僚、仪仗武士、狩猎骑兵等，我们可以想象着墓主人的灵魂睡卧在石榻上，俯视着众多臣下，恭顺俯首者中有胡人；欣赏着乐舞演出，服侍宾客者中还有胡人；观看狩猎活动收获而归，其中也有骑马载物的胡人，可以说，胡人无处不在，这和当时唐境内有不少胡人聚居是相匹配的。胡人生活面既广且深，他们的形象被塑造成各色陶俑，既象征着各族归顺、各国臣服的心态，又显示着墓主人"超规格"的世间生活，仿佛奢华的地下世界可以无限延续以至永恒。

二

唐代石刻雕塑我们见过不少，但在墓葬中的却很少，大概石刻费时费工费钱，不如泥塑陶制来得更快，成本相应较低，不仅适应死者家人单独定制的需要，而且能成批生产进入"凶肆"买卖。但是笔者也注意到陶俑或三彩俑的工艺并不比石刻简单，雕塑水平绝非一般人可以达到，很多人物比例准确，表情丰富，眉目传情，栩栩如生，既表现了雕塑创作者的追求，也表达墓葬主人"视死如视生"的意愿，洋溢着一种只有那个时代才有的特殊气象。

这不仅使人怀疑雕塑制造者本身是否来自中亚西域的胡人。画史上记载过来自中亚曹国的曹仲达是位粟特人出身的画家，但是他创作的衣纹飘举、肌体贴水的"曹家样"，曾经从北齐流传至唐代，对中国图像艺术产生过重大影响。因此，我们一直猜测胡人形象的陶俑雕塑极有可能是"自画像"，应是东迁入华的西域画工、雕工、刻工、塑工等人的作品。他们将自己来自西方的手工技艺直接带入中原内地，不仅周游两京、活跃于各地，而且授艺传徒，移植技法，绘制神像，用不同的艺术手段，掀起了一股股胡化的风潮。正是在这种文化氛围下，唐代的墓葬陶俑中才会出现那么多生动的胡人形象、昆仑奴形象和其他民族人物的形象。

胡人俑在中国墓葬中确切出现的时间，一直是个疑问。我们所见大概是东汉时期随着早期佛教传入开始陆续出现的一些粗糙的胡人形象，它们在沂南、徐州、武昌、四川等地零星分布。北魏时随着"五胡入华"，民族融汇局面大盛，面貌清晰的胡人俑也陆续面世。北朝胡人俑形象虽然还较为笨拙粗陋，但不乏精品佳作。经过隋唐之际的转折，胡人艺术形象的塑造水准提高很快，对贵族华美生活的表现也取代了以前的甲骑具装军事装束。到盛唐时期，人物刻画已经非常准确到位了，并且各地出现的胡俑造型也不雷同，相对来说北方的胡俑精雕细刻，神形兼备，南方

◀ 图7 胡人骑马俑，唐李震墓出土

▶ 图8 胡人骑驼俑，西安文物保护考古研究院藏

的胡俑比较粗糙，轮廓失真，其中陕西、河南、山西、甘肃等外来移民迁徙地与聚集地的胡人形象造型水平最高。还有些胡俑不拘格套，雍容大气，甚至敷彩描金，推崇新奇。

对乾陵陪葬墓群中出土的胡人俑，笔者做过长期仔细观察。1960年永泰公主墓出土的彩绘俑中至少有三例胡人俑曾经使人困惑不解：

1. 永泰公主墓出土的胡人袒腹俑，头发中分盘辫于脑后，高鼻深目，昂首上视。身穿深绿色齐膝盖皮袍，褐色绒毛里外露，绿色窄腿裤，赭色尖头靴。原来有人以为是握拳牵驼俑或牵马俑，实际上他神气十足的手势是在做亮相表演状，与牵拉牲畜无关。此俑长期被人们误认为牵马俑，经过多年合并同类俑系列考察，结合历史文献记载，笔者曾指出这类袒腹俑应是隋唐时期变幻魔术的西域幻人形象（见《中国历史文物》2007年第4期）。

2. 永泰公主墓出土的胡人骑马上身裸体俑，肌肉隆起，筋腱暴绷，双手举起。有人将其定为"胡人力士骑马俑"，但究竟是佛教寺院守门的力士还是角抵场上摔跤的力士，没有解释，令人生疑。笔者曾认为它是一种自南北朝时就从西域入华的泼寒胡戏形象。隋唐时代，每年十一月"乞寒节"，胡人骏马胡服、腾逐喧噪于街衢戏乐，在齐集列阵、豪歌狂舞时往往裸露身体，唐张说《苏幕遮》五首记有泼寒胡戏情景，但由于是独俑孤证，没有见过其他类似俑，一直不敢轻率地下结论肯定。

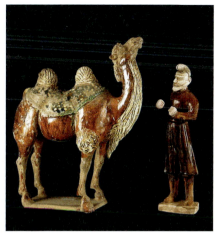

◀ 图9 朝阳黄河路唐墓出土骑驼俑，辽宁文物考古研究所藏

▶ 图10 唐三彩牵驼胡人俑，西安西郊五四四厂出土

3. 永泰公主墓出土的另一个胡人骑马俑，虬髯满腮，头戴四檐毡帽，鞍座后携带圆卷物品，与斯坦因在于阗废寺丹丹乌里克木版画上发现的头戴四檐毡帽骑花斑马的人物如出一辙，与北宋宫廷画师李公麟《五马图》中所绘进献于阗名马"凤头骢"的西域贡使装束非常相似，即头戴四檐毡帽；也与近年山西太原发现的北齐贺拔昌墓中戴四檐毡帽的胡人俑一模一样。这说明此类胡人骑马俑很可能是西域贡使，至于是于阗贡使还是携带卷掩物件的信使，则还需要进一步研究判定。

永泰公主墓发掘已经快五十年了，我们还不能对胡人俑得出满意的解读答案，这说明并不是胡人俑一出土展示，就能说清楚道明白，需要长期的观察对比和深入研究，望文生义的浮躁学风只能带来误读错解。尽管面对历史上许多胡人活动，现在学术界还争论不休，有些甚至成了历史难题，但是我们毕竟能从胡人俑形象上观察到许多重要的线索，其中包含着许多中西糅合的文化元素和历史信息。一具具胡俑呈现在我们眼前，有的造型生动，表情怪异，有的栩栩如生，毫未褪色，仿佛还带着生前的体温，依稀让人感到当时的气息，感到一种心底深藏的召唤，似乎它们的灵魂犹在，脊梁犹在，当年丝绸之路上胡汉往来前仆后继的那段岁月仿佛也从中浮现。

胡俑能在众多人物俑中脱颖而出，是当时艺术工匠关注社会前沿的动态，不断潜心追求艺术创新的结果，因此，各类胡俑造型不是袭故蹈常，而是时尚价值的延伸。当然，更是因为受到不同社会阶层的欣赏喜爱和鼎力支持，胡俑才会大量涌现。我们看到的不仅是艺术虚构的结晶，还有历史的总结和见证，或是在丝路之上进行东西方艺术交流的国家的形象。胡人俑写实与写意的统一表现手法，

▲ 图11 狩猎女俑，唐乾陵陪葬墓出土

▼ 图12 胡人裸身俑，陕西乾陵永泰公主墓出土

只在唐代作为标志性雕塑佳品留给了后世。

从8世纪开始，唐俑急剧减少，生动的胡人俑形象也开始慢慢消失了，甚至连穿胡服的女俑形象也很难找到了。零星的随葬陶俑形貌日显猥琐，人物造型顿失盛世风貌，这与社会逐步走向封闭保守有关。缺失了外来文化的内涵和个性，人们眼界逐渐狭小，局限于自赏自怜，雕塑创造没有了神奇的想象力，缺少了胡人造型与意象的"亮点"，劲吹了几个世纪的外来风终告停息。

三

胡人、胡风、胡音对中国汉唐之间的社会产生了激烈撞击，来自外域的胡姓移民分布四方，他们的活动成为欧亚历史中最重要的篇章之一，其中遗留至今最精彩诱人的形象，我们认为就是不断出土的各种造型的胡人俑，这是活生生的历史见证。

对胡人俑的系统研究，西方学者早已着手进行。20世纪20—30年代，他们就大量购买中国的陶俑秘密运出国境，然后分类整理。1959年，罗马曾出版了Jane Gaston Mahler（马珍妮）的专著《唐俑中的西域人》，1998年E. Knauer女士的《骆驼的生死驮载——汉唐陶俑的图像和观念及其与丝路贸易的关系》曾获得法兰西金石铭文学院"儒莲奖"。国外还有一些以"深目高鼻"为标志识别族属的论文陆续发表。我国在20世纪50年代将在基本建设中出土的胡人俑列入唐俑之中也曾有过出版，但黑白图版模糊不清，印制质量粗糙，说明词只有出土地点等寥寥数语，所涉内容仅在前言中稍作提及，并没有系统研究胡人俑的专题论著问世，一些本该由中国学者作出判断的重大课题，研究停滞不前，一搁几十年。

近年，考古发现的胡人形象日积月累，不断丰富，可供人们欣赏和评论的"胡化"文物也在许多博物馆频频亮相，外国有东亚艺术品收藏的大博物馆亦不断陈列展出胡人陶俑。然而，专门针对胡人俑的研究课题仍很少得到资助，科研人员还没有及时跟上形成研究梯队，展览陈列里张冠李戴、胡汉不分的事情屡屡出现，所出图书中对墓葬里胡人俑艺术形象的探讨不深，有些谈胡说蕃的文章只是重复叙述，更没有从简单的艺术描述上升到对历史文明的考察体认。笔者遇到的具体问题很多，这里略举三例：

例如昆仑奴俑长期被认为是来自非洲的黑人，竟很少有人提出怀疑，有些甚至被误导到几乎完全"失声"的状态。对黑人俑的研究，文物界和学术界目前新的求证凤毛麟角，竟使人产生盖棺定论的感觉。七八年前笔者曾写过《唐长安黑人来源寻踪》一文，依据考古文物和唐宋史料从不同角度考证，指出当时的黑人不是来自非洲，而是来自南海诸地域，即今天的东南亚和南亚一带。文章发表后曾被多家学术媒体作为新观点转摘介绍，目的就是为了纠正人们的错误认识。

又例如我们今天所能见到的唐代胡人女性俑非常罕见，当时胡姬、胡旋女等外来女性在史书文字和出土文献中都有不少记录，但遗憾的是考古文物中却很难找到"胡女"，似乎只有西安金乡县主墓里的一个"胡女"特例，但她脸部面容模糊不清，也绝不是唐诗上描写的胡姬，而是一个伺候女墓主的家人或女仆。这种反差值得我们注意与反思。唐人范摅撰《云溪友议》中记载桂林有胡人女子踪迹，《全唐诗》卷八七〇记载陆岩梦《桂州筵上赠胡女诗》："自道风流不可攀，那堪蹙额更颜颜。眼睛深却湘江水，鼻孔高于华岳山。舞态固难居掌上，歌声应不绕梁间。孟阳死后欲千载，犹有佳人觅往还。"这个胡人女子深目高鼻，应当是自西域入华辗转至唐桂林寄居者。此戏谑诗歌固然难得，唯胡人女俑在国内还是发现极少，盼望有朝一日能有新的胡人女俑图像公布。

还例如唐代胡人俑服饰装束非常引人注目，如梳辫盘髻，卷发虬髯、高尖蕃帽、翻领衣袍、小袖细衫、尖勾锦靴、葡萄飘带、玉石腰带等，都在陶俑塑刻中

◀ 图13 唐墓胡俑，西安市文物保护考古研究院出土

▶ 图14 唐胡人侍从俑，香港松林轩藏，《亚洲艺术》2007年7—8月号

表现得淋漓尽致。时尚是社会变化的缩影，服装的流行趋势是随着社会不停地变化的，胡人服装对汉人的影响肯定是这一时期胡人进入中原社会后的融合结果。唐代流行的"女扮男装"俑或是"女穿胡服"俑就是当时社会风俗的表现，唐高宗、武则天时期还扩散成时髦装束之一。而穿着胡服的唐人俑与戴着幞头的胡人俑也比比皆是，证明了文化交流是双向的。需要指出的是，尽管唐代青年女性袒胸露乳形象有所出现，服饰"洋化"，装扮华贵，但并不是要学习西方雕塑表现身体曲线，或是突出引目勾魂的性感，而是自我意识较强，显示青春的活力，以区别于步履维艰的老妇。这也是其他朝代很难出现的艺术表现。

笔者始终认为，千年前长安、洛阳等地的胡风能够留下的映象，主要就是这些幻影般定格的胡人俑，它们犹如一首首送给消逝的城市的视觉挽歌。如果说，唐人在安史之乱前似乎较少排挤外来的胡人，陵墓中陪葬的胡人俑凸显了这一事实，那么这种趋势在中唐以后则愈来愈弱了。各地出土陶俑表现的是大历史中的小细节，有些胡人武俑体格健壮丰盈，有些卖艺胡人表情生动活泼，有的线条浑圆饱满，有的神态昂扬自若，但正是细节才真正让历史变得血肉丰满，经络俱全，让人们记住历史遗产并有了追溯其价值与怀旧的共鸣。假如缺少胡俑的这些细节，历史就只是

◀ 图15 唐穿胡服抱小狗的妇女，维多利亚和阿尔伯特博物馆收藏

▶ 图16 唐彩陶女子双手抱犬立俑，体形为天宝时代造型，日本京都国立博物馆藏

◀ 图17 唐披帛女俑，辽宁朝阳出土

▶ 图18 唐贵族女性俑，2008年香港亚洲艺术展展出

◀ 图19 唐女俑，旧金山亚洲艺术展展出

▶ 图20 唐妇人俑，西安文物保护考古研究院藏

一个模糊的轮廓，历史是由生活构成的，生活无往而不在历史之中，那些透过生活细节看到的历史也往往更可信。

实际上，胡人俑惟妙惟肖的形象背后有许多世人莫知的隐秘，要"探秘"则需要具有大历史视野下中西交流史的眼光，通过对两种异质文化互相接纳的细致繁密的考证，尽可能接触当时见证人的记载。笔者不愿在彩绘陶俑和三彩俑的质地材料区别上做过多分析，无论是陶或瓷，皆有精湛作品，我们更关注的应该是人物造型的社会意义。丰富多彩的千年胡人俑走出地下，舒展着自己的生命，出现在我们面前的是一段活的历史，它会使我们的研究更加具体化、形象化，值得更多人来参与关注，以填补历史的空白页。

胡人俑是雕塑艺术中一个独特的造型，而艺术恰恰是人类一种重要的沟通工具，能够使不同民族走到一起来，从相识、相知到相互理解和尊重。陶俑雕塑为历史提供了不可磨灭的证据，是古代"纪实塑造"的凝固影像，是当时历史进程中的艺术积淀和人物见证，是最能使人信服的记录和文物意象。我们研究胡人俑并策划展览，并不是热衷于种族的寻根，回归胡汉交融传统，也不是考证有趣史实，单纯追忆过去上千年的历史，而是要透过胡俑展览启发人们思考人类交往中的双向理解，共同关注未来的生活。

本卷论文出处

(唐人胡俑与丝路艺术专题)

- 胡人的眼睛——唐诗与唐俑互证的艺术史
  《中国国家博物馆馆刊》2012年第11期

- "胡人岁献葡萄酒"的艺术考古与文物印证
  《故宫博物院院刊》2008年第6期

- 唐代胡商形象俑研究
  《唐研究》第20卷,北京大学出版社,2014年

- 丝路商队驼载"穹庐""毡帐"辨析
  《中国历史文物》2009年第3期

- 唐代胡人袒腹俑形象研究
  《中国历史文物》2007年第5期

- 唐代狩猎俑中的胡人猎师形象研究
  《故宫博物院院刊》2010年第4期

- 北朝隋唐引牛驾车胡俑写实现象
  《中国历史文物》2010年第3期

- 壁画塑俑共现的唐代家乐中的胡人
  《美术研究》2014年第1期,
  收入《首届曲江壁画论坛论文集》,文物出版社,2014年

- 唐代孔雀冠与外来造型艺术
  2009年《新疆文物》丹丹乌里克会议专刊稿

- 绘塑同风、画俑互映:唐"胡汉马球图"艺术审视
  《中国国家博物馆馆藏文物研究丛书·陶俑卷》,上海古籍出版社,2015年

- 湖湘地域出土唐代胡俑的特色
  《美术研究》2018年第3期

- 蒙元时代"胡人"形象俑研究
  《文物》2014年第10期

- 日本胡人假面形象溯源——评与龟兹乐舞有关的学术考释新收获
  《中华文史论丛》2015年第3期

- 丝路古道与唐代胡俑
  《丝路胡人外来风》专论,文物出版社,2008年(2008年8月1日《中国文物报》全文刊登)

本卷征引书目举要

(为节省篇幅，征引史料古籍全部省略)

- 陈万里编《陶俑》，中国古典艺术出版社，1957年。该书收集整理了当时所见的战国到明代的84件陶俑图片，其中隋唐48件，大多为西安收藏品，一部分图片的原物已经散失，没有注明出处，所以比较珍贵，如打马球俑价值很高。书中图片由于为黑白图片，并且不清楚，只能端详大概形象。
- 《陕西省出土唐俑选集》，文物出版社，1958年。
- 《陕西唐三彩俑》，文物出版社，1964年。
- 《中国古代俑》，上海文化出版社，1996年。
- 洛阳博物馆编《洛阳唐三彩》，文物出版社，1980年。
- 《中国陶瓷全集》第5卷（隋唐），上海人民美术出版社，1999年。
- 《中国陶瓷全集》第6卷（唐五代），上海人民美术出版社，1999年。
- 《燕园聚珍——北京大学赛克勒考古与艺术博物馆展品选粹》，文物出版社，1992年。
- 《咸阳文物精华》，文物出版社，2002年。
- 湖南博物馆主编《湖南名窑陶瓷陈列》，2006年。
- 《中国美术全集》第26集（雕塑编·隋唐雕塑），人民美术出版社，2006年。
- 《龙门博物馆藏品——佛教艺术展》，大象出版社，2005年。
- 《汉唐陶瓷艺术——徐展堂博士捐赠中国文物粹选》，香港区域市政博物馆，1998年。
- 《九如堂古陶瓷藏品》（Jiurutang Collection），美国西雅图亚洲美术馆展览图录，2001年。
- 林树中编著《海外藏中国历代雕塑》（三卷），江西美术出版社，2003年。
- 《形色璀璨的中国陶艺——唐三彩》，台湾"国立"历史博物馆，1987年。
- 《故宫博物院50年入藏文物精品集》，紫禁城出版社，1999年。
- 《海内外徐展堂中国艺术馆藏品选萃》，香港徐氏艺术馆编印，1996年。
- 乾陵博物馆编《丝路胡人外来风：唐代胡俑展》，文物出版社，2008年。
- J.G.马勒著，王欣译《唐代塑像中的西域人》，兰州大学出版社，2012年。
- 《西安文物精华·三彩卷》，世界图书出版公司，2011年。
- 《西安文物精华·陶俑卷》，世界图书出版公司，2014年。
- [法]魏义天著，王睿译《粟特商人史》，广西师范大学出版社，2012年。
- 许序雅《唐朝与中亚九姓胡关系史研究》，兰州大学出版社，2012年。
- [日]川村佳男等著《汉唐时代の陶俑》，东京国立博物馆，2015年。
- [日]小林仁《中国南北朝隋唐陶俑の研究》，思文阁株式会社，2015年。

- 《中国国家博物馆馆藏文物研究丛书·陶俑卷》，上海古籍出版社，2015年。
- 《河南古代陶俑艺术》，大象出版社，2005年。
- 《中国洛阳出土唐三彩全集》，大象出版社，2007年。
- Chinese Ceramics Bronzes and Jades In the Collection of Sir Alan and Lady Barlow, By Michael sullivan, London, 1963.
- Foreigners in Ancient Chinese Art——From private and museum collections, By Ezekiel Schloss, China House Gallery（the China Institute in America），1969.
- From Court to Caravan: Chinese tomb sculptures from the collection of Anthony M. Soloemon, Harvard University Art Museums, Yale University Press, 2002（这本画册是2002年7月27日至9月15日由哈佛大学艺术博物馆举办的"从王宫庭院到沙漠旅行商队——中国墓葬雕塑收藏品"的展览图录。书中收有55件汉唐陶俑雕塑，其中北魏、北齐特色明确，27件唐代陶俑中胡人形象有10件，值得关注）。

Han and Hu:
China in Contact with Foreign Civilizations

by Ge Chengyong

TERRACOTTA FIGURES

The Eyes of the Western Regions People: Art History in Poems and Earthenware Figures of Tang Dynasty

The cross-disciplinary study of Tang Dynasty poetry and sculpture is an extension of the cutting edge scholarly practice of "interplay of history and poetry" and "knowing history through imagery". The abundant depictions of the eyes of the Western Regions people(huren 胡人) seen in Tang poems and earthenware figures are the most prominent sign of the mixture of exotic and Han cultures, representing the artistic tastes of contemporary literati and craftsmen as well as the vivid embodiment of the integration of history and pottery during medieval China. Reading history and poetry with images of ancient objects is a novel practice that breaks the limitations of words and leads to a greater world of art expression.

Evidence from Art, Archaeology and Antiquarian Studies on the "Annual Presentation of Grape Wine by the Huren (Sogdians)"

For a long period of time, archaeologists and collectors have designated a number of figurines as Hu figures although no explanation has been forthcoming. The author, from the Cultural Relics Publishing House, takes up the issue of the textual history of the introduction of grape wine to China in ancient time and for the first time highlights the art works depicting the social phenomenon, celebrated by High Tang poets, of the "annual presentation of grape wine by Hu people". He argues that these figurines show grape wine being brought to China in skin containers by Sogdians and being carried by palace ladies from bird-shaped wine vessels. This is what the Tang poets referred to as the "annual presentation of grape wine by Hu people".

A Study on the Tang Dynasty Figurines of the Hu Merchants

The backpacked Hu Merchant figurines widely collected in Chinese and foreign museums were generally referred to as "Itinerant Hu Merchant (行旅胡商)", "Persian Hu merchant(波斯胡商)", or "Arabian Hu Merchant(大食胡商)". This paper studies the images of these backpacked Hu merchants, and argues that these merchants are actually street vendors, who tramped around cities and villages, and strived for a living by selling merchandise in their backpacks. They are similar in nature to the peddler(hanghuolang 行货郎) in later records. There are both connections and differences between these backpacked Hu merchants and Chinese itinerant merchants(行商), or intermediate merchants(估客). This paper concludes that these backpacked Hu merchants are not Hu merchants engaging in long distance trade but low-level peddlers active in Chinese society.

Discrimination of "Qiong Lu" And "Zhan Zhang" Loaded By Camels of Trade Caravans on the Silk Road

The "Qiong Lu" and "Zhan Zhang" loaded by camels on pottery figurines from Northern Dynasty to Tang Dynasty have been considered as the saddle plate. But the author considers it as basic necessities of trade caravans in wild accommodation on the Silk Road by researching on a wealth of cultural relics. Furthermore, the folded tent frame and saddle plate are not the same thing. This article attempts to correct the long-standing misconception among the scholars who are studying the relics and museology.

A Research on the Belly Exposed Pottery Figurines of Hu People of Tang Dynasty

The images of belly exposed pottery figurines of Hu people excavated in recent years are strange, distinctive, monstrous, rough and confusing. The author argues that this kind of pottery figurine is not the image of the groom but the foreign magician whose symbolic belly and chest are exposed on purpose. Being put together with dancers, musicians and hunting figurines, the Hu people had many special skills, and their special characters were shown with many kinds of magic.

A Research of the Painted Figurines of the Hu Chasseurs of Tang Dynasty

Among the figurines of the Hu chasseurs of the Tang dynasty are many who have strong physique and thick beard. They used to wait upon their masters as the "professional chasseurs" with special competence at hunting and taming the raptorial beasts and birds. They were called "Gong Ren" who came from the foreign countries along with the tribute animals, or "Fan Kou" who immigrated into China for a living. Different from the Han hunters, they attached themselves to bigwigs to serve as their waiters in hunting activities with their skills. Their appearance made the rise of hunting in the Tang dynasty.

The Realistic Feature of Bullock-Cart And Hu Driver Figurines from Northern Dynasty to Tang Dynasty

It is a description of reality aiming to distinguish between high and low that there were many Hu driver figurines excavated. And the author holds that the image of Hu driver figurines is helpful to understand the habitude of Hu people and their lower position.

The Hu People of House Music in Wall Paintings and Figures of Tang Dynasty

The Hu musicians played an important role in prospering the house music of Tang dynasty, and they participated in the cultural communication of Tang's art. Holding the banquets enhanced the upper-class entertainment and promoted the fusion of Hu's style. This article explains why there were Hu musicians in House Music and banquets of high officials in Tang Dynasty, and besides, what are the neglected effects.

The Peacock Hat and Foreign Art Pattern in Tang Dynasty

The horse-riding and drum-playing female figure, excavated from a tomb of Tang Dynasty located in Xi'an, who wears a peacock pattern hat, has become an art symbol of women in Tang Dynasty frequently shown in exhibitions at national-level. The meaning of the legendary hat, though, has been vague. This paper proves that the pattern of peacock implies "rising to dance upon the sound of singing". The figure of peacock originated from India, and was introduced into China via the Western Regions. The design of peacocks standing on feather-hat and the color of gold-green have the function of appealing, which should be the specific sign wore by music performers. The use of peacock hat reflects the adoption of foreign art pattern.

Similarities Between Sculptures and Murals, Mutual Reflections of Paintings and figures: An Artistic Review of Hu Han Ma Qiu Tu

In recent years, with the research on the Silk Road and the China-West relationship getting more and more attention, the Hu figures in "polo game paintings" come into our focus. This article centers on two murals, the Polo Playing(马球图) in Prince Zhanghuai's Tomb in Qian Mausoleum, and the Polo Competition between Hu and Han (胡汉争打马球图) in Liyong's Tomb in Xian Mausoleum of Tang Dynasty, with comparison of rare polo playing terracotta figures and Tang poems about the polo. The author analyzes the following aspects:

Firstly, the transfer of polo from the Western Regions could be further dated back. As early as 4th century AD, the Fulin (refers to Byzantine in Ancient China, 拂菻) polo had been already popular among Byzantine royal families and nobles. There exists an underestimation of the impact of the West towards the East by the academia nowadays.

Secondly, the rare and precious images of Hu and Han people appearing in the polo playing paintings, such as those from Prince Zhanghuai's Tomb and Liyong's Tomb, are very important historical materials. The images of the Hu and the Han people playing together represent those Hu people's appearance and the vogue of exotic culture during the Tang dynasty.

Thirdly, both images are highly artistic. As recorded in the literature, The Record of What Mr. Feng Sees and Hears 封氏闻见记 , Liyong had excellent polo skills and was famous at that time. The polo painting in his tomb coincided with his life story. The depiction of the Hu people is vigorous and graceful, as if real people are standing in full-size on the tomb wall, though the details are not so perfect.

Finally, Tang's poetic record of polo deserves careful consideration. Although there are many descriptions of polo, those of Hu players are rare. Similarly, there are many descriptions of female polo players in poetry and porcelain figurines, yet female images have not been found in Tang mural paintings. In this area more archaeological evidences need to be investigated.

After the Tang Dynasty, this kind of art images with Hu and Han people playing polo together no longer existed, the reasons of which are many and complicated. However, the exotic style reflected in them has left precious heritage for our generations to admire and cherish.

Artistic Features of Figurines of Hu People of Tang Dynasty in Hunan Province

A large number of figurines of Hu people have been unearthed in Hunan from Han and Tang dynasties. And these figurines are in a unique artistic style and belong to a unique system. While the Maritime Silk Road had become a new route connecting the world, the figurines of Hu people are a physical manifestation of multicultural integration.

Research on the images of the Hu People in Mongol-Yuan Period

In Mongol-Yuan period, the Hu people were Semu people and were usually referred to as the people from Persia, Arab, and other ethnic groups. They were both beneficiaries of ethnic politics and victims of national conflicts. In recent years, the research results of the Hu people in Mongol-Yuan have been increasing, but most of them are in the historical documents and traditional literature, lacking the confirmation from unearthed cultural relics. Through the study of the figurines of the Hu people in Mongol-Yuan period, this paper provides indispensable evidence for the academic circle with the mutual evidence between image and history.

On the Origin of the Facial Image of the Japanese Masks: Comment on the New Academic Achievement on Kucha Music and Dance

This paper holds that the article investigating the term Botou by Ge Xiaoyin and Tokura Hidemi is a new academic achievement on Kucha music and dance. To deepen the discussion, this paper further introduces the "mask with the exaggerated facial image of the drunk foreign King" preserved in Shosoin of Japan, and the dramatic "pictures of eight masked dancers on the box of Buddhist bone relics" unearthed in Kuqa of Xinjiang, China. It reveals that the facial image of the Japanese masks certainly originated from the music and dance culture of Kucha during the glorious Tang Dynasty.

The Silk Road and Ceramic Figurines of Foreigners in Tang Dynasty

Exotic Flavor of the Foreigners on the Silk Road is an exhibition of the ceramic figurines themed on the foreigners who with deep eyes, high-bridged noses and full beards in Sui and Tang dynasties. The purpose of this exhibition is to uncover the introduction of foreign civilization and explore the history of foreigners in ancient China through the figurines. As an artistic heritage, the various ceramic figurines found in ancient tombs are not only the witness of the Silk Road and foreigners in history, but also an important reminder of the history between Europe and Asia.

后记

唐代是中国历史上一个海纳百川的时期，尽管开放、宽容只有一个多世纪。国家不能封闭，在自由竞争的领域，胜利永远属于开放的强者的原则保留了下来。胡人俑的出现跟这个国家强盛时代的生机活力相匹配，只有在这个时代才出现了艺术的多样化，出现了与西方文化对接的许多迹象，留下了打动人心的历史记忆。

20世纪前半叶，因为敦煌文书和考古文物的发现，才有了"以物证史"时代的到来，随后陈寅恪"以诗证史"和西方学者"以言证史"独辟蹊径地展开，引发了中国学者的思考。尽管有不少不同议论，但它毕竟发前人所未发，开辟了一片新天地。近年来随着考古新发现不断涌出，"以图证史"又成为一种新的潮流。虽然有的研究剑走偏锋、走火入魔，有的争议激烈、僵持不下，可是造成的振荡影响已经远远超出了史学本身的研究范围。在这种大背景下，对出土唐代胡俑的研究就成为中西关系研究的新课题。

作为一个文物与历史的研究者，我经常注意收集有关唐俑的资料，并不断有所收获。这种幸运是胡天匠帝给我的某种造化。我相信每个研究者都有这样的机遇，关键是你有无兴趣。追随的双翅需要思想定力的托举，希望更多人与我一起穿越往事，寻找千年前的生活故事，并由此叠化为原创的图文著述。

胡俑犹如外来的神话在北朝至隋唐时代长久延续，充满了异域色彩，令人瞠目，在这些胡俑身上能感受到一种特别的气氛，一种厚重的历史气息，一种让后世人处处能感到的传奇，它们给我们留下了无数的遐想。胡人虽然未占据社会的主流，但外来族群曾异常引人注目，虽然北齐时还曾一度成为朝廷的统治者，但在墓葬中胡俑担负的往往都是配角，说明他们还是当时社会的边缘人。

研究唐代胡俑具有重大的学术价值，可以揭示历史上一些扑朔迷离的真相，还和现代艺术有着密切联系。它不是搜集网罗奇闻逸事，不是观赏陈迹古董，更不是发思古之幽情，而是要研究中国繁盛时代的文化交流特点。如果没有那些胡人蕃客入华，中国多民族发展方向又将是什么样子？唐代在整个中华民族历史中的地位又如何评价？胡俑唤起了我们民族的记忆，提醒我们反思小人物背后的大历史，它的艺术造型也直观地提供了认知历史的资料。对历史保持一种持续清醒的记忆正是每一个成熟的民族都应具有的文化特征。

历史是已经逝去的人和事的记录，文物是各个国家和民族过往文化创造的遗留。人都有反思往事的感情，有寻根问祖的愿望，有从前人经验教训中学习的天赋，也有善于鉴赏文物瑰宝的心灵。历史研究和文物考证可以帮助人们在过去千年的历史中认识自己，虽然它不像应用学科那样可以快速直接地取得实用效益，但它为未来的发展创新指点着方向，有着巨大的文明反哺功能，所以世界各国都建有自己的博物馆、艺术馆、美术馆。

从很多历史碎片中，我们能读出许多不为人知的史实，甚至可以感受到一种灵魂觉醒的惊喜，一种超越历史的感悟。有些展览是"富世生活展"，豪华奢侈品令人瞠目；有些展览是"官僚等级展"，规格之高让人吃惊。所以研究者在打捞碎片的时候，要讲究对史实的多角度参证，并且要有幅度与层次，从而全面把握历史的真相，体现出一种枝繁叶茂的历史观。

苦吟成戏，苦思成书。对胡俑的探讨解读，不是一蹴而就的，需要耐心和细心。有人说这个胡俑是龟兹人，那个胡俑是于阗人，还有什么来自地中海的"蓝眼睛""波浪发型"商贾，刀削脸庞、猛禽鹰眼、弯曲高鼻、浓黑眉毛、浓密胡须等等。其实很难分类，下结论全凭猜测与推测。不仅殊方异俗难以辨认，族属和种族更是容易误判。所以，我从不研究种族，以免陷入人种体质与族群相貌的"大坑"。

不过，胡俑的艺术造型所显示的人体特征以及翻领长袍、潇洒斗篷、华丽帽子等异域服装，还是有助于我们更接近历史真相的本源。至于外来女性的形象很少见诸于陶俑、绘画，这方面的原因有待进一步破解。

一个专题研究的结论要耐得住寂寞和时间的磨炼才能产生出来，完美的研究文章要生动地传达出民族最有活力的呼吸。胡人陶俑是隋唐时代人物最本质、最生动的表现，是用双眼来复活还原的历史。当下传统的文本文献已经无法满足人们对历史的解读，更不能满足人们了解历史、了解自身的迫切需要。对真实的渴求使得通过文物进入历史成为目前的一个研究热点。通过胡俑能还原生活的本真，以大量原生态的生活化的细节，重建起一种史学与文学相贯通的"真实"。

胡俑是千年前长安丝路留下的胡人幻影般的映象，陶俑表现的是大历史中的小细节，但正是细节才真正让历史变得血肉丰满，经络俱全，如果缺少这些细节，历史就只是一个模糊的轮廓。历史是由生活构成的，生活无往而不在历史之中，那些透过生活细节看到的历史也往往更可信。丰富多彩的千年陶俑走出地下，舒展着自己的生命，出现在我们面前的是一段活的历史，值得我们关注，让我们能以文物填补历史的空白页。

感谢许多文物考古单位给我提供观察拍摄胡俑的机遇和条件，感谢很多亲朋好友提供线索并馈赠文物图片，感谢所有帮助过我进行学术研究的老师、同人、学生。

2018 年 5 月 8 日于北京

补记：

2018 年 11 月，我在宁波博物馆参观埃及古文明展览"不朽之旅——古埃及人的生命观"，看到在古埃及新王国第二十一王朝（前 1070—前 945）出现了陶俑，而且还有彩陶俑，埃及象形文字称作巫沙布提，意为"答应者"。这些人物形象的俑会在冥间代替主人在来世进行劳作，身上刻有姓名、头衔等文字，有些法老墓中的"俑"甚至达到 1000 个。这促使我重新思考世界上"陶俑"的起源，思考人类丧葬习俗的交流与传播。